中華古籍保護計劃

成　果

《書目題跋叢書》工作委員會

《書目題跋叢書》編輯委員會

書目題跋叢書

滂喜齋藏書記
寶禮堂宋本書録

〔清〕潘祖蔭 撰　潘宗周 編
柳向春　佘彥焱 點校
吴　格 審定

中華書局

圖書在版編目(CIP)數據

滂喜齋藏書記/(清)潘祖蔭撰;柳向春,佘彦焱點校.
寶禮堂宋本書録/潘宗周編;柳向春,佘彦焱點校. —北京:中華書局,2020.12
(書目題跋叢書)
ISBN 978-7-101-13640-1

Ⅰ.①滂… ②寶…　Ⅱ.①潘… ②潘… ③柳… ④佘…
Ⅲ.①私人藏書-圖書目録-中國-清後期②私人藏書-圖書目録-中國-民國　Ⅳ.①Z842.52②Z842.6

中國版本圖書館 CIP 數據核字(2018)第 279673 號

責任編輯：劉　明

書目題跋叢書
滂喜齋藏書記　寶禮堂宋本書録
〔清〕潘祖蔭 撰
潘宗周 編
柳向春　佘彦焱 點校
吴　格 審定
*
中華書局出版發行
(北京市豐臺區太平橋西里 38 號　100073)
http://www.zhbc.com.cn
E-mail:zhbc@zhbc.com.cn
北京瑞古冠中印刷廠印刷
*
850×1168 毫米 1/32 · 13¾印張 · 2 插頁 · 260 千字
2020 年 12 月北京第 1 版　2020 年 12 月北京第 1 次印刷
印數:1-1500 册　定價:58.00 元

ISBN 978-7-101-13640-1

《書目題跋叢書》編纂説明

中華民族夙有重視藏書及編製書目的優良傳統，並以「辨章學術，考鏡源流」作爲目録編製的宗旨。

漢唐以來，公私藏書未嘗中斷，目録體制隨之發展，門類齊全，蔚爲大觀。延及清代，至於晚近，書目題跋之編撰益爲流行，著作稱盛。歷代藏家多爲飽學之士，竭力搜采之外，躬親傳鈔、校勘、編目、題跋諸事，遂使圖書與目録，如驂之靳，相輔而行。時过景遷，典籍或有逸散，完璧難求，而書目題跋既存，不僅令專門學者得徵文考獻之助，亦使後學獲初窺問學門徑之便。由是觀之，書目建設對於中華古籍繼絶存亡、保存維護，厥功至偉。

上世紀五十年代，古典文學出版社、中華書局等曾出版歷代書目題跋數十種，因當年印數較少，日久年深，漸難滿足學界需索。本世紀初，目録學著作整理研究之風復興，上海古籍出版社、中華書局分别編纂《中國歷代書目題跋叢書》及《書目題跋叢書》，已整理出版書目題跋類著作近百種。書目題跋的整理出版，不但對傳統學術研究裨益良多，與此同時，又在當前的古籍普查登記、保護研究等領域發揮了重要作用。

二〇一六年，經《中國歷代書目題跋叢書》第四輯主編、復旦大學吴格教授提議，由國家古籍保護中心聯合中華書局及復旦大學，全面梳理歷代目録學著作（尤其是未刊稿鈔本），整理目録學典籍，將其作爲調查中國古籍存藏狀況，優化古籍編目，提高整理人才素質的重要項目，納入中華古籍保護計劃框架。項目使用「書目題跋叢書」名稱，由國家古籍保護中心統籌管理，吴格、張志清兩位先生分司審訂，中華書局承擔出版。入選著作以國家圖書館所藏書目文獻爲基礎，徵及各地圖書館及私人藏本，邀請同道分任整理點校工作。出版采用繁體直排，力求宜用。

整理舛譌不當處，敬期讀者不吝指教，俾便遵改。

《書目題跋叢書》編委會

二〇一九年五月

總目

整理説明

《滂喜齋藏書記》三卷，題「吴縣潘祖蔭撰」。共收書一百三十部，計宋本五十八部、金本一部、元本二十九部、明本十九部、舊刻本兩部、清初順治刻本一部、和刻本及高麗本十四部、影宋鈔與舊鈔六部，詳記行款、題跋、印記及卷册數。所收多屬奇珍秘本，銘心絶品。潘祖蔭（一八三〇—一八九〇），清江蘇吴縣人，字伯寅，咸豐二年進士，授編修。祖蔭幼好學，涉獵百家，通經史，喜藏書。光緒間，官至工部尚書，卒謚「文勤」。「滂喜齋」乃其室名。

《滂喜齋藏書記》之編撰，係出葉昌熾之手，前人多有記録，如該書慎初堂本卷前陳乃乾序云：「吴縣潘文勤公《滂喜齋藏書記》三卷……每書詳記行款、題跋、印記及卷數、册數作爲解題，簡要有法，蓋葉鞠裳先生所撰也。」又該書潘氏刻本王季烈序云：「甲寅冬，烈歸里謁緣督年丈商刊先集事。丈出朱印新槧樣本一册示烈，曰：此《滂喜齋藏書記》，廿年前承先師文勤公命，代爲編輯，未竟而公薨，今始重爲訂定。」而潘承厚跋文中則言之更詳：「光緒癸未，（文勤）公奉諱居里，時葉鞠裳先生客公所，授公弟仲午從祖讀。公出示所藏書，先生精於目録之學，因記其刊行源流，成《滂喜齋讀書記》二卷。及公服闋被徵，攜書北上，未及訂正也……後仲午公盡室南歸，請《讀書記》稿本於鞠裳先生，增補多則，且循《天禄琳琅》舊例，列入藏家掌故，改訂三卷，易其名曰《藏書記》。而以文勤公署名者，從葉先生意也。」而現今署名作潘祖蔭者，正如潘氏跋中所言，「從葉先生意也」。

《滂喜齋藏書記》定稿之後，如前引文所云，即有紅印本問世。然以繆荃孫據以索書，遂靳不發售，流佈極少。至一九一三年，海寧陳乃乾遂據此紅印本排印發行，此即慎初堂本。而《藏書記》從此流傳遂廣。然陳氏序言中於潘氏子孫多有微詞，故至一九二八年，潘氏族人承厚昆仲乃忿而據原版重刷，此即潘氏刻本。然此本雖於目録之後有「姪孫承弼增編」字樣，其實增補之處甚尠。王季烈序言中云：「博山表侄爲文勤暨仲丈之從孫，見而憤甚，乃請於仲丈德配祁淑人，取原板付印。」潘氏跋文亦云：「族人以承厚知此書源委，請板於從祖母祁淑人，述其厓略而印行之。」皆未云增補之事。而今細核兩本，則陳本較潘本而言，卷一「日本刻古文孝經孔氏傳一卷」條脱「附藏印：『天下無雙』、『味腴書室』、『讀杜草堂』」句；「順治十八年縉紳册」條「又藏有康熙間縉紳本」句，陳本脱「又藏有」；卷三「明刻缶鳴集十二卷」條，陳本脱「《鳳臺集》今取諸詩删改，爲之總題曰《缶鳴集》」句。除此而外，兩本所異者多在個别用字耳，如潘本多用「廿」，陳本多用「二十」之類。

此次整理，即以潘氏本爲底本，並以陳氏慎初堂本參校。陳氏慎初堂本卷末又附録《滂喜齋宋元本書目》一份，係録自番禺沈宗畸所編《晨風閣叢書》，爲潘氏本所無，乃「光緒乙未文勤身後，其眷屬南歸，廠肆爲檢點書籍時所鈔」。雖與《藏書記》所載互有出入，然比而觀之，潘氏滂喜齋舊藏之概貌亦可大略得之，故亦以爲附録。

《寶禮堂宋本書録》係一部關於民國間潘宗周寶禮堂所藏宋元本之解題目録。

潘宗周（一八六七—一九三九），字明訓，廣東南海人，嘗充上海英租界工部局總辦。潘氏席豐履厚，家雄於資，自中歲發力收書，二十餘年間，計得宋本一百一十一種，元本六種，都一千零八十八册，一時號稱藏書巨擘。嘗自謂云：「綜其所得，亦略與蕘圃相埒。」可見其自期之道。潘氏所藏精品極夥，其中得諸袁克文之南宋光宗紹熙三年三山黄唐刊本《禮記正義》七十卷，尤爲白眉，而「寶禮堂」之名，亦即淵源於此。

潘宗周與張元濟先生交厚，有珍本選入寶禮堂，均請張元濟「考其真贋，評其高下」。據《張元濟年譜》所載張元濟一九三七年日記殘稿中，有他陸續向潘宗周提交《書録》的記録多處，如九月十三日「致潘明訓書，送呈《五經龜鑑》《名賢文粹》《輿論廣記》（按：『論』當爲『地』）《古三墳》《荀子句解》《湘山野録》《傷寒明理論》七書題跋」，九月二十六日「偕王雲五訪潘明訓，面交第六次宋本書題跋稿七種」，十月三日「潘明訓來訪，面交第七次已撰宋本提要七種」，十月十四日「訪潘明訓，交第八次宋本提要十一種，連前共六十八種」，十一月八日「訪潘明訓，交善本提要十種」。可見張元濟先生曾撰寫寶禮堂之書目題跋，鄭振鐸《西諦題跋》云：「《書録》出張菊生先生之手。」故《寶禮堂宋本書録》之成書，張元濟先生費盡心血，起了很大作用。此次整理所用底本爲一九三九年三月「南海潘氏鑄版印造」之初印本。

柳向春

滂喜齋藏書記

佘彥焱 點校
柳向春 修訂

目録

史部

滂喜齋藏書記卷二

子部

滂喜齋藏書記卷三

集部

滂喜齋藏書記序

甲寅冬，烈歸里謁緣督年丈，商刊先集事。丈出朱印新槧樣本一册示烈，曰：「此《滂喜齋藏書記》，廿年前承先師文勤公命，代爲編輯，未竟而公薨。今始重爲訂定，介弟仲午以付梓人。卷耑署師名者，從師志也。」烈欲乞取一本，丈即以所示者見貽。次年，烈至津沽，章式之同年見之假去，且屬烈再乞之年丈，始知此書梓而未印。詢其故，則因有人見此樣本，即索假其中宋槧某種，仲丈愛護父兄手澤，未允其請，索者不諒，致啓齟齬。仲丈慮因此招致横逆，遂不付印。甲子冬，仲丈避地滬瀆，遽而長逝。子孫先卒，嗣曾孫猶在繦褓，而海上書肆將此記以鉛字排印，弁首之詞於滂喜後人巇詆殊甚。博山表侄爲文勤暨仲丈之從孫，見而憤甚，乃請於仲丈德配祁淑人，取原板付印。又因烈備悉仲丈生平行誼與此書顛末，屬繄一言以杜萋菲之口實而釋讀者之疑。烈維文勤在朝數十年，持躬清介，屏絶饋遺，所藏商周珍器、宋元精槧，皆罄廉俸購之四方，非若後之貴顯，其藏儲由苞苴或攘奪而來也。仲丈髫年受業於緣丈之門，劬學媚古，能繼兄志。文勤薨，蒙恩旨賞郎中，每以早達自嫌。補官不數年，即挂冠歸里，廢門謝客，終日以文史自娱，緣丈最所欽挹。宣統初元《述懷詩》云：「三徑豈惟松菊晚，有人二十已歸田。」自注謂潘仲午比部。《日記》中推許仲丈之語尤多，易簣時遺命將一切手稿胥歸仲丈保守。其遺著《奇觚庼文集》、《寒山志》、《辛臼簃詩讔》皆由仲丈獨力校刊，是其師弟之間契合無間、生死不渝，而仲丈爲人之高潔篤厚，亦於此可見矣。滄海横流，文人喪行，寂寞投閣者流惡直醜正，於狷潔自好之士轉多所詆諆，然清濁邪正之間，後世自有公論。今海内藏家在滂喜之後，楹書、彝器爲子弟典售一空者，何可勝計！文勤昆弟雖胤裔不繁而守護尤力，他日公之曾孫，機雲濟美，殆可預卜，彼悠悠之口亦何足與校歟？書此以告讀者。戊辰季春廿八日，王季烈。

滂喜齋藏書記卷一

經部

明刻巾箱本五經 一函七册

怡府藏書，明人覆刻悦生堂本。《禮記》自《喪服小記》以下缺其第四册也。卷首有「明善堂覽書畫印記」、「怡府世寶」、「南潯董氏家藏子孫保之」諸朱記。

明刻易義主意二卷 一册

明廬陵謝子方著，海虞魏祐校。前有孫鼎序，謂子方洪武初名儒，其書止於上下經，舉經文可出題者分段解之。兔園册耳，然尚出元明間人手。且《四庫》未收，可與《群英書義》並存也。怡府藏書。

附藏印　「明善堂覽書畫印記」、「安樂堂藏書記」

宋刻詩本義十五卷　四册

宋歐陽修撰。後附《詩譜補亡》。《四庫提要》作「十六卷」，合《詩譜》言之也。每半葉十行，行二十字。前五卷、末一卷皆鈔補。卷十之末有點校周見成姓氏。中有顧元慶印，即陽山大石顧家也。

宋刻京本點校附音重言重意互注周禮殘本四卷

鄭氏注。每半葉十一行，行大十九字，小二十字。大題在下，小題在上。板高不及四寸。蠅頭細字，精勁無匹，真爲宋板上駟。惜缺八卷，惟存《天官》下一卷、《地官》下一卷、《春官》上下兩卷。據《士禮居題跋》，蕘圃所藏亦巾箱本，而佚春、夏二《官》。若以此殘本儷之，則六《官》僅缺《司馬》矣。

附藏印　「研北程年彭若氏」、「白門居士」、「月波樓鑑賞」

宋刻周禮考工記解二卷　二函八册

題「鬳齋林希逸撰」。上下二卷。每葉二十行，行十八字。卷後附釋音。宋諱「匡」、「桓」、「恒」字缺筆。惜下卷釋音後缺三十一葉。鬳齋經學甚疏，然其所據經文有可證今本誤者。如「輈人」：「輈注則利準，利準則久，和則安。」此書「利準」二字不重。按「準」故書作「水」，鄭司農云「注則利水，謂轅脊上雨注，令水去利也。」元謂「利水」重讀，似非。注則利，謂輈之揉者形如注星，則利也。準則久，謂輈之在輿下者平如準，則能久也。和則安，注與準者和，人乘之則安。」惠學士據此注謂下「利準」二字衍。「注」，鄭司農云下當有「利水重讀」四字，故後鄭辨其非。淺人於經既增重文，因删司農重讀之言。今考後鄭分舉經文，明以「注則利」句、「準則久」句、「和則安」句，則其所見經文必不重「利準」二字。惠校甚精，唐《石經》以下各本皆誤，惟此獨否。其他異文，如「故一器而工聚焉者，車爲多」〔二〕，無「故」字；「輪人」：「則轂雖敝不藃」，「敝」下有「而」字。「凡輻，量其鑿深以爲輻廣」，上「輻」字作「轂」。「故竑其幅廣以爲之羽」，「廣」下有「之」字。「亦弗之溓也」,「溓」作「濂」;「輈人」:「軓前七尺」、「不至軓七寸」、「軓中有灂」,「軓」皆作「軌」。「凡任木」,「木」下有「者」字。「以其一爲之當兔之圍」,無上「之」字。「及其下阤也」,無「也」字;「鍾氏」:「以朱湛丹秫三月,而熾之」,「以」上有「必」字。「是故夾而搖之以眡其豊」,下脱「殺之節也」四字;「梓人」:「攫閷」作「獲廬人」,「是故侵之」作「侵人」;「車人」:「上句者二尺有二寸」,上「二」字作「一」;「弓人」:「漆也者,以爲受霜露也」,無「受」字。「角長二尺有五寸」,「五」作「二」。「亦弗可以爲良矣」,「矣」作「也」。「末應將興」,「將」作「先」。皆與今本不同。卷首有「古香樓」、「汪季子文柏柯庭氏」、「雙溪草堂圖記」三印。

〔一〕車爲多 「爲」陳本作「無」,誤。

宋刻校正詳增音訓周禮句解十二卷 一函六册

題魯齋朱申周翰。每一官分上下卷,前有登雲子序。舊爲松陵莫氏藏書。

附藏印 「李琪家藏子〻孫〻永□寶用」、「士弘私印」、「頌之父」、「擔如居士」、「寧静閣」、「五鴎山房」、「松江莫氏壽樸堂書籍」、「季振宜讀書」

宋刻音點周禮詳節句解 一函四册

此與前本不同，有武夷勿軒居士序，云雲坡陳君以魯齋《二禮句解》屬序。勿軒，熊禾去非之號也。又有題記云：「今將本局所刊舊本增修注釋，三復校正，並無訛舛，伏幸藻鑑。」是其書已經坊肆附益，非魯齋之舊矣。有無名氏手跋，鈐「孝弟清白傳家」印。

附藏印 「滎陽」、「潘氏彦中」、「潘康」

宋刻司馬氏書儀十卷 一函四册

前有無名氏序，印曰「稚川世家」，則姓葛矣。序稱「淳熙中崇川范君先嘗鋟梓」，則其人在孝宗以後，南宋末刊本也。每半葉十一行，行大十九字，小二十四字。紙墨清朗，似未經觸手。舊爲成邸藏書。

附藏印 「詒晉齋印」、「永瑆私印」、「皇子永瑆之印」、「永瑆之印」、「皇子章」

日本刻何晏論語集解十卷札記一卷 四册

《論語集解》，日本有明應本、有菅家本、有宗重本、有正平本。此本文化十三年市野光彦從正平本翻刻，後附《札記》一卷，狩谷望之序。《讀書敏求記》云：「《論語集解》，高麗鈔本，乃遼海道蕭應宫監軍朝鮮時所得，末二行云『堺浦道祐居士重新命工鏤梓，正平甲辰五月』，未知正平是朝鮮何時年號。」案此本《札記》云，正平甲辰實爲後村上天皇十九年，則亦日本紀年耳。錢本得自朝鮮，即以爲朝鮮年號，失之矣。李氏《紀元編》舉日本年號頗詳，正平亦失之。

附藏印 「水户延方學校之印」、「讀杜草堂」、「壽世盛業」、「味腴書室」

宋刻張子韶孟子傳二十九卷 一函八册

宋張九成撰。每半葉十四行，行二十五字。莫子偲云，結銜太師崇國文忠公，爲理宗寶慶初所贈謚，則寶慶以後刊也。佚去《盡心》上下二篇，與《四庫》本合。舊爲劉氏眠琴館、汪氏藝芸書舍藏書。

附藏印「劉桐珍賞」、「老來徒費買書錢」、「偶爲烏程劉氏珍藏」、「汪士鐘印」〔一〕、「藝芸主人」、「友芝私印」、「烈文」

〔一〕汪士鐘「鐘」原作「鍾」，據陳本改。以下同，不另出校。

元刻四子六卷 一函五册

《大學》一卷、《中庸》一卷、《論語》二卷、《孟子》二卷。有經無注，上有切音，句讀分明，足正俗師之誤。《論》、《孟》每章有圓墨圍刻陰文字以别之，如篇之第一章則爲◎形是也。毘陵周氏藏書。

附藏印「毘陵周氏九松迂叟藏書記」、「周印良金」、「張氏亨紹」

日本刻古文孝經孔氏傳一卷 一册

此書國朝康熙末流入中國，長塘鮑氏刻入《知不足齋叢書》，盧文弨序引用唐代諸書，證爲隋代舊本，實僞撰耳，不獨非孔氏之書，并不出自劉炫也。此本日本阿正精以弘安鈔本影刻。原本佚其序文，僅存二行，以元亨中清源良枝校本補繕之。弘安在宋德祐間，元亨則入元代矣。《佚存叢書》本亦從此出，但行款有改易耳。前有「味腴書室」、「讀杜草堂」二印，與楊星吾廣文攜歸之《廣韻》同出一家。

附藏印 「天下無雙」、「味腴書室」、「讀杜草堂」

日本刻孝經唐玄宗注一卷 一册

《石臺孝經》，唐玄宗注，天寶四年刻石，今在西安府學中。此日本刻，前有元行沖序，作於開元十年，距刻石時廿有餘載，是第一祖本也。所據經文與《石臺》合，他本則多不逮。元行沖本有義疏，自邢昺疏行而舊疏遂亡。此本猶存其序，亦可寶矣。前有寬政十二年源宏賢序，後有桑門祥空苾芻堯空題記。

附藏印 「快哉」、「壽世盛業」、「味腴書室」、「讀杜草堂」

北宋刻廣韻五卷　一函五册

黎星使庶昌奉使日本，宜都楊星吾廣文隨軺東渡，訪得宋元槧甚多，攜歸售之。此本及南宋刻《謝幼槃集》皆歸滂喜齋。澤存堂刻即從此本出，頗多肊改。黎星使新刻本亦不能悉依原文。惟此爲汴宋祖刻，首尾完好，紙質堅厚，墨彩飛騰，洵爲罕覯之秘笈。不知何時流入東瀛。初爲寺田望南所藏，後歸博物館局長町田久成。星吾得之，遂復歸中土，亦一重翰墨緣也。

此即張氏澤存堂刊本所從出。原本訛謬不少，張氏校改撲塵之功誠不可没。然有本不誤而以爲誤者，有顯然誤而未校出者，有宜存疑而徑改者。如「官」字下原本引孔子妻并官氏作「井官氏」，尚是形近之譌，張氏據俗書誤本改「并」爲「幵」，錢竹汀未見原本，遂稱誤「并」爲「幵」始於《廣韻》，而不知宋本不如是也。又如「鶆」字下注：「鶆鴳，鳥美形。出《廣雅》。」泰定、至順刊本皆作「又美形也」。「同」字注「亦州」，元本「州」下有「名」字。「狨」字注「細布」，元本注并作「猛也」。此張氏失於參校者。又如開卷景德牒文，原本「準」作「准」、「勅」作「敕」，二字雖俗體，然當時公牘文字本來如此，今校改作「準」、作「勅」，亦似是而實非也。原本字體從通俗，而張氏據《說文》改从正字，此尤非多見隋唐人手蹟，不知其失也。此本原爲日本寺田望南所藏，後歸博物館局長町田久成。余多方購求未得，會星使黎蒓翁觀察欲重刊此書，以爲張刊雖精，不如此本之古樸，屬余借摹，堅不肯出。而久成見余所藏漢印譜十餘種，亦垂涎不已，因議交易之。余初謂張本傳世尚多，此書似不必刻，若必刻，似當盡從原本，即顯然訛誤，亦一字不改，而星使堅欲改之，爭之幾失色，乃議改其太甚。刻成後，爲札記，然往往有可存疑，竟爲張氏所牽者。厥後工未竣而余差滿歸，恐札記未必刻，仍留學者以口實也。他如「去聲豔第五十五」注「㮇、釅同用」、「釅第五十七」、「陷第五十八」「鑑、梵同用」、「鑑第五十九」，此原本亦如是。顧澗薲因其與曹楝亭初刊不同，謂是張氏據《禮部韻略》校改，此則張氏之受誣也。余別見北宋本《玉篇》，體式與澤存堂本亦同。或據曹刻《玉篇》有大中祥符牒，謂爲張氏所削，亦誣，附記於此。又第五卷後「四聲清濁法」，「生」字下張本留墨丁，此本「生」作「朱」，注「之余反。朱，赤也」，「朝」字下一格，張本留墨丁，此本作「紬」，注「直流反。紬，布也」。此必張氏原本有爛缺，故如此，非所據又別一本也。日本收藏家於古字書最多，余盡數求之，不留餘憾。自宋本外，凡得元刊本《玉篇》、《廣韻》各四五通，明初刻本各三四通，而各不同板。明中涓大字本不數。其中異同差池，難以悉舉。元、明本亦有是訂正宋本者。昔顧澗薲謂張氏校刊不審，深惜徐氏傳是樓原本不傳，不能盡刊潘氏轉寫張氏意改之誤。孰知距徐氏又二百年，宋本外更有互證之本如是其多。元泰定本，黎星使亦重刻之，又多據張本校改，深爲可惜也。余意歸後合諸本校之，詳爲札記，而以方謀别刻日本古卷子字書爲隋唐之遺者，有龍撰《字鏡》及《萬象名義》，所據《玉篇》、《廣韻》皆顧野王及陸法言原本。茲事遂輟。日月如馳，力緜願奢，謹記於此，以告當世之著録者。光緒甲申十一月朔，宜都楊守敬記於鄂城通志局客次。

附藏印　「黄絹幼婦」、「讀杜草堂」、「星吾海外訪得秘笈」

元刻增修互注禮部韻略五卷　一函六册

宋衢州免解進士毛晃增注，男進士居正重增。前有晃進書表及序，皆怡府鈔補，甚精。其紙爲元時户口册，書即印於紙背，諦視之，皆湖州路某縣某人，云宋民户至元某年歸順，則湖州官庫本也。怡府藏書。

附藏印「安樂堂藏書印」

宋刻增修校正押韻釋疑五卷 一函十册

宋歐陽德隆撰，紫雲山民郭正己增修。韻有補字，曰黄補者，福州道士黄啓宗所補也；曰張補者，吴縣主簿張貴謨所補也；曰吴補者，嘉興府教授吴杜所補也。又有朝散大夫黄積厚補。「螂」、「螳」二字、「桓」字、「敬」字缺筆，「旨」字皆空格，猶是宋時舊槧也。出自怡府，有「安樂堂藏書記」。

元刻釋疑韻寶五卷 一函二册

不題撰人。按上平聲一東「洪」字，注云：「弘字，廟諱。」則宋人所編也。又二十六歡「莞」字，注云：「胡官切，廟諱，不收。」〔一〕胡官切當是「桓」字，欽宗諱。韻中「完」字亦不收，其嫌名也。此書分部依《廣韻》，而改「二十六桓」爲「二十六歡」以此。又下平聲十陽「昌」字，注云：「德昌，舊諱。明昌、阜昌、盛昌，暗諱。」十一唐「康」字，注云：「永康、天康，暗諱。」所謂盛昌者，遼道宗年號。阜昌，劉豫僭號。明昌，金章宗號也。天康當是大康，亦遼道宗號。當時場屋恐有觸犯，雖非功令，亦避不用。此亦宋科舉中一掌故也。惟永康爲漢桓帝年號，其後晉惠帝、慕容寶、乞伏熾槃皆嘗用以紀元，非宋時所應避，不知何以暗諱。卷三尾、卷四首題「魁本足注釋疑韻寶」。其餘各卷但題書名四字，上方舉韻中字，兼辨正俗，如今便蒙《四書》式，蓋皆坊肆爲之以射利者。前惟文淵閣著録此本，有「安樂堂藏書記」，蓋怡府物也。

〔一〕不收　「收」，陳本作「改」，誤。

金刻增修累音引證群籍玉篇三十卷　二函十二册

金滄州清池縣邢準編。初，洨陽王太取《玉篇》，益以諸書，增加三萬九千三百六十四字，號曰《增廣類玉篇海》。其所采書有《省篇韻》、《塌本篇韻》、《陰祐餘文》、《古龍龕》、《龕玉字海》、《會玉川篇》、《奚韻》、《類篇》。準以洨書音韻舛錯且有脱遺，乃取《切韻》、《廣韻》、《集韻》、《省韻》增一千二百四十字，添重音一萬二千五百四十，續添姓氏郡望，蓋合《篇韻》爲一書也。又增缶、光、兴、㐬四部，併鬶於鬲部，鰲於魚部，改磬爲殸，更犛爲𠩺。末附雜部三十六，題曰《增修累音引證群籍玉篇》。洨刻書序，作於大定甲申，準序作於戊申，相去二十年。其例每部先録《玉篇》諸字，次及他書，各有識別。「◯」《陰祐餘文》也，「◓」《古龍龕》也，「◐」《會玉川篇》也，「●」《奚韻》也，「◒」《類篇》也，「◎」《集韻》也，「⊡」《省韻》也，「⊙」《切韻》也，「⧇」《廣韻》也。其書體例甚陋，無所取裁，惟諸家書目皆不著録。元趙承旨、虞道園、張伯雨，明宋景濂〔一〕、吴文定、陸文裕、項子京皆有藏印，則亦希世秘笈矣。

附藏印 「大雅」、「松雪齋」、「趙氏子昂」、「虞集」、「句曲外史」、「宋濂」、「吴寛」、「陸深」、「墨林秘玩」、「天都陳氏」、「承雅堂圖籍」、「陳書厓讀書記」、「三十六峰陳昂書厓父」、「陳昂之印」、「陳氏藏書子孫永寶」〔二〕

〔一〕明宋景濂 「宋」，原作「朱」，據陳本改。

〔二〕陳氏藏書 「陳」，陳本作「張」。

史部

宋刻續資治通鑑長編一百八卷 六函四十八册

宋李燾撰。每卷首行題「續資治通鑑長編撮要卷第幾」，前有燾進書表。按《文獻通考》燾奏進四次。隆興元年知榮州時所進，起建隆訖開寶，爲十七卷。乾道四年官禮部侍郎時所進，起建隆訖治平，爲一百八卷，即此本是也。淳熙元年知瀘州時輯，治平之後至中興以前，爲六十卷，合前所進爲一百六十八卷，即《絳雲樓書目》所著録者也。朱竹垞跋以爲二百八卷，蓋每卷或分子卷，非有乖剌。淳熙九年知遂寧府又重寫進，共九百八十卷，目十卷，舉要六十八卷，目五卷，通計一千六十三卷，爲最完之本，今不傳世。所有者惟此一百八卷本，尚爲文簡原書。《四庫》本分爲五百二十卷，從《永樂大典》輯出。張金吾排印本即出《四庫》本，非其舊矣。是本舊爲吾郡蔣辛齋藏書。辛齋名重光，乾隆時人，富於藏弆。有其跋云：「丙午冬，於書賈陳天士見是書二十册，以三十金易之。甲寅又於虎丘萃古齋購得二十册，爲玉峰徐司寇藏本，裝璜紙色與前無二。囑雙山楊兄精校録補始成完書。凡補卷八至二十九、卷三十五至三十八之一、卷四十一之二至六十一、卷六十七至七十九、卷八十一之三至八十二之三、卷八十七、八十八，通八十九卷，又缺葉二十四，皆雙山筆也。」宋刻字畫遒勁，紙墨如新。補鈔亦一筆不苟，雅似虞永興，真奇書也。每半葉十三行，行廿三字。

宋刻紀事本末四十二卷　六函四十二册

建安袁樞編。宋時有二刻，一爲小字本，淳熙乙未刻於嚴陵，楊萬里序；一爲大字本，寶祐五年趙與𥲅所刻，即此本也，前有與𥲅序。每半葉十一行，行十九字。板高尺餘，字大於錢，最便老眼。常熟瞿氏亦藏此刻，有延祐六年陳良弼序，謂節齋之孫明安置之嘉禾學宫。節齋即與𥲅字也。此板至明尚存，遞有修改。此本無良弼序，尚是延祐以前印本。唐子畏、葉文莊皆有藏印。又有葉德榮一印，文莊之子也。卷端題字云「唐寅子畏家藏書籍」，十三卷後云「蘇臺唐寅子畏甫學圃堂珍藏書籍」，二十一卷後云「晉昌唐寅醉中讀自南北交兵起」，又云「唐子畏夢墨亭藏書」，二十二卷後云「吴郡唐寅桃花庵中夢墨亭書」。

其餘各卷之尾題字尚多，大致相同。又每事擇其要語書於上方，皆子畏筆也。

附藏印 「唐寅私印」、「南京解元」、「唐子畏圖書」、「葉氏菉竹堂藏書印」

元刻逸周書十卷 一函四册

晉孔晁注。後有李燾巽巖序。每半葉十行，行二十字，注同。「匡」字有缺筆，蓋從宋本出也。《逸篇》脱字與抱經堂刻同。卷端有曠翁銘朱文方印，明澹生堂祁氏藏書。

附藏印 「澹生堂經籍印」、「曠翁手識」、「子孫永珍」、「山陰祁氏藏書之章」、「元本」、「三十五峰園主人」、「汪印文琛」、「汪印士鐘」、「民部尚書郎」、「平陽汪氏藏書印」、「長洲汪駿昌藏」、「駿昌」、「雅庭」

宋刻通志略殘本十七卷 二函二十册

鄭樵《通志》二十略五十一卷。此本僅存《職官略》卷一、卷三、卷五，《金石略》卷一，《七音略》卷一之二，《藝文略》卷四、卷七，《禮略》卷二之三，《選舉略》卷二之三，《器服略》卷二，《氏族略》卷三之四，《圖譜略》卷一，《災祥略》卷一，凡十略十七卷。書賈作僞，於卷首重刻總目一葉，題曰「御□鄭樵十略總目」。又於板心魚尾下改易卷數，然挖補痕跡顯然。且挖之未盡，原書卷數一一可辨。總目後有木圖記，云「治平二年五月吉日秘書監栞」，文兼大篆。器服略後亦有此印。當是作僞者從他卷後移於前，以炫閲者之目耳。舊爲明上海潘氏、婁東張氏藏書。

附藏印「豫園主人」、「雲間潘氏仲履父圖書」、「臣溥」、「天如」

宋刻國語補音三卷　一函三册

《國語》宋公序補音，明人刻本散見各條之下，非原書面目矣。此本三卷，尚是公序舊第。後有治平元年中書省劄一道，云：「《國語》并補音，共一十三册，國子監開板印造。」末有一行云：「右從政郎嚴州司理參軍薛鋭校勘。」遇宋諱玄、懸、殷、匡、恒、徵、敬、竟、樹、頊、桓、完皆缺筆。「頊」神宗名，「桓」欽宗名，皆在治平後，當是南宋時嚴州覆刻。「犬戎樹惇」，「惇」字犯孝宗諱，不缺，是孝宗以前本也。每半葉十行，行二十字。字畫方勁，與北宋槧無異。卷首面葉有「經部春秋類」五字，「春秋」二字朱文。又一葫蘆印，曰

「適安」。又二方印，曰「相臺岳氏」、曰「經遠堂藏書印」，蓋岳倦翁舊藏也。

附藏印 「周情孔思」、「汲古閣」、「己丑父印」、「臨頓書樓」、「吴門王獻臣藏書印」、「王印獻臣」、「王氏藏書子〻孫〻永寶藏」、「虞性堂書畫印」

元刻晏子春秋八卷 一函四册

吴山尊刻本，出影元鈔，行款與此同，當是其祖本也。舊爲拜經樓藏書，盧抱經學士借以校勘，其異同載入《群書拾補》。

附藏印 「款冬書屋」、「馬叔静圖書記」

元刻金陀粹編二十八卷續編三十卷 四函十六册

宋岳珂撰。珂自跋云：「前刻於檇李，續刻於南徐。紹定癸巳冬，珂上東淮歸，宗族鄉黨願考先烈及問排闥之始末，因命工剞梓爲副墨，藏於廟塾。凡六百二十二板，字小於舊。」是珂及身已有三刻。此本元至正二十三年朱元祐刻於西湖書院，舊有陳基序，戴洙後序。今陳序佚。戴序云：「朱君佑之得其殘編斷簡，參互考訂，始克成書。復得續集五卷於平江，蓋江西本也。」所謂江西本者，又在倦翁三刻之外，不知何時刻也。朱元祐，吴門人，佑之其字。

宋刻名臣碑傳琬琰集一百七卷

題眉川進士杜大珪編。目録分上、中、下，上二十七卷，中五十五卷，下二十五卷。宋朝名臣事實略具於此。舊爲項藥師藏書，近時鮑子年亦經收藏。

附藏印「檇李項藥師藏」、「浙西世家」、「萬卷堂藏書記」、「鮑康讀過」、「鮑氏」、「曾在鮑子年處」、「子年所藏」、「臆園主人」、「觀古閣印」

宋刻名臣碑傳琬琰集殘本二十七卷 一函五册

此宋刻小字本也。每半葉十五行，行二十五字，較前一本爲精。惜僅存中集卷二十九至末，凡二十七卷。馬笏齋藏書。

附藏印「馬玉堂」、「笏齋」

宋刻漢雋十卷 一函五册

宋林鉞撰。舊有鉞序及魏時功後序。宋趙時侃、元袁桷皆有刻本。此本前後序並佚，疑明人覆刻也。

附藏印「南陽居士」、「□柳塘主人」、「白雲司印」、「命余曰淵」

元刻聖朝混一方輿勝覽三卷 八册

不題撰人。分上、中、下三卷。前有木記，云是本凡山川、人物、沿革本末，靡不具載。學士大夫端坐窗几而欲周知天下，操弄翰墨而欲得助江山，不勞餘力，盡在目中，信乎其爲勝覽矣！蓋書肆之所爲也。丁氏《持静齋目》亦著録，謂其略於形勢而詳於名勝。然自祝穆《方輿勝覽》已如此矣。丁本首尾序皆不全。此本並無序。

朝鮮刻海東記 一函二册

朝鮮禮曹判書申叔舟撰。前有自序，署成化七年辛卯，蓋從中國正朔也。不分卷。前列圖六，曰海東諸國總圖，曰日本本國圖，曰日本國西海道九州圖，曰日本國一岐島圖，曰日本國對馬島圖，曰琉球國圖。又爲三紀，曰日本國紀，曰琉球國紀，曰朝聘應接紀。其書爲邦交而設，詳於日本而略於琉球。怡邸藏書。

附藏印「明善堂覽書畫印記」

宋刻殘本西漢會要十七卷 五册

宋徐天麟撰。原書七十卷，今存卷十六至十九、卷二十四至三十二、卷四十六至四十九，都十七卷。每半葉十一行，行二十字。卷首題「從事郎撫州州學教授臣徐天麟上進」，與莫氏《經眼録》所記合。莫所見本爲宋嘉定乙亥刊，則此亦嘉定本也。

元刻文獻通考三百四十八卷 十函六十册

元西湖書院刻本。前有馬貴與自序，及延祐六年弘文輔道粹德真人王壽衍進書表。貴與此書網羅宏富，經國大業乃爲道流所進，亦可異也。舊刻於嘉定元年，後有闕失。至正五年，江浙儒學提舉余謙因其壻楊玄訪得原稿於其子志仁，命山長方員、儒士葉森訂正補刊。目録後有余謙跋。常熟瞿氏藏本有李謹思序，此刻脱之。然裒然巨編，首尾完整，字大悦目，楮印精良，亦可與球鍠等重矣。

附藏印 「金敏」、「曼孫」、「金敏字曼遜」

宋刻唐律疏義三十卷 四函二十四册

題「太尉揚州都督監修國史上柱國趙國公長孫無忌等撰」。孫刻此書，據影元泰定本，每卷後附纂例釋文，元王元亮所編也，此本無之。卷二「犯十惡故殺人反逆緣坐條理務疏通」「疏」字下注云：「犯宣祖上一字廟諱，改爲『疏』。」孫所據本竟改作「宏」，以此證之，此本爲宋槧無疑矣。元本有無名氏序，云：「此山貰冶子治經之暇，得覽金科，遂爲釋文，以辨其義。」此山貰冶子未詳何人。顧澗蘋云第十七卷「出繼同堂即不合緣坐」下有云：「釋曰出繼，謂伯叔父及兄弟之子、己之子内有出繼同宗者。同堂，謂伯叔父之子，今俗呼爲親堂兄弟者。」〔一〕第廿六卷或注「冷熱遲駛」下有云「疏吏反」。第廿八卷「即停家職資」下有云：「停家資謂前職前官。」皆所謂此山貰冶子釋文〔二〕，而王元亮重編删併有未盡也。今檢此刻，顧舉三條一一在内，惟前一條「謂伯叔父」至「親堂兄弟者」三十五字内「兄弟」之下脱「子」字。誤作正文，並無「釋曰出繼」四字，亦舊注耳，非此山貰冶子釋文也。其有「釋曰」字者，元人妄增，顧氏引以爲證，誤矣。又孫刻目廿二「鬬訟」下，注云凡一十六條，此作十五條，蓋少「毆兄姊弟妹」一條，然卷中實有之，疑是後人羼入而未改其目，及元人覆刻則并其目增之，非有宋刻，末由辨其誤也。又卷廿三「告小事虚誣」、「告人流罪引虚」二條，孫自誤倒〔三〕。其他異同不悉著。每葉十八行，行十八字。楮墨精好，大字悦目，洵爲宋槧之上乘。孫氏影鈔祖刻，季滄葦有一本，今歸虞山瞿氏，使見此刻走且僵矣。首葉有「竹景盦主」長印，又「竹景盦」方印、「古懽書室」、「舊雨樓」印。

〔一〕親堂兄弟　「堂」，陳本作「室」，誤。

〔二〕皆所謂　「皆」，陳本作「階」，誤。

〔三〕孫自誤倒　「自」，陳本作「目」。

宋刻金石録十卷　一函四册

此即《敏求記》所稱馮硯祥家本也。乾隆間歸儀徵江玉屏。趙晉齋魏得自江氏，又自趙氏轉入芸臺相國家，繼入玉雨堂韓氏。同治十年，遂歸滂喜齋。馮氏初得是刻，鐫一印曰「金石録十卷人家」。其後江氏、阮氏、韓氏遞相祖述，皆有是印。翁覃谿、江鄭堂、洪筠軒、顧澗蘋、姚子章、汪孟慈、沈匏廬皆有題詞。後補政和劉跂跋一篇，則余蓉裳所手録也。鑒定印記纍纍，異書到處，真如景星慶雲，先覩爲快。趙氏原本三十卷，此僅十卷。蘇齋老人以爲南宋坊賈刻，其有題跋者是也。藏弆源流及與今本異同，詳見諸家跋，並録於後。

易安居士李氏，趙丞相挺之之子諱明誠字德夫之内子也。才高學博，近代鮮倫。其詩詞行於世甚多。今觀其爲夫作《金石録後序》，使人歎息不已。以見世間萬事，真如夢幻泡影，而終歸於一空也。

丙辰秋，偶得古書數帙，中有《金石録》四册，然止十卷，後二十卷亡之矣。因勒烏絲，命侍兒録此序於後，以存當時故事。易安此序委曲有情致，殊不似婦人口中語，文固可愛。余夙有好古之癖，且亦因以識戒云。丙辰七夕後再日，前史官華亭文石主人題於欽天山下學舍味道齋中。

《讀書敏求記》：《金石録》三十卷，清照序之極詳。其搜訪可謂不遺餘力。而予所藏宋搨《章仇府君碑》爲明誠所未見，信乎碑版之難窮矣。昔者吾友馮硯祥有不全宋槧本，刻一圖記曰「金石録十卷人家」，長箋短札，帖尾書頭，每每用之，亦藝林中一美談也。

《淮海英靈集》：江立字玉屏，號雲溪，舊居杭州，移籍儀徵。工填詞，爲王蘭泉少司寇所甄録。有宋板《金石録》，因題其齋曰「金石録十卷人家」。著《小齊雲山館詩鈔》、《詩餘》、《集》共若干卷。

張徵君芑堂印跋：昔馮硯祥有不全宋槧本《金石録》，刻一印曰「金石録十卷人家」，長箋短札，每每用之，見《讀書敏求記》。今爲玉屏先生所有，珍重示余。余爲用飛白書刻印以贈。藝林中又增一段佳話矣。

宋槧《金石録》十卷，舊藏吾鄉江玉屏先生家，今爲晉齋先生所有。先生博雅好古，所藏金石文字不下數千百種，於是書源流洞悉已久。既購而得之，因屬余録其流傳所自。歐陽文忠云「物莫不聚於所好」，於斯益信。嘉慶乙亥夏五，甘泉吴應溶識。

馮硯祥名文昌，祭酒夢禎之子，幾社黨人。開先〔一〕收藏甚富，得右軍《快雪時晴》真蹟，因築快雪堂於西湖之孤山，自嘉禾移居武林，遂爲杭人焉。江藩識。

《金石録》宋時刻於龍舒。開禧時，浚儀趙不讜又刻之。此本疑是浚儀重刊本也。藩與玉屏先生之長君定甫交，三十年前，獲觀此書及謝皐羽像。嘉慶二十年六月五日，晉齋先生出此命題，爰書數語，以誌眼福云。書於邗上宵市橋西一草堂，江藩跋。「子屏」

予髫甫燥即獲交鮑丈以文，每與縱談古書淵源，知宋槧《金石録》十卷曾被收得，惜未及一校，即爲歸安丁杰持去，售之揚州也。嗣後，予在里門，凡見善本二，其一是葉文莊手鈔，前後兩翻者；其一是錢叔寶通部手鈔者。皆細勘一過，是正近刻處甚多。邇來客遊邗上，一日，晉齋先生得此見示，恍然識馮硯祥家舊物，擊節不置，惜以翁弗克偕之校刊，與此書再結一重墨緣耳〔二〕。嘉慶乙亥六月朔，思適居士元和顧廣圻題。時同在《全唐文》局。「千里」、「顧氏廣圻」

嘉慶辛未，喜孫卧病里門。吴興書賈持宋本《金石録》見示，置問禮堂一日，忽忽索去，悵惘無已。後五年，晉齋先生得吾鄉江玉屏所藏殘本，與前所見本正同。因以雅雨堂本校之，疏其同異，別爲考證一篇。如《周敦銘跋》「楊南仲爲圖刻石」，「楊」雅雨堂本誤作「湯」；《毛伯敦銘跋》原文釋「祝」下一字爲「鄭」，「祝」誤作「足」；《齊鐘銘跋》「乃就鐘上摹拓者」，「上」誤作「工」；《李翕碑》「穆如清風」，「清」誤作「春」；《魯峻碑跋》「寰宇記」，「記」誤作「志」；《費汎碑》「因以爲姓」〔三〕，「以」誤作「祇」；《費君碑陰跋》「其後爲五字韻語」，「韻」誤作「龍」；《朱龜碑跋》「遣御史中丞朱龜討之，不能克」，「克」誤作「兄」；《劉衡碑跋》「余嘗親至墓下觀此碑」，「下」誤作「丁」；「制作甚工」，「工」誤作「土」；《樊君碑》「晉爲韓魏」，「晉」誤作「晳」；《宗俱碑跋》「官秩姓名」，「官」誤作「呈」；《雒府君碑》「徵爲博士」，「博」誤作「傅」；《陳君碑額跋》「司空掾」，「掾」誤作「椽」；《卞統碑跋》「《晉書·卞壼傳》」，「壼」誤作「壺」；《右軍將軍鄭烈碑》「右」下脱「軍」字；《學生題名跋》「乃決知其非文翁學生也」，「生」誤作「立」。此本俱不誤。他如「爾」作「爾」、「揚」作「楊」、「倉」作

「蒼」、「凰」作「皇」、「以」作「已」、「洛」作「雒」、「飭」作「飾」、「屨」作「婁」、「奕」作「亦」、「貌」作「皃」、「藏」作「臧」，古字具在，遠出雅雨堂本之上。凡此數百條，文多不録。校畢送還晉齋先生，并承命書跋册尾。

先生收藏金石遺文至數千卷，是正文字，稽合同異，當世金石家無出其右。先君撰《修禊序跋尾》云：「吾友江編修德量、趙文學某，皆深於金石之學。」先君持論謹嚴，不輕許人，附誌於此，以諗後世尚友之君子。喜孫。

道光十八年歲戊戌三月望日，直文華殿，夜宿内閣，繙閲一過，計前粤中題識廿餘年矣。選樓老人筆。

覃溪先生屢言欽州馮魚山先生家有《施注蘇詩》，余再四訪之，實無之也。雲台記。「雲台」

余童時即與定甫往來，其書室内有「金石録十卷人家」扁，問其故，出此書相示。嘉慶廿二年，余從晉齋處購得之。伯元記，時道光戊戌。「阮元印」、「戊戌」

易安此序言德甫夫婦之事甚詳。《宋史·趙挺之傳》傳後無明誠之事，若非此序，則德甫一生事蹟年月今無可考。按《後序》作於紹興四年，易安自言：「余自少陸機作賦之二年，至過蘧伯玉知非之兩歲，三十四年之間，憂患得失，何其多也。」是作序之年五十二矣。序言：「十九歲歸趙氏，時先君作禮部員外郎，年二十一。」按德甫卒於建炎三年，是德甫卒年四十九也。易安十九歲爲建中靖國元年，是年挺之爲禮部侍郎，是趙、李同官禮部時聯姻也。序言建炎丁未，按丁未三月猶是靖康，五月始有建炎之號，戊申方是建炎之元也。又《文選注》引《陸機傳》云：「年二十而吴滅，退臨舊里，與弟雲勤學積十一年。」是士衡二十歲時乃歸里之年，不能定爲作賦年，或是易安别有所據，或是離亂之時偶然忘記耳。嘉慶戊寅，阮劉文如跋。

揅經老人著筆暇，頗有閒情及鐘鼎。家藏宋槧《金石録》，故紙不是雙鉤影。今世有雙鉤古碑、影宋本書。《天禄琳琅》偶未入，高宗訪求宋板書，聚集目録已盈八卷，名《天禄琳琅》。汲引今古得修綆。相隨滇粤廿餘年，今春攜入中書省。惟日丁亥三月望，殿閣參差月華静。鐙前親寫第五跋，不似東坡醉酩酊。蘇詩曰：「醉眼有花書字大，老人無睡漏聲長。」公平生不飲酒，以七旬有五之年，書法了無頹唐氣，故云。閏月丁亥索我詩，我固願焉不敢請。日吉辰良古所重，萬舞登歌味尤永。但慚前輩富題識，恐污蛟龍混蛙黽。願公壽考如金石，宋録秦碑伴煙艇。道光戊戌閏月望日丁亥，應雲台相國命題。後學奕繪。

《金縷曲》：日暮來青鳥。啓芸囊，紙光如砑，香雲縹緲。易安夫妻皆好古，夏鼎商彝細考。聚絶世，人間奇寶。太息兵荒零落散，剩殘編，幾卷當年藁。前人物，後人保。雲台相國親搜校。押紅泥，重重小印，篇篇玉藻。南渡君臣荒唐甚，誰寫亂離懷抱。抱遺憾，訛言顛倒。賴有先生爲昭雪，算生年，特記伊人老。千古案，平翻了。俚詞呈雲台老夫子、静春居伯母同教正。西林春。「西林春印」、「太清」

趙明誠《金石録》在宋時初刻於龍舒，再刻於浚儀。此十卷或云即浚儀本。今驗第一卷《古鐘銘》，至第十卷《宋武帝檄譙縱文》止，即原書之第十一卷至第廿卷，而改題曰第一卷至第十卷，是删其前目十卷，專刻其跋者也。凡書前目與後卷悉同，惟此書不然。趙氏藏金石文二千卷，其跋則止五百種耳。故其前具列一至二千之次第〔四〕，而後跋無之。前目具載歲月及撰書人名，而後跋無之。此刻專有其後跋，故從第十一卷起，以便於覽誦。此必南宋末書賈所重刻也。就此考之，若第一卷《周姜敦銘》，吕氏《考古圖》訓作「百」，諸本作「百」，此作「百」；第三卷《嶧山碑跋》「楷」，此作「揩」；第六卷《馮緄碑跋》「謡」，此作「誣」；第十卷《唐重立大饗碑》題内「立」下有「魏」字。凡若此類，皆足正諸本之失。又如第四卷《巴官鐵盆銘》題下「韓暉仲」，此作「韓注仲」；第五卷《倉頡廟碑跋》「池陽集丞」〔五〕，此作「集水」；第六卷《馮緄碑跋》「史云復拜」，此無「云」字；第七卷《費君碑陰跋》「甘陵石勱」，「勱」他本或作「勖」，或作「勛」；第十卷《晉太公碑》「文王見太公而計之」，諸本作「汁」，此作「言」旁，其右半似「斗」，亦不分明。此下「有所見於」句，此作「於見」，皆可疑。又第十卷《卞統碑》「寃句」，此作「宛句」；《吴禪國山碑》「三表納貢」，此作「三表」，是則顯然之誤。然而此書世無刻本久矣，近來謝刻、盧刻僅憑傳寫本，易滋歧誤。此雖重刻不全本，尚是宋槧真本之僅存者，宜爲鑒藏家所珍秘耳。嘉慶丁丑冬十二月十六日，八十五叟方綱識。

《重鐫金石録十卷印歌奉贈芸臺制府》：十卷欲抵三十卷，三十卷即卷二千。馮硯祥家此舊印，趙《金石録》之殘編。也是園叟爲著録，藝林豔羡逾百年。此書宋槧誰得見？菉竹堂寫名空傳。我見朱竹垞何義門手所校，謝刻盧刻譌猶沿。今晨阮公札遠寄，秘笈新得邗江邊。阮公積古邁歐趙，蘇齋快與論墨緣。恰逢葉子仿篆記，宛如舊石馮家鐫。重章疊和紙增價，長箋短幅紅鮮妍。錦贉何減浚儀刻，宋時浚儀刻本。囊楮倍壓湖州船。葉子篆樣又摹副，其一畀我蘇齋筵。我齋趙録寫本耳，幸有蘇集珍丹鉛。紹興漕倉施顧注，傅楷更在趙録前。奇哉漫堂寶殘泐，惜也邵補功微愆。欽州馮家有全帙，廿載借諸心拳拳。乞公借從穗城刻，什倍開府緜津賢。誓言此印爲之質，萬古虹月衝杓躔。明年仍還馮家櫝，一月光又印萬川。嘉慶丁丑臘月，弟方綱草。戊寅六月，儀徵程荃用隸法依先生原箋寫。「臣荃之印」、「蘅衫」

嘉慶二十有三年春正月十有四日，敬觀於京都之北池子經注經齋。是日小雲農部攜全帙來，傳師命題數語以志金石夙契。爲弼當日侍函丈前，詮釋鐘鼎彝器文字，賞晰疑義，每竟日忘倦。自來京華，忽忽已十有四年矣。簿牘笥束，馳逐塵鞅，回憶仙館清暇，如在目前。今獲覩此書，恍如坐卧於積古齋中，不覺情之移也。爰披覽移晷，觕述前因，以誌眼福云。是日同觀者，錢塘陳上舍鴻豫，華亭家上舍大源、明經大韶伯仲也，因并識之。朱爲弼。

琅嬛仙館得此本，誠爲希世之寶。己卯夏五，客廣南，獲見之，亦稱眼福。惜不得以之校所藏寫本之譌誤，因借鈔一過攜歸，以備異日之校讐焉。此本間不免誤字，覃溪先生、洪筠軒已爲標出，然仍有筆誤者。卷第五《州輔墓石獸膊字跋》「天禄近歲爲村民所毁」，「天」作「夫」；卷第六《桂陽太守周府君頌跋》「而名已譌缺不可辨」，

「不」、「辨」作「下」、「辦」，「不」字當是木板脱左邊撇，遂成「下」；卷第九《酸棗令劉熊碑跋》「又封元壽第三人皆爲鄉侯」，按廣陵思王荆以永平十年自殺，十四年元壽紹封，又封元壽弟三人爲鄉侯。「弟」作竹頭，皆其誤也。又卷第六《廷尉仲定碑跋》「豫章太守」，「豫」作「豫」。又本中凡「傅」字俱作「傳」，亦係刊刻之未精。至《車騎將軍馮緄碑跋》「太原太守劉瑱」，「瑱」自係「璸」字之譌，今四川新出土宋張禀重刻《馮緄碑》更譌作「頊」矣。桐城姚元之記。

右趙明誠《金石録》殘本十卷，是南宋所刻。頤煊以别本參校，如《漢國三老袁君碑跋》「安以永平四年薨」，雅雨堂本、《隸釋》本俱作「永元」。《後漢書·袁安傳》：安章和元年代桓虞爲司徒。和帝即位，四年春薨，年號是永元，非永平。《漢車騎將軍馮緄碑跋》云「表荆州刺史李隗[六]、南陽太守成晉、太原太守劉瑱不宜以重論」，雅雨堂本同《隸釋》本作「劉璸」，碑文亦作「璸」。璸字文理，事見《後漢書·陳蕃傳》。此獨作「瑱」，當是字譌。《漢司空殘碑跋》「其詞有云，命爾司空，余回爾輔」，《隸釋》本「回」作「同」，《隸續》載碑文，亦作「同」，義皆長於此本。餘如《漢陽朔塼字跋》「尉府靈壁，陽朔四年始造設，已所行」，「靈壁」即「瓴甓」二字假借，雅雨堂本作「壺壁」，誤甚。《漢從事武梁碑跋》「故從事武掾，掾字綏宗。掾體德忠孝〔七〕」，《隸釋》本上「掾」字不重，「綏宗」下無「掾」字。此本與碑合。《漢丹陽太守郭旻碑跋》「議郎呆及胤孫某」，雅雨堂本「呆」作「某」，校云此「某」字錢鈔作「果」。《隸釋》作「呆」。以《隸續》所載碑文校之，「呆」本作「柔」，呆、柔字相近，若改作「某」，義全乖矣。如此類甚多，皆足以證近本之失，宜前人收藏之珍秘也。此册今歸琅嬛仙館，制府師出以相示，因跋其後。時嘉慶廿三年歲次戊寅九月朔日，臨海洪頤煊謹記。「洪氏頤煊」、「筠軒」

座師芸臺先生節制兩粵之明年嘉慶戊寅，伯子司農攜此册京師，錢遵王氏所謂《金石録》十卷者也。程同文跋於密齋。

嘉慶己卯閏四月，浪游嶺南，將遍訪諸名勝。首謁雲臺夫子於節署，出此册見示。攜歸寓館，以篋中所有金石拓本校正一二，欣喜無量。弟子海寧陳均題記。

此書本爲儀徵相國師琅嬛仙館所儲藏，今歸小亭女夫，即馮研祥家舊物也。以校今世所傳雅雨堂本，字多異同，翁覃谿閣部、洪筠軒州倅兩跋中已詳論其得失，而猶有未盡者。如《曹騰碑》「皇帝若曰」，盧本作「皇后」。案此乃趙氏據碑文「皇太后」以證《集古》作「皇帝」之非，《集古》本作「帝」不作「后」也。《州輔碑》「其封輔爲荼吉成侯」，盧本無「荼」字。案《隸釋》碑文本有「荼」字，洪氏云荼吉成侯者，葉之吉成亭也。《帝堯碑》「龍龜負銜校鈐」，盧本作「校鈐」。案《隸釋》碑文正作「鈐」，當讀爲「韜鈐」之「鈐」。緯書有《璇璣鈐》，《詩正義》引《尚書中候》「撰《爾雅鈐》，報在齊」、「雒授金鈐，師名吕」是也。《費汎碑》「今以爲季文有功封費者」，盧本作「季凶」。案此碑蓋誤「季凶」爲「季文」，故趙據《左傳》以辨之，前後皆當作「季文」。盧氏前著校語云，碑「季文」乃「季凶」之訛，後則竟改爲「季友」，謬妄甚矣。又《路君闕銘》「君故豫州刺史」，盧本無「君」字；《嚴訢碑》「人物同授」，盧本作「同受」，「招命道術」，盧本作「昭命」；《朱龜碑》「蠻夷授手乞降」，盧本作「授首」，此本皆與《隸釋》所載及謝氏、葉氏諸本相合，實勝雅雨堂本。惟《嚴訢碑》「伊歎嚴君」，盧本作「伊歎」，考之《隸續》，實是「漢」字。蓋「漢」字傳寫誤爲「歎」，「歎」字傳寫又誤爲「欺」，楚則失而齊亦未爲得。又「後爲丹陽陵陽丞」〔八〕，盧本作「丹楊」，此本雖與《隸釋》合，然考《隸續》，《劉寬碑陰跋》云：「西都以丹楊名郡，東都改用陽字。郭昱爲丹陽太守，嚴訢作丹楊之陵陽丞。此碑有丹陽太守，皆用西都字」云云，則「楊」是而「陽」

非也。此書恉草漫漶，乃當時坊刻，讎校未精，猶足證今本之譌誤，宋刻之可寶貴如此。道光癸卯元日，匏廬沈濤跋於洺廨之愛古軒。

附藏印　「太素齋曾覽」、「鴻寶秘書」以上二印無考。「馮印文昌」、「字硯祥」、「平安館印」、「馮氏三餘堂收藏」、「馮子玄家藏印」以上馮氏印。「榮邸純王之孫窓王之子曾妣曰愉貴妃」、「御賜迪德敦教」、「悔昨居士」、「奕繪之印」、「西林春印」、「太清」、「趙魏私印」、「趙氏晉齋」、「趙魏」、「晉齋」、「趙氏金石」、「竹崦盦」、「茅齋玩賞」、「茅屋紙窗筆精墨妙」以上趙氏印。「雲台」、「體仁閣大學士」、「伯元之印」、「泰華雙碑之館」、「揚州阮伯元章」、「臣元奉勅審釋內府金石文字」、「總制淮揚楚粵等處十省軍門」、「揚州阮伯元氏藏書處曰琅嬛仙館藏金石處曰積古齋藏硯處曰譜硯齋著書處曰揅經室」、「家住揚州文選樓隋曹憲故里」、「阮氏琅嬛仙館收藏印」、「儀徵阮伯元章」、「阮元印」、「石墨書樓」、「文選樓」、「癸巳」、「節性齋」、「金石録十卷人家」、「亮功錫祜」、「隋文選樓之印」、「五雲多處是三台」、「孔印昭虔」、「闕里」、「阮孔經樓」、「孔子七十三代長孫女」、「静春居」、「阮劉書之」、「静春居士」、「阮祜之印」、「叔錫」以上阮氏印。「韓氏藏書」、「韓印泰華」、「小亭」以上韓氏印。「覃谿」、「蘇齋墨緣」、「恩加二品重讌瓊林」〔九〕、「蘇齋真鑒」、「內閣學士內閣侍讀學士翰林侍讀學士」、「翁方綱」、「覃谿審定」以上翁氏印。「頤煊審定」、「洪印頤煊」、「筠軒」以上洪氏印。「姚印元之」、「余氏蓉裳」、「俞印正燮」〔一〇〕、「吉羊」、「梁章鉅印」、「李彥章印」、「喜海」、「吉父」以上劉氏印。「志詵」、「葉東卿審定」、「東卿過眼」以上葉氏印。「陳印介祺」、「壽卿」、「介祺」、「医齋」、「壽考維祺」、「金石日擊撞」、「予性顓而好古」、「簠齋」、「願爲主書令史」、「曾經我眼即我有」、「陳伯子介祺古萊之東睢人也」以上陳氏印。「修伯讀過」、「仁和朱澂」、「子清」以上朱氏印。「陳均之印」、「怡亭借觀」、「怡亭審定」、「姜甯」、「□癡」

〔一〕「開先」當作「開之」。
〔二〕再結一重墨緣，陳本無「再」字，疑脱。
〔三〕費汎碑　「汎」，陳本作「汛」，誤。
〔四〕一至二千　「二」，陳本作「五」，誤。
〔五〕池陽集丞　「陽」，陳本作「楊」。
〔六〕表荆州　「表」，陳本作「袁」，誤。
〔七〕體德忠孝　「忠」，陳本作「中」。

〔八〕又後爲　陳本作「後又爲」。
〔九〕重讌瓊林　「讌」，陳本作「職」，誤。
〔一〇〕俞印正燮　「俞」，原作「余」，據陳本改。

順治十八年搢紳册

此本紀文達所藏，正陽門外西河沿洪家刊本也。國初官制尚沿明舊，其時順天之河間、永平三府、安徽之鳳陽、陝西之延綏、甘肅之寧夏、湖廣之偏沅，皆特設巡撫。各省提鎮皆兼都督府銜，大學士有九，學士有二十四，武進士特設大教習，皆與今制不同。吾郡徐元文立齋、宋德宜蓼天、葉方藹訒庵皆在翰林，新城兄弟西樵爲國子助教、漁洋爲揚州推官。他如張京江、熊孝感、魏崑林皆爲名臣。又如馬章民、蔣虎臣、秦對巖、梁玉立並爲京秩，范覲公、葉映榴又忠節之士也。先哲典型，開卷如見，是又當與紹興、寶祐《同年録》同其珍秘者矣。前有河間致法梧門書，梧門及翁覃谿、阮文達、葉東卿、丁誦孫皆有跋，朱石君、邵位西、吴和甫有詩，伊墨卿、沈匏廬有看款，並録於後。

紀文達致法時帆書：《揺紳》得大筆題識，竟得列於有資考證之數，豈非伯樂一顧，駿足千金耶！謝謝！卷首看過十之六七，尚未敢加簽，大段無可擬議。惟慎王「嘉」字韻一首，擬爲删去。唐韻麻部本有「佳」字，公乘億《秋菊有佳色》詩可以證也。宋韻以係上平部首而删去。後人刻唐試帖者，遂併公乘億此詩，改「佳」爲「嘉」，頗不成語。慎王此詩，押「山色嘉」，究非好語。如徑改爲「佳」，又與官韻不符，嫌於不遵功令。似應删之爲兩全也。連日冗忙，候偷暇加簽完備，即繳上呈閲。順候近佳不備。上時帆大人侍史，學弟昀拜覆。

五朝文獻舊官册，宗伯藏弆貽厥孫。公孫好古持示我，索我題句尋根源。序言丙戌訖辛丑，馮銓金之俊殿閣領鳳鵷。范公承謨讀學葉映榴吉士，後以節烈名不諼。揚州推官風雅伯阮亭，蔣超史大成徐元文馬世俊列鼎元。宛平王掌翰魏柏鄉掌憲，此其大略他可論。畫枰推棋水逝壑，刻舟求劍雲移根。姓名階級自顯晦，薰蕕涇渭誰頮潘。竹書考年器辨代，實事求是可據援。還君珍重好什襲，他年寶比君家甗。嘉慶壬戌孟夏，大興朱珪。「朱珪之印」

曉嵐宗伯藏舊《揺紳》一册，所載庶吉士至辛丑科，觀者或猶未遽定爲是歲之書。

然戊戌、己亥庶吉士皆備載字號，惟辛丑諸人皆空板未填，且其後又有空板黑地二行，蓋初改庶吉士時，空其木板以待鋟刻。是此科新改庶常未遠之册子，無可疑者，不特以王西樵年譜於壬寅春升考功郎，而知其爲辛丑歲之書也。予昨爲梧門司成題所藏順治初《同年齒録》二册，今復得題宗伯所藏此册，二事正足相配。嘉慶己未冬十一月廿八日，翁方綱。「翁方綱印」

余曩輯《清秘述聞》，得順治壬辰、乙未、戊戌三科《會試齒録》於曲阜顏氏，叙次款式與今通行本異。卷後有「雕板於京師正陽門外西河沿浙江洪氏書坊」印記，儼然南宋建之勤有堂、杭之陳解元書舖也。三册中具載新城王氏兄弟姓名，西樵登壬辰科會試榜，殿試則在乙未；漁洋登乙未科會試榜，殿試則在戊戌，層見疊出於三册中。余以無心得之，故甚珍秘。頃宗伯師出《順治十八年搢紳》一函〔二〕屬跋。刻手與前書同，印記亦同。時西樵爲國子助教，漁洋爲揚州推官矣。一經展玩，前輩風流宛然在目。且其時大學士有九，學士有二十四，僉署殿閣院名，列内閣之後。武進士選侍衛有大教習教之，如遏必隆、鼇拜皆兼此官也。各省督撫莅都察院。當時規制如此，事隔百餘年，至有不能舉其顛末者。不有此書，何以徵信？宜宗伯師之拳拳於此也。

《清秘述聞》中闕表字者，考此書得增十七人，因牽連書之，以誌欣幸。嘉慶壬戌九月九日，法式善跋。「存素堂印」、「法式善槀」

甲子八月初五日過閲微草堂獲觀，伊秉綬記。「墨卿」

余家藏嘉靖《搢紳册》，得自闕里孔氏，其京職一本題爲「搢紳」，至外省則不加之以「搢紳」之目。此順治十八年《搢紳册》則通稱爲搢紳矣。又嘉靖本於各省總督、巡撫皆列於都察院衙門副憲之後，而外省則但自布政使始。此册於都察院既列各省總督、巡撫矣，而各外省又重列之，已駸駸乎不列於京職，故册首葉題曰「新刊隨省總督撫按總鎮搢紳」。曰「新刊隨省」者，明乎舊之不隨省也。此册外省提鎮亦列京職，在鑾儀衛衙門之後，今亦皆隨省矣。庚午二月朔，阮元觀於京師泰華雙碑館。「雷塘庵主」

道光間，此册又爲韓小亭農部世長所藏，屬余再加題識，時在丁酉歲，匆匆已廿七年矣。阮元書。「伯元父印」、「節性齋老人」

道光十八年，太歲在戊，漢陽葉志詵借看三月之久，並録副册，子名琛、名澧侍。閏四月二十四日記。「葉志詵及見記」、「葉名琛名澧兄弟同鑒定」

道光二十有三年，倉龍癸卯，匏廬沈濤觀於宣南寓舍。「小重山館」

民曹示我職官簿，其年辛丑推可知。於時仁皇已御極，八齡龍鳳恢天姿。儲才館閣特重慎，十人茹拔無零畸。京江相國曲江度，迺崑片玉桂一枝。澤州飛騰前輩入，更名御筆斑斕垂。兩文貞俱鬱時望，厥後郅治襄康熙。綸扉耆俊紛可數，高陽曲沃端型儀。涿州闒兒仍伴食，鴞音雖革形堪嗤。其餘庶官類稱職，柏鄉柏府森霜威。宛平父子長儀部，孝感弟昆居鳳池。偉哉疆臣李武定，時居言路鷹角嶷。立身刻苦王恥古，朝朝白簡鋪彤墀。總河朱公著勞勩，歿奉帝勅驅馮夷。紫垣浮沉在郎署，後建殊績民爭祠。荔裳歌詩純翁筆，筮仕俱隸祥刑司。清端捧檄在蠻徼，羅城瘴母吁可危。動心忍性養剛大，樹立宏達擁節麾。獨恨二賢佚不見，睢州蔚州百世師。均以先年乞歸養，暫解朝組修卮匜。惟兹名蹟可檢按，磊磊皆足傳來兹。況裨文獻具行義，足訂史傳參家碑。大興相公跋長句，推棋逝水增歔欷。壬戌迄今又卌載，駸駸駟馬孰控追。要以不朽自勗帥，名氏豈但垂當時。願君勤官景前哲，風采亦俾方來思。庚子秋七月，小亭農部世叔以此册命題，漫書長句。邵懿辰。

國初盛文獻，河嶽宣皇猷。丹青足神化，一册兼金留。當時紀銓叙，列肆皆可求。誰知二百載，寶之若琅球。河間富著述，萬卷精校讐。此册資考據，亦爲鄴架收。譬如古金石，豈徒羅尊卣。跟肘識鱮柳，乃知甫田蒐。韓公大雅材，藏書高蓬邱。擘摩闢古趣，一一探其幽。示我所藏册，讀之心夷猶。冠蓋集百爾，郡邑拓九州。跡其所不朽，詎獨官階優。勳業照鐘鼎，騷雅扶輪輈。遂覺日星氣，不廢江河流。能令一束簡，藉以垂千秋。後生各珍重，馳驅争驊騮。爲念塵彼觀，及時景前修。小亭先生屬題，即請正之。辛丑除夕，和甫吴存義。

小亭農部二兄博學好古，於歷代掌故文獻皆能審別源流，有所稽覈。此順治辛丑《搢紳册》是其收藏，又藏有康熙間搢紳本，他日考訂沿革別成一書，可證見聞，可補史志，不第如岳氏《愧郯》之録、王商《清秘》之志而已。道光壬寅五月，借觀一過，因書。毘陵丁嘉葆並識。「誦孫過眼」

附藏印　「瀛海紀氏閱微草堂藏書印」、「紀氏樹馨」、「香林鑒定」、「詩龕借觀」、「韓氏藏書」、「小亭鑑定」、「東卿過眼」

〔一〕頃宗伯師　「頃」，陳本作「項」，誤。

滂喜齋藏書記卷二

子部

元刻孔叢子七卷 一函四册

宋咸注。前後皆有咸序。前序後接本文，無目。每半葉十二行，行大二十三、四字，小二十七、八、九字不等，附釋文。「敬」、「儆」字缺筆。後有嘉祐八年吕逢刊書序。此元人覆刻本也。延令季氏藏書。

附藏印　「振宜藏書記」

明刻賈誼新書十卷　一册四函

淳熙辛丑胡价跋云「提學漕司給事程公暫攝潭事，刻之學宫」。跋後又有題記云「淳祐八年十月知院大使陳公刊脩」〔一〕。按常熟瞿氏、歸安陸氏皆有明正德本。瞿氏《志》云，潭板明時殘闕，弘治間陸桐爲長沙守，修補印行。陸氏《志》云，陸本後歸吉府。據此則宋時刊板歷明尚存〔二〕，但遞有增修耳。陸《志》又云，吉府本册首蓋「吉府圖書」朱文方印。陸本卷六第三葉十一、十二、十三行空白，此本册首無言府印，而卷六亦無空行，則在二本前明甚。其元末明初之際乎？同治辛未，戴子高校過，卷末有其題字。

〔一〕陳公刊脩　「脩」，陳本作「補」。

〔二〕宋時刊板　「板」，陳本作「本」。

宋刻説苑二十卷　一函十册

前有劉向進書序，序後接目録，目後曾鞏序。每卷題「鴻嘉四年三月己亥護左都水使者光禄大夫臣劉向上」，此即東澗翁所謂古人經進書式也。每半葉九行，行十八字。此書以北宋二十二行本爲最古，其次即此本也。十九卷後有題字云「歲壬申秋瑯山翁士白重修校正」。二十卷後有題字三行，斷爛重裝，脱去其半。以士禮跋證之，知咸淳乙丑九月鄉貢進士直學胡達之眎役，廸功郎改差充鎮江府學教授徐忻、廸功郎特差充鎮江府學教授李士忱命工重刊。卷四《立節篇》有「尾生殺身以成其信」一句，卷六《復恩篇》多「木門子高」一條，與蕘翁所述悉合。蕘翁所見咸淳刻有四本，一顧抱沖家殘本，一吴氏拜經樓本，一濂溪坊蔣氏本，一西白塔巷蔣氏本。此本舊爲大興朱竹君學士所藏，完好無闕。今二十二行本不可見，則咸淳本即宋本之甲矣，可不寶諸？

附藏印「大興朱氏竹君藏書之印」、「朱筠」

元刻纂圖分門類題五臣注揚子法言十卷 四册

前附《新增麗澤編次揚子事實品題》，所採陸績《述玄》、班固《漢書》凡十餘家。又附門類，題目取篇中語分類排次，凡五十門，龐雜無序。題「永嘉先生陳傅良編」，疑依託也。分類之後有題記二行，云：「麻沙劉通判宅刻梓於仰高堂。」每半葉十行，行大十九字，小二十三字。前有「鼎元」、「季雅」印，王元美舊藏也。弇州藏書多有「伯雅」、「仲雅」、「季雅」印〔一〕，自明竺塢文氏及王雅宜皆經藏弆，入國朝歸泰興季氏。《延令書目》著録《法言五臣注》十卷四册，即此本也。

附藏印　「蘇公」、「鼎元」、「季雅」、「江左」、「竺塢」、「梅谿精舍」、「玉蘭堂」、「五峰樵客」、「辛夷館印」、「王印履吉」、「季因是珍藏印」、「季印振宜」、「滄葦」、「御史振宜之章」〔二〕、「宋文侶印」、「鷺谿」、「膠西宋氏文侶珍藏圖書」、「雪廣居士」、「劉氏維喆珍藏」、「劉氏家藏」、「敬一主人」、「邗江戴大章印」、「大章」、「堯聲」

〔一〕弇州藏書　「藏」，陳本作「觀」。

〔二〕御史振宜之章　「章」，陳本作「印」。

宋刻監本音注文中子十卷　一函二册

巾箱本。前五卷題「監本音注」，後五卷題「纂圖音注」。前有世系年表，河汾肆子王壬編，其後裔也。每半葉十三行，行大小俱二十三字。阮逸注下有注，云：「逸，建陽縣文瑞里人，本朝王堯臣榜乙科。」「本朝」上空格，宋諱「徵」、「敬」字缺筆，可知爲宋槧也。舊爲插花山馬氏藏書。

附藏印　「宋本」、「甲」、「海昌馬思贊印」、「仲安一號漁邨」

宋刻真文忠公讀書記二十二卷 二函十二册

西山《讀書記》舊分甲、乙、丙、丁四集，丙集久佚，其餘三集刻本亦不同。《四庫》著録本甲集三十七卷，乙集二十二卷，丁集六卷。歸安陸氏藏開慶元年福州官本，乙集十六卷，丁集八卷。余又見一宋本《大學衍義》，其第一行題「讀書記乙集上大學衍義第幾卷」，則《衍義》編在乙集之内，其卷帙更多矣。此本二十二卷，不分甲、乙。首卷第二行題「三山殿元邱聞之曾子肯校勘標注」，當是二人所重輯，非其舊第。每半葉十二行，行二十三字，遇宋諱「恒」、「貞」等字缺筆。舊藏故相明珠家，前有「謙牧堂藏書記」。

附藏印　「謙牧堂藏書記」、「謙牧堂書畫記」〔一〕

〔一〕按：「謙」當作「兼」。

宋刻諸儒鳴道集七十二卷

所採諸儒語録，自濂溪、涑水以下凡十三家。濂溪《通書》一卷，涑水《迂書》一卷，横渠《正蒙》八卷、《經學理窟》五卷、《語録》三卷，二程《語録》二十七卷，《上蔡語録》三卷，《元城語録》三卷，《劉先生譚録》一卷，《道護録》一卷，江民表《心性説》一卷，龜山《語録》四卷，安正《忘筌集》十卷，崇安《聖傳論》二卷〔一〕，横浦《日新》二卷。後有楷書題記，云：「越有《諸儒鳴道集》最佳，年久板腐字漫，觀者病之。迺命刊工剜蠹填梓，隨訂舊本，鋟足其文，令整楷焉。時端平二禩八月吉日，郡守閩川黄壯猷書。」每半葉十二行，行廿一字。内缺《迂書》一卷、《理窟》第五一卷、二程《語録》第八至十九卷，皆鈔補明文淵閣官書，其書函猶原庫裝也，至今不蠹不脱，觸手如新。崑山徐氏舊藏。

附藏印　「崑山徐氏家藏」、「乾學之印」、「健庵」

〔一〕崇安聖傳論　「聖」，陳本作「經」，誤。

明刻司馬法直解 一册

題前辛亥科進士太原劉寅解，當是明初人也。前有自序。章疏句釋，淺而易曉，間引史事爲證。《四庫》未著録。怡府藏書。

附藏印 「明善堂覽書畫印記」、「安樂堂藏書記」

日本鈔黄帝内經太素殘本二十三卷 廿二册

題「通直郎守太子文學臣楊上善奉敕撰注」。《黄帝内經》世所傳者，惟唐王冰注。此書自宋以來不聞著録。此日本寫本。考《唐書·藝文志》，楊上善注《黄帝内經明堂類成》十三卷，又《黄帝内經太素》三十卷。此本共存卷二之三、卷五之六、卷八之十五、卷十七、卷十九之二十、卷二十三之三十，凡二十三卷，闕七卷，所存卷中亦有闕文脱簡。前有長方朱印，曰「函碕文庫」。每卷末有題字云：「仁安某年某月某日，以同木書之，以同本移點較合了，丹波賴基。」又一行云：「仁平某年某月某日，以家本移點比較了，憲基。」或云相傳本校合不一律。仁平或作久壽、保元。考仁平、久壽、保元皆日本近衛王紀年，在宋紹興時。仁安，六條王紀年，在宋乾道時。當是憲基從丹波寫本傳録。故仁平、久壽、保元之上皆旁注「本云」二字。「本云」者，舊本有此一行也。此本紙色尚新，當出近人手鈔。每半葉七行，字兼行草，長短不齊，中無板心，原書疑爲卷子本。自唐以來沈埋千載，醫林古笈，海舶重來，未可以殘帙近鈔而忽視之。

元大德重校聖濟總録殘本六卷 一函八册

宋政和中奉敕撰。原本二百卷，重刻於金大定，再刻於元大德，此即大德本也。日本活字本即從大德本出。前有大德四年焦養直序，謂江浙行省奉詔校刊。《四庫》著録乃程林《纂要》二十六卷，非全書也。此本僅存六卷。五十、五十二、五十三、一百三十一、一百九十一、一百九十四。每半葉八行，行十七字，疏行大字。怡府藏書。

附藏印 「安樂堂藏書記」

宋刻三因極一病證方十八卷 一函十二册

宋陳言無擇編。前有言自序。每半葉十三行，行二十三字。此本卷一至九、卷十四至十六，精槧可愛。餘六卷麻沙本，似元人覆刻。蓋以二本合成者也。武林高氏、長洲汪氏皆經收藏。卷末二葉補鈔，墨筆記云：「雍正七年仲夏，影述古堂珍藏宋本補全。」不知誰筆。眉端有以別本校其異同，墨迹甚古，當是明以前人筆也。

附藏印「弜□喬」、「[illegible]」、「庋書樓」、「默庵」、「奕葉書香」五印在卷第十三之末。「水月真[illegible]」、「錫山余氏」二印在第十卷首。以上七印，朱文甚古。「古杭瑞南高士深藏書記」、「武林高深甫妙賞樓藏書」、「妙賞樓藏」、「高氏鑑定宋刻板書」、「五岳真形」、「汪士鐘印」、「藝芸主人」、「長洲汪駿昌藏」、「駿昌雅庭」、「吴中汪四」

元刻醫學啓源序三卷 三册

金張元素潔古撰。張吉甫序。按序云劉守真病傷寒，潔古治之，一服而愈，與李溏

《醫史》所言合。其所著《病機氣宜保命集》三卷,《四庫》著録。此書未收。舊爲季滄葦藏書,即載之《延令書目》者也。

附藏印　「季振宜藏書」、「簫樓印」、「鳳氏」

元刻太醫張子和先生儒門事親三卷直言治病百法二卷十形三療三卷　一函六册

金張從正撰。前有中統壬戌高鳴序,時爲元世祖之三年,亦宋景定三年也〔一〕。黄蕘圃藏金本,後有《撮要圖》一卷,《三法六門方》一卷,《世傳神效名方》一卷,《治法雜論》一卷。又附《扁華訣》、《病機》二種,則以別一殘本補入,此刻皆無之。黄氏跋云殘本行款多同,惟四圍雙綫,未能定其何刻。今此本正雙綫,惟上下以墨塗之,改爲單綫,當是作僞者以充金刻耳。黄氏所見殘本必與此本同出一源也。每半葉十三行,行二十五字。《四庫》著録,總名之曰《儒門事親》十五卷,失其實矣。雖以錢竹汀之博洽,而《補元史·藝文志》亦語焉未詳也。舊爲朱笥河藏書。

附藏印　「笥河府君遺藏圖書」、「朱印錫庚」、「韓氏藏書」、「玉雨堂印」

〔一〕亦宋景定三年 「亦」，陳本作「即」。

元刻殘本難經本義一卷 一册

元許昌滑壽著，四明呂復校正。原書二卷，此佚其下卷，前有至正中揭汯、張翥、劉仁本三序及壽自序。按《絳雲樓書目》注云：「壽，明初人。有危素序。」此本無危序，則與絳雲本不同刻。或壽初刻於元時，入明以後太僕復序而刻之歟？所引諸家有吴呂廣、《難經注解》。揚玄操，《難經注解》。宋丁德用、《難經補注》。虞庶、《難經注》。周與權、《難經辨正釋疑》。王宗正，《難經注義》。金紀天錫、《難經注》。張元素，《藥注難經》。元袁坤厚、《難經本旨》。謝縉孫、《難經説》。陳瑞孫。《難經辨疑》。今其書多佚，得此猶存其崖略。《本義》之先有彙考及圖十三，曰《經脈始從中焦流注圖》，曰《關格覆溢之圖》，曰《藏府陰陽寒熱圖》，曰《色脈相勝相生圖》，曰《五行子母相生圖》，曰《男女生於寅申圖》，曰《榮衛清濁升降圖》，曰《肝肺色象浮沈圖》，曰《五藏聲色臭味液之圖》，曰《五邪舉心爲例圖》，曰《七傳閒藏圖》，曰《手足陰陽榮分剛柔配運圖》，曰《補水瀉火圖》。怡府藏書。

附藏印 「明善堂覽書畫印記」、「怡府世寶」、「安樂堂藏書記」

高麗刻濟衆新編八卷　五本

高麗内閣刻本。題内局首醫康命吉奉教撰。前列引用書目，自《靈樞》至《東醫寶鑑》凡二十種。李秉謨序。

附藏印　「硯珊」、「龍門教諭」

宋刻周髀算經　一函二册

趙君卿注，甄鸞重述，唐李淳風等注釋，附李籍音義。每半葉九行，行十八字。與《九章》、孫子、張邱建《算經》同，蓋同時刻也。三經自傳是樓歸泰興季氏，此本亦有徐健庵印，而季氏未經藏弆，可見東海散出時，其書已析。越二百餘年而後爲延津之合〔一〕，亦奇矣哉。前有君卿自序，後有元豐六年九月秘書監校進諸臣銜名，又有嘉定六年括蒼鮑澣之仲祺序。蓋南宋時以元豐監本覆刊，故字畫至爲精美云。

附藏印　「徐乾學印」〔二〕、「健庵收藏圖書」、「傳是樓」、「黄金滿籯不如一經」

〔一〕而後爲延津之合　「後」，陳本作「復」。

〔二〕徐乾學印陳本無　「印」字。

宋刻孫子算經三卷張邱建算經三卷殘本九章算經五卷 一函六册

舊爲張古餘藏本，即《百宋一廛賦注》所云「欲得不果」者也。後有顧澗蘋跋，云：「《季滄葦書目》《算經》四本，即此。第一本爲張邱建，第二本爲孫子，第三、第四本爲《九章》。」今《九章》三册、張邱建二册已非原裝。每半葉九行，行十八字。楮墨清朗，乃南宋槧之至精者。千頃黄氏、汲古毛氏、傳是徐氏、石研秦氏皆經收藏。

附藏印　「陳道復印」、「宗伯」、此疑爲錢牧翁印。「黄虞稷印」、「季振宜印」、「滄葦」、「宋本」、「毛晉私印」、「子晉」、「海虞毛子晉圖書記」、「菰溪」、「菰溪草堂」、「傳是樓」、「徐乾學印」、「健庵收藏圖書」、「陽城張氏省訓堂經籍記」、「張印敦仁」、「古餘珍藏子孫永寶」、「薦棨」、「葆采」、「葆采之印」、「秦伯敦父」、「廣圻審定」

元刻圖繪寶鑑五卷補遺一卷 一函六册

元夏文彦士良纂。前有楊鐵厓序及至正乙巳自序。卷末有一行云「至正丙午新刊」，是既成書之明年即上木也。士良與陶南邨友，南邨《輟耕録》極稱其賞鑑之精。此書與《書史會要》亦各樹一幟者也。王西莊、韓小亭皆有藏印。

附藏印 「善甫」、「龔大年印」、「真適齋藏」、「真適」、「王鳴盛印」、「西莊居士」、「韓氏藏書」、「玉雨堂印」

明刻書史會要九卷補遺一卷 六册

元陶宗儀撰。曹睿序。前附孫作所撰《南村先生傳》。每卷後有助刻姓氏，如宋人刻經之例。卷一後云：「後山居士張氏瑞卿琺命工鋟梓。」卷二後云：「三味軒主者張氏國祥麒助刊。」亦有數人合刊一卷者。自明入國朝，累經名人藏弆。其中朱記曰「文彭之印」、曰「壽承氏」者，文氏三橋也。曰「文休承氏」，彭之兄嘉也。曰「沈與文印」、曰「姑餘山人」、曰「野竹齋藏書」〔一〕，明沈氏辨之也，其所居在今杉瀆橋。曰「道復」，當爲陳道復，即《畫苑》所稱「白陽山人」也。曰「孫印從添」〔二〕、曰「慶增氏」，即著《藏書記要》者也。雖明刊，可不寶諸。

〔一〕野竹齋藏書　「齋」，原文作「家」，今據有關印文改正。

〔二〕孫印從添　「添」，原文作「沾」，今據有關印文改正。

元刻白虎通義二卷　一函二册

海寧吴槎客藏本，盧東里所稱北宋槧者也。然細審其字形紙色，實爲元刻，黄蕘圃、瞿子雍嘗辨之矣。蕘圃藏本得自汲古毛氏，今歸瞿敬之，即子雍之後也。此本後有抱經跋云：「目録前小序《白虎建德論》，開卷已訛，然余取其書字字比對，始知此本尚多占字，而近世本率多改易。」又云：「此本雖分上、下兩卷，然篇目上作圓圍者十，仍不失十卷之舊。後得元大德年本、明傅氏、程氏、吴氏、何氏本皆不及此本，洵乎舊本之可貴也。」抱經精於校勘，其言如此。

附藏印　「秀水朱氏潛采堂藏書」、「文弨借觀」、「拜經樓」、「嘉興新豐鄉人唐翰題收藏印」、「新豐鄉人庚申以後所聚」

元刻風俗通義十卷　一函四册

大德丁未劉平父刻於錫山學宫，前有李果序，後有宋嘉定十三年東徐丁黼跋，從黼本出也。明爲天籟閣藏書。國朝入潛采朱氏、拜經吴氏。後有吴壽暘補録謝居仁跋，即以緑筆記其後云：「抱經堂元刻本有此跋，載《群書拾補》，因據以鈔入。首序李晦，此本作李果。觀跋中『顯翁晦來訪』云云，則作『晦』者是也。唐鷦庵辨之云李君名果，字顯翁，或取碩果僅存之義，未可以顯、晦對舉。疑之。」按常熟瞿氏藏大德本，亦作李果，則是以果字爲是。果序題太中大夫行都水監，而謝居仁跋謂有耆儒李顯翁晦來訪，耆儒不當以稱顯官。且述晦之言曰：「劉平父世常來守吾邦，某之子元昭録吴泮。」則晦實吴人士，非官斯土者也。李果、李晦自二人耳。《群書拾補》偶然刻誤，吴、唐之言皆非也。

附藏印　「檇李項藥師藏」、「秀水朱氏潛采堂圖書」、「拜經樓」、「吴兔牀書籍印」、「質肅公孫翰題印長壽」、「新豐鄉人庚申以後所聚」

宋刻顏氏家訓七卷考證一卷 一函三册

淳熙七年沈揆刻於台州。揆紹熙中曾守吾郡。每半葉十二行，行十八字。《考證》之後有校刊姓氏九行，曰鄉貢進士州學正林憲、曰迪功郎司户參軍趙善德、曰從事郎特添差軍推官錢慶祖、曰從事郎軍事推事王柟、曰承直郎軍事判官崔畐、曰迪功郎州學教授史昌祖、曰承議郎添差通判軍州事樓鑰、曰朝請郎通判軍州事管鋭、曰朝奉郎權知台州軍州事沈揆。前有無名氏序，後有揆序。其所據之本有閩本、有蜀本、有謝景思校五代和凝本。《顏氏家訓》世所有者當以此爲第一本，《四庫》本分上、下二卷，非舊第矣。錢氏《讀書敏求記》稱爲至寶，然亦祇鈔本耳。此本元爲共山書院藏書。國朝何屺瞻、孫伯淵皆經收藏。義門覆舟黄流，平津過南陽湖亦遭陽侯之虐，此書兩度水厄，而巍然尚存，豈非鬼神呵護耶？前序後有木圖記云「廉臺田家印」，如琴式，甚古雅，他刻所未見也。

此書爲沈虞卿所刊，周益公以殫見洽聞，與尤延之並稱之。本汲古閣舊藏，後歸北客。康熙甲午，余復以厚直購而獲焉。與尤氏校刊《山海經》可爲亞匹。虞卿紹熙中嘗以中大夫、秘閣修撰知吾郡，見范《志》「牧守題名」云。義門野士何焯書。虞卿自號欣遇，見楊廷秀《朝天集》。

此即宋嘉興沈揆本。錢曾但得其鈔本，録入《讀書敏求記》。《四庫》書載明刻二卷本，當時求宋本未得也。前代列此書於儒家，國朝因其《歸心》等篇不出當時好佛之習，退之雜家，衡鑒之公，上符睿斷。惜纂書時未進此本，他時擬彙以上呈，謹記於後。孫星衍。

過南陽湖，舟覆，載書數十簏俱沉溼，但如此本〔一〕。顧千里告余，何義門家藏書亦皆沉水者。此有義門跋，蓋兩經水厄矣。叔文不知何人所作。近有仿宋刊本，款式悉相同，惟版較小，亦精本也。星衍又記於金陵五松書屋，時庚申年八月。

庚申九秋，白隄錢聽默鬻書自金陵歸，攜得宋刻《顔氏家訓》二册，持以告余，曰：「此書得諸五松園主人〔二〕。然其中有一段公案，有非吾不能知者，試爲君言之。蓋此書向藏何義門家，爲吾先人買出，以歸於山東某氏。後幾年而吾弟與友人貿易山東，某氏出所藏書畫法帖并此書，屬爲品評。吾弟素知其爲佳本，擬購歸而未之許。今適見諸五松園，詢主人所由來，云是官於山東時爲友人所遺。主人因此書遭水溼，託爲裝潢。而吾遂以他書易得。且稔知君之有宋癖也，遇書必求祖本。吾與君交有年矣，從未有以宋刻奉覽者，故借此一本以爲《所見古書録》備甲編之目，可乎？」余固重其爲宋刻〔三〕，而書之精靈，亦若有戀戀於吾郡者，爰出舊鈔影寫本相易，而益以斤金。命工重爲整理，工成之日，不可不著其緣起，而余遂重有感焉。思吾郡藏書之富〔四〕，無過常熟毛、錢二家。毛氏《汲古閣珍藏秘本書目》及錢遵王《讀書敏求記》所載皆云鈔本，并未見有宋刻。乃義門以爲汲古舊藏，當非無據。顧其中遷徙靡常，轉展以歸於吾郡，此書之歸宿果有定耶，抑無定耶？造物之巧，何如是耶？至於收藏之所，自元以來，班班可考。書分三册，於每册卷首及尾皆有「省齋」二字、「共山書院」四字圖書，雖省齋不知誰何，而共山書院則元代也。近嘉定錢竹汀先生《補元史·藝文志》，載有《共山書院藏書目録》，此即所藏之書可知。每册首尾紙背有一長方鈐記，其文云「國子監崇文閣官書借讀者必須愛護損壞闕失典掌者不許收受」，皆楷書朱記。始猶不甚明晰，既而思何小山校本《經典釋文》，於《左氏春秋音義》末卷模有是印，其文正同。且識云印長二指四寸五分，闊不一指一寸六分，今取証是印，悉悉相合。可知是書源流，其未至汲古閣以前，已在北地收藏有年矣。義門但知此書爲舊刻，而於紙背印記未經指出，此可發前人所未發，故幷誌之。書於宋諱注云某諱，而没其文。至於「慎」、「敬」等字，並未缺筆。影鈔本一一缺之，遇宋刻誤字悉照校本改去，非其舊矣。鮑氏《叢書》雖用述古堂影宋本重雕，然其行款已改爲每葉十八行，每行之字即仍其數，以宋刻統排葉數數之，難復舊觀矣。祖本之可貴無過於此，余於翰墨因緣何若是之深耶！特不知南而北，北而南，書之於吾郡，果以爲虞卿所守之地能戀戀不去耶？嘉慶五年冬十一月小寒後二日，炙研書於聯吟西館之南窗，蕘圃黄丕烈識。

辛酉中秋後一日，兒子玉堂從郡廟前骨董鋪中收得古銅印一方，其文曰「共山書院」。雖非此本所印之舊，然其爲地則同，因附鈐於此，以誌巧合。小春四日，蕘圃記。

此淳熙台州公庫本。卷中於「構」字注「太上御名」，而闕其文，以其時光堯尚在德壽宮也。前序末有長記「廉臺田家印」五字。考元制，各道置廉訪司爲行臺所屬，廉臺之名實昉於此。此本蓋宋槧而元印者，其間必有修改之葉，故於宋諱間有不避耳。辛酉十有一月，竹汀居士錢大昕借讀畢記之。

附藏印　「省齋」、「共山書院」、「同愛堂劉氏珍藏圖書記」、「劉□」、「琢亭」、

「孫氏伯淵」、「糧驛守巡鹽五官之印」、「臣星衍」、「嘉石軒藏書記」、「汪」、「文琛」、「憲奎」、「秋浦」、「平江汪憲奎秋浦印記」、「汪印士鐘」、「民部尚書郎」

〔一〕但如此本　「但」，陳本作「俱」。

〔二〕此書得諸五松園主人　「諸」，陳本作「之」。

〔三〕余固重其爲宋刻　「固」，陳本作「因」。

〔四〕思吾郡藏書之富　「富」，陳本作「目」。

宋刻東觀餘論二卷　一函四册

宋黄長睿撰。明真賞齋華氏、天籟閣項氏皆經收藏。項氏有仿宋本，即從此本出也。後有豐人叔跋云：「右《東觀餘論》宋刻初搨，紙墨獨精，卷帙甚備，世所罕見。嘉靖己酉六月癸亥，道生觀於東沙華氏真賞齋。」又項子京跋云：「隆慶二年冬日，仲兄少溪官居南都，公務之暇，惟以書史娱目賞心。得此善本，持以見示，知余所好，授之襲藏，永俾無斁。墨林項元汴記。」皆手蹟，在末一葉，可寶也。又有武林惠兆壬看款。兆壬字秋韶，工書法，此函籤即其所題也。又按，是書紹興丁卯其子訒初刻於建安漕司，有跋。又有嘉定□

年樓鑰跋云：「著作莊子禮欲得善本傳後，再爲詳校而寄之。」其後有莊復敬跋，脱去前葉，僅存「莊復敬書於籌思堂」八字。跋後有題記，謂「刊於庚午之秋，明年正月，得公書，又校示一百五十五條」云云。庚午實嘉定三年，則是建安一刻，莊氏再刻，所謂公書，即是攻媿書也。此爲覆刻本。訒跋稱十卷，而此本衹上、下二卷。然上卷中《法帖刊誤》又自分上、下卷，則非闕佚，當是莊氏有所合并耳。《四庫》著録本三卷。伯思有《校定杜子美集》二十二卷、《楚詞》十卷及《汲冢師春書》，皆經刊板，亦見記跋。《楚詞》、《杜集》猶多他刻，《師春》則絶無僅有矣，不知天壤間猶有流傳否。

附藏印　「宋本」、「竺塢」、「江左」、「玉蘭堂」、「梅谿精舍」、「辛夷館印」、「翠竹齋」、「鐵研齋」、「五峰樵客」、「放情山水之間」、「王印履吉」、「項元汴印」、「墨林秘玩」、「墨林子」、「天籟閣」、「項氏萬卷堂圖籍印」、「子京父印」、「項墨林父秘笈之印」、「季印振宜」、「滄葦」、「御史振宜之章」、「乾學」、「徐健庵」、「惠印兆壬」、「秋韶」、「韓氏藏書」、「金石録十卷人家」、「韓印泰華」、「小亭」

宋刻夢溪筆談二十六卷　六册

宋沈括撰。《四庫》著録有補二卷續一卷，此刻無之。舊本别行，非缺佚也。每葉二十四行，行十八字。後有湯修年刊書跋云：「廣陵周侯開藩之二年，慨然謂學宫禮義之本，因其舊而新之。又斥其餘，刊沈公《筆談》爲養士亡窮之利。此書公庫舊有之，往往貿易以充郡帑，不及學校。今兹及是，益見薄於己而厚於士，賢前人遠矣。乾道二年六月日，左迪功郎充揚州州學教授湯修年跋。」據此是宋時揚州已有兩刻，一爲公庫本，一即此郡學本。宋諱「玄」、「匡」、「胤」、「貞」、「完」、「桓」、「構」、「慎」、「驚」、「鏡」、「瑋」皆缺筆。第七卷首葉板心有「泰定元年補刊」六字，蓋宋刻元修元印本也。每册之首有「九芝八桂之堂」、「整書秘閣」、「森玉樓主人印」諸朱記。

宋刻夢溪筆談二十六卷　一函六册

乾道二年揚州學舍刻，與前本同。惟第七卷首葉板心無「泰定補刊」字，當是印稍前耳。成邸藏書，有其題記，云：「此書譌舛甚多，或非乾道原刊本也。嘉慶癸酉春，成親王重校記。」卷中眉端亦有王校語，多引錢竹汀説。

附藏印　「成親王」、「皇十一子」、「詒晉齋印」、「楊紹和讀過」、「東郡楊紹和觀」

宋刻仕學軌範四十卷　十册

宋張鎡編，有鎡自序。首爲學，次行己，次蒞官，次陰德，而以作文作詩終焉。所采宋人書百種，首刻其目。卷末有元人題云：「大德五年，浙東儒學提舉仲珩所遺，藏之清晏閣。」筆跡秀拔，惜其姓名已佚脱。前有「錫山鄒永章家藏書畫印」、「松石主人」、「蠡谿書屋」、「泰峰所藏善本」、「泰峰手校」諸朱記。

宋刻自警編殘本

宋趙善璙撰。端平元年刊於九江郡齋。此猶宋刻宋印，疏行大字，楮墨皆精。原書不分卷，明弘治、嘉靖覆刻，析爲九卷，即《四庫》著録本也。《提要》云八類，五十五子目，此本僅存事君、政事兩類。事君類分子目六，曰忠義，曰公正，曰德望，曰得體，曰講讀，曰諫諍。板心刻「自警編丙」四字。政事類分子目八，曰政事，曰鎮静，曰信，曰通下情，曰濟人憂民，附曰救荒，曰救弊，曰辨誣。板心刻「自警編戊」四字。然則是書以十干之前八字分類，此爲第三、第五類也。《提要》又云原本各注所引書名，今多佚脱，無從校補。按是本爲第一祖刻，而各條出處亦不盡有。則其例本不畫一，非脱佚也。書賈作僞，改爲二卷，即於首行「自警編」下添刻「上」、「下」字樣，以充全帙。舊有善璙一序。前一序有「廣教育攝養好生使命數門」云云，此本無之，遂抽去以掩其迹。而後一序尚存。每半葉十行，行二十字。

附藏印　「亞聖公六十二世之孫保鶴岡印」、「玉洞春」

宋刻雲齋廣録八卷後集一卷　一函二册

宋㢑延李獻民彦文撰。卷一《士林清話》，卷二、卷三《詩話録》，卷四《靈怪新説》，卷五、卷六《麗情新説》，卷七《奇異新説》，卷八《神仙新説》。後集則《盈盈傳》及歌詩一首也。前有政和辛卯獻民自序。每卷冠以「新雕」二字，蓋猶政和間刊本。其書荒誕不經，分門亦近瑣碎。然《四庫》未收，各家書目亦不著録。北宋孤本，傳流至今，亦説部中之秘帙也。每半葉十五行，行廿五字。萬卷樓兩印朱文甚古，疑爲豐人翁藏書。「忠義」下一字微蝕，右首从「邑」，尚可辨，疑當爲「酆」，豐之受姓所由始也。後歸王履吉。國朝入泰興季氏、漢陽葉氏。

附藏印　「□氏萬卷樓藏書記」、「世爲忠義阝氏」、「江左」、「王印履吉」、「鐵研齋」、「季印振宜」、「滄葦」、「漢陽葉名澧潤臣甫印」、「葉名澧」

元刻南村輟耕録三十卷　十六册

元陶宗儀撰。前有青溪野史邵亨貞募刻疏。按亨貞字復孺[一]，有《野處編》四卷，《四庫》著録。又著《蟻術詩選》八卷、《蟻術詞選》四卷，見《揅經室外集》。此書《沁園春》二闋，即其筆也。其人與南村同時，則猶爲元刻。有「毛氏子晉」朱記。《津逮》刊本當即從此本出也。亦爲士禮居藏書。

附藏印　「毛氏子晉」、「黄丕烈印」

〔一〕字復孺 「孺」，陳本作「儒」。

宋刻殘本翻譯名義二卷 四册

題姑蘇景德寺普潤大師法雲編。僅存第一、第二兩卷。前有紹興丁丑一序，而脱去首葉。証以支那本，知爲周敦義序也。板心有開經人名字，皆斷爛，其可辨者有云「僧法願施印經本，錢開、葉慧承糺看心經，信人錢開、張浩答四恩三有」、卷一。「馬珪開報四恩」，卷二。僅三四葉耳。第一卷後題：「宋太尉宅施錢十四貫足助開此集，增添福慧，東掖白蓮教院住持與咸喜遇翻譯名義回施五貫，助集流通，開元寺都僧正普照大師智熔施錢開集二版，比丘浄行□遂各開一版，并用莊嚴浄土比丘祖輝等回施蓮華浄社剩十七貫足助開此集，傳法寺比丘尼彦楷施五貫足，常熟縣明浄庵浄人蘇彦億募錢十二貫足，各隨施主，願心如意。」第二卷後題：「平江府寧國寺西面南居住弟子沈貴、□□□□梵懃各施錢五貫文足。」下佚。

宋刻雲門匡真禪師廣録三卷

真門人守堅集。首列熙寧丙辰權發遣兩浙轉運副使公事蘇澥序。上卷《對機》三百二十則。中卷《室中語要》一百八十五則，《垂示代語》二百九十則。下卷《勘辨》一百六十五則，《游方語録》三十一則，《遺表》、《遺誡》及雷岳《行録》、何希範《請疏》終焉。末附門人《緣密述頌》八首。校勘者，福州鼓山宗演。雷《録》云：「師諱文偃，姓張氏，蘇州嘉興人。以乾和七年己酉四月十日順寂。」何《疏》云：「師歸寂後十七載，感夢於雄武軍節度推官阮紹莊，云自南漢乾和七年己酉閲十七載，當爲宋乾德三年乙丑。」而瞿汝稷《指月録》云：「乾和七年四月十日示寂，迨乾德元年雄武軍節度阮紹莊夢師，蓋十七年矣。」是瞿用《疏》語而誤計三年爲元年也。每半葉十一行，行二十字。首葉有「欽差處置邊務關防」、「季振宜藏書」朱記。

宋刻琅邪白雲二禪師語録　三册

首列小傳二則。琅邪名慧覺，西洛人，姓氏不載，臨濟第七世。白雲名法演，即五祖演，緜州人，姓鄧氏，臨濟第十世。《琅邪》中後四録，門人元聚用孫法宗編集，序即用孫撰。《白雲語録》有紹聖三年左宣德郎知台州黄巖縣事張景修序。其初《住四面山録》參學才良編，次《住太平録》參學清遠集，次《住海會録》參學景淳集，其《海會後録》參學智宣集，有紹聖二年宣德郎新差知蘄州蘄水縣事兼兵馬監押武騎尉河間劉跂、揚州録事參軍吴郡朱元符二序。末附偈頌四十一首。每半葉十二行，行二十字。其《黄梅東山語録》，門人惟慶編，後載偈頌三十三首。第二十一首爲《重會郭功甫》，云：「淨空居士久相知，三十年來只片時。」功甫名祥正，《宋史·文苑》有傳。《五鐙嚴統》「提刑郭祥正字功甫，號淨空居士，崇寧初到五祖命祖陞座，公趨前拈香」云云，即是録中「郭朝奉祥正請上堂，朝奉於法座前燒香」云云也。每半葉十一行，行二十字。末有記云：「依雲居本續添東山録，慶元庚申正月上日識。」故行款不同。有「欽差處置邊務關防御史之章」、「季振宜印」、「滄葦」諸朱記。

宋刻殘本法華大愚雲峰楊歧道吾五禪師語録 二册

每半葉十二行，行二十字，首列小傳五則。法華名齊舉，一名全舉。道吾名悟真，鄉貫、姓氏俱不載。大愚名守芝，太原人，姓王氏。雲峰名文悦，南昌人，姓徐氏。楊歧名文會，袁州人，姓冷氏。皆臨濟宗。法華、大愚第七世，雲峰以下均第八世。《雲峰語録》已闕，《楊歧語録》，嗣法小師仁勇編，有皇祐二年湘中苾蒭文政、元祐三年無爲子楊傑二序。

宋刻寶峰雲庵真浄禪師語録三卷

門人福深録。上卷住筠州洞山金陵時語[一]。中卷住廬山寶峰時語。下卷爲偈頌。前有元豐八年王安石、王安禮請疏二首及眉山蘇轍序。後有崇寧元年鄱陽任軒、程衮後序。《指月録》：「寶峰克文禪師，陝府鄭氏子，坐夏大溈，聞僧舉雲門語，有省。往見黄龍不契，後見順和尚，方知黄龍用處，遂回見黄龍。」此即蘇序所謂得法於黄龍南公者也。師卒於崇寧元年十月十六日，年七十八。程序作於是年季春望日，蓋編是録時師猶未示寂也，故無行録塔銘。每半葉十一行，行二十字。有「季振宜藏書」朱記。

〔一〕金陵時語　「時」，陳本作「是」，誤。

宋刻智門光祚禪師語録一册〔二〕

每半葉十一行，行二十字。門人重顯序云「師韶陽的孫香林嗣子」，是爲雲門再傳弟子。序末但云辛未歲蕤賓月之五日。《指月録》：「雪竇重顯禪師，遂寧府李氏子。示寂於皇祐四年壬辰，年七十三。」則是序作於仁宗天聖九年五月五日也。

〔二〕智門光祚禪師　「智」，陳本作「曹」。

宋刻南院首山葉縣神鼎承天石門六禪師語録　三册

每半葉十二行，行二十一字至二十四字不等。首列小傳六則。南院名慧顒，承天名智嵩，鄉貫姓氏俱不載。神鼎名洪諲，襄水人，姓氏不載。首山名省念，萊州人，姓狄氏。葉縣名歸省，冀州人，姓賈氏。石門名蘊聰，南海人，姓張氏。皆臨濟宗。南院第三世。

首山第五世。葉縣以下均第六世。《石門語録》有光溥序云「編成二卷，集號鳳巖」，故首行題「鳳巖集」，與他卷題「語要」、「語録」者不同。中有「季振宜藏書」朱記。

宋刻東林和尚雲門庵主頌古　一册

侍者悟本録。首有紹興癸丑呂本中序，云：「予嘗以爲趙州説禪如項羽用兵，直行逕前，無復轍迹。所當者破，所摧者服。雲門杲公以予爲知言。杲公既與東林珪公判斷古人公案〔一〕，得一百一十編。已成編矣，縱横自在，氣蓋諸方，蓋得趙州宗旨。後之觀斯文而悟斯理，則必復以予言爲然。」每半葉十一行，行二十字。

〔一〕杲公　「公」，陳本作「以」，誤。

宋刻殘本妙湛和尚偈頌一卷　二册

題侍者擇朋顯潤録。中有與陳了翁詩，則南渡前僧也。板心有「頌五」二字，卷末有心空跋。全書當祇五卷，而此爲最後一卷也。心空跋云：「興化軍莆田縣信女方□氏，十六，捨財二百貫足，福州閩縣信士鄭瑍與室郭氏錢二百貫。文同刊妙湛和尚語録□□□。餘資添助印施普願見聞，發明心地，同証菩提。紹興壬戌冬至日校對。比丘心空題。」「語録」下脱三字，當是記卷數，爲書估剜去，以掩殘缺之迹。每葉二十行，行十八字。舊藏雲間莫氏。卷尾題字云：「莫雲卿氏城南精舍藏書。」又云：「辛巳夏日，鄔佐卿觀於廷韓石秀齋中。孫榮鄔憲同觀。」又云：「辛巳秋日，盛伯靈邦承、徐文卿琰同觀。」又云：「甲申夏日觀。李待問。」前後有「海印居士」、「鹿墅」、「含玄子」、「眉公」、「單恂狷庵」諸朱記。按，含玄子，趙凡夫之父也，著有《含玄子詩説》及《含玄子》十六卷、《別編》十六卷、《含玄集》四卷、《別集》二十卷，見《蘇州府志·藝文類》。又單恂字狷庵，庚辰進士。李待問字存我，癸未進士，明季鼎革時殉國難，並見《静志居詩話》。

元刊至元辨僞録五卷

題大都路道者山大雲峰禪寺沙門祥邁奉勅實録撰。前有張伯淳及邁自序。其大旨因道家排斥佛教，故作書辨之。蠻觸交爭，楚固失矣，齊亦未爲得也。前有「錢曾之印」、「遵王」、「季振宜藏書」朱記。《延令書目》著録。又按祥邁序有云：「使大羅玉帝魂驚於九天之中，元始天尊膽落於三清之上，萬天教主羞赧難伸，九府洞仙慚惶無地。」則其書鄙俗，本無可取。但自古二氏交争，如《道笑録》之類，頗傳於世。此本希見，録而存之。

宋刻纂圖釋文重言互注老子四卷　一函一册

河上公注。前二卷爲《道經》，後二卷爲《德經》。前有序，題「太極左仙公葛玄造」。舊爲嘉興唐鷦庵藏書。莫子偲跋其後云：「同治己巳九秋，郘亭長借録一過，可校正明世德堂本之誤百許字，真可寶也。」序每半葉十二行，行二十字。經注每半葉十三行，行大小均二十三字。「朗」、「敦」缺筆。板式與《文中子》同，郘亭以爲元刊六子本也。

附藏印　「宋本」、「方鑾時鳴私印」、「方大治際明父」、「翰題印」、「莫友芝圖書記」

元刻列子八卷　二册

晉張湛注，唐殷敬順釋文。前列湛序，序後目，目後劉向序，聯接不分，猶存古書舊式。目後有注云：「天寶初題曰《沖虚真經》，大宋景德四年勅加『至德』二字。」則其書猶從宋本出。舊爲延令季氏、愛日精廬張氏藏書，見莫子偲《經眼録》。

附藏印　「季印振宜」、「滄葦」、「廣鈞平子」、「吾生甲申」、「愛日精廬」

滂喜齋藏書記卷三

集部

宋刻楚詞後語六卷 二册

宋朱子作《楚詞集注》，又以晁補之所輯《續楚詞》二十卷、《變離騷》二十卷，删定五十二篇，爲《後語》，自爲之序。序在目後。每半葉十一行，行二十四字。舊時必附《集注》並行，又有《辨證》二卷，此其佚存者耳。怡府藏書。通體朱筆句讀，頗多誤。

附藏印 「安樂堂藏書記」、「明善堂覽書畫印記」、「叔正」、「同消萬古愁」

明刻蔡中郎集十卷　四册

宋天聖中歐静編，盧抱經所謂最古本也。此書明有華堅活字本、徐子器本。此本目後題字云：「正德乙亥，錫山蘭雪堂華堅允剛活字印行，今鄭氏得之重刻。」是即從活字本出。楮墨古雅，當在明中葉時。前後皆有墨圖記，當是刊刻年月，惜爲人剜去，以充宋刻。目後題字則去之未盡也。華刻板心下有「蘭雪堂」三字，此刻黑口，一望而知。楊氏校刻此集所據明刻凡□本，亦未見此刻，則雖後於蘭雪，亦以稀見珍矣。

附藏印　「方印楙和」

北宋刻杜工部集二十卷　一函十册

題「前劍南節度參謀宣義郎檢校尚書工部員外郎賜緋魚袋京兆杜甫」。每卷先列其目，目後接詩，前有王原叔記，嘉祐四年蘇州郡守王琪刻本也。浣花全集當以此爲最古，其餘槧本不下數十家〔一〕，皆雲礽矣。秘帙流傳，海内恐無第二本，能不視爲鴻寶耶？王琪後記有近質者，下注云：「如麻鞋見天子，垢膩脚不韈之句凡十三字，今本皆脱。」每半葉十行，行二十字。宋諱缺筆甚嚴。舊爲汲古閣藏書。宋刻存者卷一首三葉、卷十至十二、卷十七至末，共七卷。餘皆影鈔。結構精嚴，毫髮不苟，斧季之甥王爲玉筆也，後有斧季手跋。王琪之「琪」誤作「祺」。

先君昔年以一編授宸，曰：「此《杜工部集》乃王原叔洙本也。余借得宋板，命蒼頭劉臣影寫之。其筆雖不工，然從宋本鈔出者。今世行《杜集》不可以計數，要必以此本爲祖也。汝其識之。」宸受書而退。開卷細讀，原叔記云：「甫集初六十卷，今秘府舊藏，通人家所有稱大小集者，人自編摭，非當時第次。乃搜裒中外書九十九卷，古本一卷、蜀本二十卷、集略十五卷、樊晃序小集六卷、孫光憲序二十卷、鄭文寶序少陵集二十卷、別題小集二卷、孫僅一卷、雜編三卷。除其重複，定取一千四百有五篇。凡古詩三百九十有九，近體千有六。起太平時，終湖南所作。視居行之次，若歲時爲先後，分十八卷。又別録賦筆雜著二十九篇爲二卷，合二十卷。寶元二年十月記。」二十卷末有嘉祐四年四月望日姑蘇郡守王祺後記。此後又有補遺六葉，其《東西兩川説》僅存六行，而缺其後。而第十九卷缺首二葉。宸方知先君所借宋本乃王郡守鏤版於姑蘇郡齋者，深可寶也。謹什襲而藏之。後廿餘年，吴興賈人持宋刻殘本三册來售，第一卷僅存首三葉，十九卷亦缺二葉，補遺、《東西兩川説》亦止存六行，其行數、字數悉同，乃即先君當年所借原本也。不覺悲喜交集，急購得之。但不得善書者成此美事，且奈何。又廿餘年，有甥王爲玉者，教導其影宋甚精，覓舊紙從鈔本影寫而足成之。嗟乎，先君當年之授此書也，豈意後日原本之復來。扆之受此書也，豈料今日原本復入余舍。設使書賈歸於他室，終作敝屣之棄爾。縱歸於余，而無先君當年所授，不過等閒殘帙視之爾，焉能悉其原委哉？應是先君有靈，不使入他人之手也。鈔畢記其顛末如此。歲在己卯重九日，隱湖毛扆謹識，時年六十。

〔一〕不下數十家　「數」，陳本作「四」。

宋刻昌黎先生集四十卷外集十卷　一函六册

《百宋一廛賦注》云小字本《昌黎集》，每半葉十一行，行廿字，字畫方勁，而未有注，當是北宋槧。此本行款與蕘圃所言一一脗合。惟後有影寫紹興己未劉防序一葉。序云：

「潮州，公舊治。大觀初，先大夫嘗集京、浙、閩、蜀刊本及趙德舊本，參以石刻訂正之。郡以公廟香火錢刊行。中經兵火，遂無孑遺。今訪得舊本重刊。」序後又有木圖記云：「淳熙改元錦谿張監稅宅善本。」以此證之，小字本一刊於大觀，再刊於紹興，三刊於淳熙。此刻精勁拔俗，疑爲大觀祖本，末後一葉從別本影鈔耳，不得執此以難蕘圃也。蕘圃所藏僅前十卷，此惟有五卷影寫，餘皆宋刻，可以傲士禮矣。舊爲朱笥河藏書。

附藏印　「元父印」、「九邨」、「淳」、「笥河府君遺藏書記」、「朱印錫庚」、「少河」、「椒花吟舫」

宋刻殘本白氏文集十七卷　二函十册

《白氏文集》以北宋廬山本爲最古。絳雲一炬，種子斷絶矣。此南宋殘本，有宋景濂藏書印，即見於《敏求記》者。然與遵王所記頗有牴牾，《記》云十三之十六〔二〕、二十六之三十、三十三之三十八共十七卷，據其所列，祇有十五卷耳，不當云十七卷，已可疑矣。此本前九卷同，三十卷後有三十一、三十二兩卷，而無三十五至三十八四卷，有五十五之五十八四卷，此更可疑者也。蕘圃不能破此疑案，以爲遵王之誤，不知《敏求記》當時藏書家秘爲鴻寶，輾轉傳鈔，不無譌奪，豈遵王之誤哉？舊爲顧五癡藏書，嘉慶丙辰，五癡之子南雅通政以歸蕘圃。雖殘珪斷璧，彌可寶貴。蕘圃據卷端燒痕，亦欲歸之絳雲燼餘，則蛇足矣。遵王又有一宋刻全本，歸太倉王奉常者，今在常熟瞿氏。此本每半葉十一行，行二十一、二十二字不等。瞿藏本每半葉十三行，行二十二至二十五字不等，行款不同。

東城顧五癡家藏書甚富，余嘗購得數十種矣。主人知余好之篤，雖一鱗片甲亦自侈爲奇寶。因出破書一束，指示余曰，此絳雲餘燼也，曷歸之？余開卷知是宋刻《白氏文集》，每卷首末皆有「金華宋氏景濂」圖記，爰憶《讀書敏求記》中曾言之，未知即是此書否。然窺主人意頗秘之，未便假歸。歸家檢遵王所記，十三之十六、二十六之三十、三十三之三十八，共十七卷，是金華宋氏景濂所藏小宋板，圖記宛然，古香可愛。乃知是書即述古堂中物。倩五癡族姪開之往核卷數[一]，并問其直。後開之來云是十七卷，余喜甚，而索直逾百金，余又以不能即得爲憂。越歲丙辰，五癡以老病終，厥子南雅昆季皆兢兢焉守其父書。而南雅與余交亦頗投契，每一過訪，必以是書爲請，遂與元刻伯生詩續編以白金二十兩易得。命工重加裝潢，所以存舊物也。顧其書有疑義待析者，遵王云盧山本爲庚寅所炬，而此集卷中燒痕尚在，有一葉中不過數字者，知絳雲餘燼之説未必無據。餘卷皆散，而二十六之三十獨完好，勝於餘卷，尚是舊時裝潢。通册又似經水溼者，未知天下奇書何其厄於水火之甚耶。至於十七卷中遵王所記，又與今所見不同。十三之十六、二十六之三十合於遵王所記者也。三十三、三十四卷之前有三十一、三十二，後無三十五、三十六、三十七、三十八，而有五十五、五十六、五十七、五十八，不盡合於遵王所記者也。此或係遵王筆誤，而古書之傳信於後綦難矣。余向得蘭雪堂活字本《白氏文集》，敘次亦與宋刻合。惜小注多缺，本文亦有訛脱，擬爲校録副本。聞顧竹君家有宋本《白氏長慶集》，此或廬山真面目矣。然則庚寅一炬，受厄者果《白氏長慶集》乎？抑《白氏文集》乎？倘得一見之，以釋其疑，不亦快乎。但未知其書果在否也。大清嘉慶二年丁巳四月己卯日立夏，蕘圃黄丕烈識。

是書裝潢時，適錢竹汀壻瞿萇生來。萇生爲目録之學者，見古書必爲討厥源流。爰取是書展閲，并及拙跋，見遵王所記卷數悉數之，曰君所得逾於遵王矣。余曰否，蓋猶是十七卷也。萇生曰十三之十六、二十六之三十、三十三之三十八，不過十五卷，而君今所得十三之十六、二十六之三十同於遵王，三十五之三十八，爲五十五之五十八所誤亦未可知。其三十一、三十二兩卷，遵王所未見者也。互計之，遵王所記者，十三、十四、十五、十六卷，二十六、二十七、二十八、二十九、三十卷，三十三、三十四、三十五、三十六、三十七、三十八卷。君所得者，十三、十四、十五、十六卷，二十六、二十七、二十八、二十九、三十、三十一、三十二、三十三、三十四卷，五十五、五十六、五十七、五十八卷，豈非今多於昔乎？余亦無辭以對，因思遵王未知其誤而偶誤於前，余欲正其誤而仍誤於後，天下事之一誤再誤，而尚有待於旁人之繩糾者比比皆是也。爰誌莨生之語，兼以自訟云爾。蕘圃又識。

余收得《白氏文集》在春夏之交，以殘闕不完之物而閟藏在塵封蠹蝕中，已歷有年所，至今始得發而讀之，或亦公之精靈有以呵護之也。近日陳東浦方伯建藩蘇郡，訪求唐宋先賢遺跡，慨然於公之未有專祠，因從虎丘買得蔣氏故園，園爲國初顧云美塔影園故址。鳩工庀材，葺而新之，以祀白公。又於其旁添立懷杜閣，移建仰蘇樓，以祀少陵、東坡焉。余思白公在蘇遺愛，至今稱之有云白公隄者，兹又特立專祠，俾廣大教化常被中吴矣。新祠落成之日，適是集裝潢竣事，殆氣機之感召使然耶？爰誌其事於卷末，以告後之覽者。中秋前六日夕時，翦燭書書魔。

嘉慶癸亥夏六月十有二日，輯《百宋一廛書目》，重展於縣橋之新居，蕘翁。

附藏印　「金華宋氏景濂」、「二泉邵寶」、「南陽彥智」、長印，朱文，甚舊。「丕烈私印」、「蕘圃」、「無雙」、「汪士鐘藏」、「汪印振勳」、「某泉」

〔一〕十三之十六　「六」，陳本作「三」，誤。

〔二〕倩五癡族姪　陳本無「族」字。

宋刻乖崖集十二卷附集一卷　四册

晁公武《讀書志》著録十卷。陳直齋曰：「近時郭森卿宰崇陽，刻此集，并《語録》爲十二卷。」此即森卿刻本。前有其序，後附項平叔《北峰亭記》，題嘉定三年九月，則嘉定以後刻也。黄蕘圃藏本「咸淳乙巳左緜伊賡刻」即出郭本，《百宋一廛賦》所謂「謏乖崖於崇陽」者也。其書僅有六卷，卷七至末皆賜書樓舊鈔。此本既爲祖本，且首尾完好，槧印精美，誠足駕士禮而上之。每半葉九行，行十八字。黄本每半葉十二行，行廿字。蓋覆刻時行款亦改易矣。畢秋帆、董蔗林兩尚書皆有藏印。

附藏印　「沈士林」、「沈巽」、「東陽子」、「顧汝修印」、「蔗林藏書」、「秋颿」、「肙樣」、胡盧印。「茀孫氏」

元刻范文正公集二十卷别集四卷 一函四册

宋范仲淹撰，八世孫文英刻。前有蘇軾序。序後有墨圖記云：「天曆戊辰改元褒賢世家重刻於家塾歲寒堂。」按公集宋乾道丁亥鄱陽守俞翊刻於郡齋。淳熙丙午，郡從事北海綦焕補刊此本，即自鄱陽本出。後有俞、綦二跋。俞跋前有闕葉，僅存末二行，歲月、姓名猶可認也。綦跋之後，題字三行，云：「嘉定壬申仲夏重修。朝奉郎通判饒州軍州兼管内勸農營田事宋鈞、朝請大夫知饒州軍州兼管内勸農營田事趙□襪。」舊尚有文英跋，此脱之。每半葉十二行，行二十字。舊怡府藏書也。

附藏印「安樂堂藏書記」、「研樵眼福」

元刻殘本范文正公集十一卷别集一卷尺牘三卷政府奏議二卷 十四册

亦歲寒堂刻印本，差後文集，存卷一、卷四、卷五、卷九至十六，凡十一卷，别集存第四一卷。元時陸續附刊，尚有補編五卷及尺牘、奏議等十三種。此本補編闕，餘存奏議二卷，尺牘三卷，及言行拾遺、西夏堡寨、洛陽遺跡、白山遺跡、吴中遺跡、鄱陽遺跡、贊頌論、碑銘褒賢祠記凡十種，祠記祇第二一卷，亦不全矣。尺牘宋淳熙三年張栻刻於桂林郡齋，南軒及朱文公均有跋。元至元再元丁丑文英重刻。其跋云：「先公尺牘舊刊郡庠，今梓家塾。」所謂郡庠者，自是蘇州郡庠，是桂林一刻，吴中再刻，凡三刻矣。奏議刻於元統二年甲戌。據文英跋，則公奏議有二本，一十七卷，韓魏公序；一二卷，即此本也。又天曆三年八世孫國儁跋，謂有年譜，與文集、奏議並行。此本無年譜，蓋亦脱之。卷首有長洲顧仁效「水東館收藏圖籍」私印。

明刻文潞公集四十卷 一函四册

宋文彦博撰。明嘉靖五年高陵吕柟刻。舊有柟序及石林葉氏序略，此本脱去柟序。前有趙琦美印，後有楷書鈐記，云「吴郡何慈公娱野園珍藏書籍」，蓋由脈望館歸於何氏。卷末有慈公手跋云：「崇禎庚午，吴君平以是集求售，此故内兄玄度物也，亟收之，入宋文集部。慈公記。」每册之後皆題「文潞公集第幾本，計若干葉」。常熟瞿氏亦有一本，以胡心耘鈔本校，吕柟序未佚。

舊刻殘本鐔津集二卷

宋藤州鐔津東山沙門契嵩撰。原本二十二卷，存首二卷。板寬一尺四五寸，疏行大字，即非宋刻，亦明槧之出於宋刻者也。前有《行業記》，尚書屯田員外郎陳舜俞撰，稱其所著有《禪宗定祖圖傳法正宗記》、《嘉祐集》、《治平集》。契師化於熙寧五年，與老泉同時。又與韓魏公、蔡君謨游，乃其集亦名「嘉祐」，豈獨不識明允耶？

宋刻王注分類東坡詩二十卷 四函十九册

舊題王十朋注，實依託也。前有自序及趙夔序。以二殘本合成。自第一至四卷〔一〕、第六至十六卷爲一本，每半葉十一行，行大十九字，小廿五字。自卷十七至二十卷爲一本，每半葉十二行，行大廿一字，小廿六字，廬陵須溪劉辰翁批點。序目一卷，亦劉批本也。按是書《四庫》著録者三十二卷三十二門，爲王氏原本，尚缺第五卷。元汪氏誠意堂刻五十五卷七十二門，已非其舊。此本分二十卷六十六門，又與汪刻不同。劉批本刻較後，不如十一行本精。

〔一〕自第一至四卷 「一」字陳本缺。

明刻山谷外集注十七卷 一函四册

宋青神史容注，翁學士藏本。卷末朱筆記云：「乾隆三十七年二月，看史注《外集》起，至十一月廿六日，始看一遍訖，雪中記。」又云：「乾隆四十年五月十四日重校一遍，至廿六日校訖。青棠書屋記。」又云：「乾隆五十二年九月廿五日至三十日校一遍訖，鉛山舟中記。」又云：「乾隆五十四年五月十日，贛州使院翠玉樓前軒校一遍訖。」第三册面葉墨筆記云：「己酉午日晨起校此册。是日贛郡科試生員榜出，文字視吉安郡爲稍勝也。翠玉樓南軒記。」前有「提督江西學政關防」，蓋其視學章門時所鈐也。上下方校語朱墨爛然。後補録淳祐庚戌容孫季温跋，亦蘇齋筆。每册有錢孝修圖書印。孝修原名興祖，東澗翁之子，亦好藏書。

附藏印「虞山錢純孝修氏原名興祖」、「翁印方綱」、「秘閣校理」、「翁引達」、「蘇孫過眼」、「葉志詵」、「東卿過眼」

宋刻淮海居士長短句三卷　一函一册

每半葉十行，行二十一字。「驚」字、「桓」字缺筆，北宋刊也。舊爲朱卧庵藏書。宋刻僅存上卷及中卷之二葉、四葉，餘皆卧庵鈔補。明吴文定、文壽承、周天球皆有藏印。國朝道光間，由士禮居入虞山張氏，其面葉題字蕘翁手筆也。後有蕘翁兩跋及蔣辛峰因培跋。辛峰亦常熟人，嘉慶間官泰安令，著有《烏目山房詩存》。

庚戌九月中澣，復生孫雲鴻觀。

道光乙未秋八月十一日，訪芙川仁兄於味經書屋，得觀此朱臥庵補鈔宋刻淮海詞，以識心賞。辛峰蔣因培。

嘉慶庚午人日，書友以社壇吴氏所藏諸本求售，中惟《淮海居士長短句》最佳。因目録及上卷與中卷之二葉、四葉猶宋刻也。余所見淮海集宋刻全本行款不同，無長短句，蓋非一刻。而所藏有殘宋本，行款正同，内有錯入《淮海閒居文集序》，第三葉與此目録後所列序中三葉文理正同，知全集或有長短句本也，惜此已鈔補。然出朱臥庵家舊藏，必有所本矣。買成之日，復翁記。

此册不止長短句之可寶也。前目録後有《淮海閒居文集序》四葉，尤爲可寶。此全集之序偶未散失，附此以存，俾考文集顛末。後來翻刻傳鈔之本，俱無有矣，勿忽視之。道光元年四月，重檢并記，蕘夫。

附藏印　「原博」、「雁門世家」、「壽承」、「周印天球」、「應禎」、「臥庵居士」、「寒士精神」、「休寧朱之赤珍藏圖書」、「臥庵老人」、「虞山張蓉鏡鑑藏」、「芙川鑑定」、「蓉鏡」、「陳延恩觀」、「風月從横玉篴中」

舊鈔本寶晉山林集拾遺八卷 四册

宋米芾撰。芾所著《山林集》百卷，亡於南渡。紹定壬辰，岳倦翁重爲編輯。今《四庫》本八卷，題曰《寶晉英光集》，即岳本而有所附益者也。此本芾孫憲所輯，嘉泰改元刻於筠陽郡齋。卷一賦，卷二詩，卷三長短句，卷四文，卷五寶章待訪録，卷六書史，卷七畫史，卷八硯史。嘉泰元年下距紹定壬辰二十八年，則其本尚在倦翁前矣，米集存於今者當以此爲第一。集中遇「桓」、「完」、「貞」、「瑋」等字皆缺筆，則猶從宋本傳録。并録南禺外史跋云："「南宫《山林集》，嘗見鈔本六十卷。兹孫憲所刻《拾遺》爾。嘉靖乙酉，豐道生觀於錫山華中甫真賞齋。」六十卷本雖非全帙，已過其半，明時中葉尚有流傳，則珠光劍氣，當有神物護持，安知不重出於世耶？汲古閣毛氏、百歲堂惠氏皆有藏印。

附藏印「毛晉之印」、「汲古閣」、「毛氏子晉」、「毛晉私印」、「子晉」、「汲古主人」、「毛扆之印」、「斧季」、「惠棟之印」、「定宇」、「席鑑之印」、「席氏玉炤」、「萸山珍本」、「涂水喬氏鶴儕藏書印」、「鶴儕」

宋刻竹友集十卷 一函三册

宋謝薖撰。薖字幼槃，其兄逸字無逸，著《溪堂集》。兄弟並以詩名。文集合三十卷，紹興辛未，知撫州事趙士鵬刻之學宫。前有苗昌言序及吕本中題詞。序後列校刊姓氏，曰「右從事郎軍事推官宋砥」、曰「右文林郎軍事判官陸旻」、曰「左迪功郎差充州學教授苗昌言」、曰「右中散大夫通判軍州主管學事嚴仲遠」、曰「右朝議大夫知撫州軍州主管學事兼管内勸農營田使趙士鵬」。宋諱缺筆，遇「構」字則曰「御名」。每半葉十行，行二十八字。楊星吾得之日本人向山黄村，前有「錢長祚珍賞印」。按此集刻本久佚，《四庫》著録者，明謝肇淛從文淵閣傳鈔。常熟瞿氏亦有鈔本。校刊姓氏之後有一行云：「淳熙二年十二月陽夏趙煌重修。」則世間所有鈔本皆自重修本出。此本未經修改，楮墨精良，宋槧上乘也。

此宋槧謝薖《竹友集》十卷，鐫刻精良，紙墨朗潤，宋槧之絶佳者。《四庫提要》云今所行本只四卷，又有詩無文。其所著録之十卷本，乃明謝肇淛從内府鈔出。然傳鈔者仍希，故百年來著録家仍不見薖集，若宋槧原本則自明内府外無著録者。然則此本爲天壤間孤本已數百年，無論今日也。初爲日本向山黄村所藏，余以爲宜重刊以廣其傳，因借得，用西法影撫之。未幾，余將歸，黄村好余之刀幣古錢數十事，乃議以此原本交易之。邁與兄逸同列江西詩派中，據苗昌言跋，此集得之於其子敏行，即其所編次。又稱二謝交游徧天下，既没之後，爲之傳序、哀詞、祭文者甚衆，今未暇博詢而徧録也。特取吕舍人之所書，摹其真蹟於後。夫以邁之文行烜赫一世，生平酬應之作當不下數十册。此集名爲十卷，其實詩不過二百六十二首，文不過二十五首，並其傳序、哀詞、祭文不載，其編次之謹嚴可謂不誣其先，則昌言稱敏行之詩律有典刑者，亦爲實録。今人名不出里閈，身前刻集，卷端題詞連篇累牘，轉瞬化爲煙雲，讀此集知古人篤實，所以傳世愈遠也。光緒甲申十一月二日，宜都楊守敬記於鄂城通志局客次。

附藏印　「寶宋閣珍藏」、「錢長祚珍賞印」、「漱芳閣」、「漱芳閣鑒藏印」、「淺野氏章」、「子孫世昌」、「向黄邨珍藏印」、「海堂藏書」、「楊星吾日本訪書之記」、「星吾海外訪得秘笈」

宋刻殘本梁溪集三十五卷 一函二十册

宋李忠定公撰。原本一百八十卷，此本存者卷十三、十四、卷四十一至五十二、卷六十二至七十、卷九十一至九十五、卷九十七、卷一百、卷百四十三、卷百四十八、卷百六十一至百六十三，凡三十五卷。黄蕘翁跋以爲三十八卷，誤也。每半葉九行，行二十字。清朗悦目，與監本《算經》同一精妙。卷端有「錫山安國寶藏」朱記。安國即刻《初學記》者，所謂安民泰是也。竺塢文氏、汲古閣毛氏皆有藏印。乾隆間，有嘉定李枚者，忠定二十六世孫也。其家舊藏是集，兵燹散失，訪之數十年，得於高陽相國家。其後入郡中黄氏、汪氏，又由沈韻初家歸於滂喜齋。

枚自髫齡就傅，時家嚴天申公諱令德，於課文之暇，備述始祖忠定公《梁溪文集》。自先大父子珮公諱士達入嘉定縣庠，館於疁城時遭兵燹，是集遂失去。枚竊聞之，以始祖之豐功偉烈，爲宋代名臣，其箋、奏、劄、議、詩文之屬，不得仰窺其全，深爲浩歎。越二十年，枚年甫三十，供奉内廷，時與名公鉅卿及海内藏書諸名儒訪《梁溪文集》，音耗竟無所聞也。越二十餘年〔一〕，至雍正己酉，下榻於衍聖公之九如堂，見其牙籤玉軸充棟盈車，詢之守者，知《梁溪文集》爲舊族高陽相公持去。高陽諱霨，聖祖時甌卜者也。又越十餘年，枚抑鬱無聊，歷游幕府，過上谷所屬之地，道經高陽府第，半屬荒基，徐叩之，而是集猶在。乃求其發篋拜觀，實爲宋代鎸板，鴻文偉議，捧讀難竟。因以歷歲所餘館穀傾囊與之，而是集始得返趙。嗟乎，《梁溪文集》吾家故物也，越百年而無恙，物之來歸，亦有定數云。乃詳述之，以示後之子孫。乾隆六年，歲在辛酉四月朔日，二十六世孫枚謹識。

李綱《梁溪集》一百八十卷，《述古堂書目》載其名，全集世不多有，何論宋刻。惟此宋刻殘本，始十三，終一百六十三，當是一百八十卷之舊，而闕存三十八卷者。先是遭俗子割補卷第，取卷中文字有數目者，每卷填改，鈐以圖記，掩蓋其痕。余悉按舊鈔本更正，而以數目字還其原處。有失去者，仍以素紙空其格，可謂慎之至矣。此書購自東城故家，價止數金。今兹裝池，復用二十金。惟恐後人以殘闕視之，而不甚寶貴，故於其裝成之日，著其顛末如此。嘉慶甲子六月二十日，蕘翁黄丕烈識。

附藏印　「文印徵明」、「膠陽安氏珍玩」、「錫山安國寶藏」、「學士之章」、「汲古閣圖書記」、「虞山毛氏汲古閣收藏」、「毛鳳苞印」、「臣晉」、「東吴毛晉」、「子晉氏」、「毛表」、

「毛表之印」、「毛表奏叔」、「毛奏叔氏」、「東吴毛表」、「奏叔氏」、「二十六世孫名枚字卜功一字藕塘圖書」、「蕘圃」、「黄丕烈印」、「汪士鐘藏」

〔一〕越二十餘年　陳本無「餘」字。

明刻劉屏山集二十卷　一函四册

宋劉文靖公撰。朱子之師也。前後有朱子跋，附以謚議、墓誌。明華亭董氏、山陰祁氏，國朝曹楝亭、蕭静君皆有藏印。祁氏、蕭氏各有藏書銘，以朱文方印鈐於卷首。祁氏銘曰：「澹生堂中儲經籍，主人手校無朝夕。讀之欣然忘飲食，典衣市書恒不給。後人但念阿翁癖，子孫益之守勿失。曠翁銘。」蕭氏銘曰：「名山草堂，蕭然獨居。門無車馬，室有圖書。沈酣枕籍，不知其餘。俯仰今昔，樂且晏如。蕭寥亭銘。」

附藏印　「董印其昌」、「玄賞齋」、「澹生堂藏書記」、「曠翁手識」、「山陰祁氏藏書之章」、「子孫永珍」、「蕭印夢松」、「静君」、「蕭寥亭四世家藏圖籍」、「以身守之罔敢失墜」、「楝亭曹氏藏書」、「長白敷槎氏堇齋昌齡圖書印」

宋刻殘本歸愚集九卷 一函四册

宋葛立方撰。原本二十卷，見《國史經籍志》。此存卷五至十三共九卷。每半葉十二行，行二十二字。楮墨精雅，宋刻中之上駟也。舊爲士禮居藏書，前有阮亭、竹垞題識，蕘翁從别一鈔本影寫。鈔本多樂府一卷，今歸皕宋樓矣。蕘翁跋鈔本三則，已刻入《士禮居題跋記》。此本二則未刻，因録於後。又案蕘翁謂著録家作十卷，誤於阮亭《居易録》，此實不然。阮亭題識明言已佚其半矣，豈有誤耶？

乾隆甲寅夏仲，從東城顧氏得殘宋本侍郎葛公《歸愚集》一束，係未經裝池者。始猶不甚貴重，特因宋刻，故儲之耳。後於海鹽家椒升處見一舊鈔本，首尾悉同，中多樂府一卷，但書卷第，不標數目，前有王阮亭、朱竹垞題識，知前人已重爲秘本，然余不能無疑焉。《歸愚集》本二十卷，近時撰集書目作十卷，其誤實始於阮亭。《居易録》卷十六有云：宋葛立方常之《歸愚集》十卷，詩四卷，樂府一卷，騷賦雜文一卷，外制二卷，表啟二卷。謚文康勝仲之子，謚文定邲之父也。《國史·經籍志》作二十卷。文定公南渡賢相，有文集二百卷，詞業五十卷〔二〕，不知傳於世否。是阮亭所據以爲十卷者，即此鈔本之數，中有樂府一卷，不知從何補入。若宋刻僅有五卷至十三卷，律詩四卷，賦騷銘文一卷，外制二卷，表啟二卷，統計之，僅有九卷，無所謂樂府一卷也。兹幸有宋刻可據，足證十卷之誤。不則阮亭爲本朝大儒，所言豈無足據，孰知其貽誤後人有非淺鮮者乎。余故樂爲宋刻重裝之，而影寫阮亭、竹垞題識弁於卷首，竊附數語於尾，以傳信於後云。十一月冬至前三日，小千頃堂主人黄丕烈書。

嘉慶三年，歲在戊午，初秋，陶五柳主人復以舊鈔本歸余，宋刻、舊鈔並藏讀未見齋，真兩美之合也。蕘圃氏又識。

侍郎名立方，謚文定，邲之父也。按《經籍志》，《歸愚集》二十卷，此佚其半矣。文定公南渡賢相，有集二百卷，詞業五十卷〔二〕，不知傳於世否，當訪之。濟南王士禎書。

竹垞娱老齋成，展讀一過，時康熙丁丑八月二日。

附藏印　「士禮居」、「丕烈」、「蕘夫」、「汪氏士鐘」、「閬源真賞」

〔一〕詞業五十卷　「業」，陳本作「集」。

〔二〕詞業五十卷　陳本無「業」字。

鈔本翠微南征録 一册

宋華岳撰，翠微其號也。岳以劾韓侂胄、蘇師旦流竄建寧，此本劾侂胄疏即附其後。岳又有《北征集》〔一〕，《四庫》所未收，傳本更稀也。册首題字云「咸豐庚申九秋購於揚州仙女廟鎮」，似許信臣中丞筆。

〔一〕岳又有北征集　陳本無「岳」字。

宋刻友林乙稿一卷 一函一册

宋史彌寧撰。彌寧，丞相浩之從子，嘉定中知邵陽。此本前序脱去一葉，序中自稱其名曰域。厲樊榭云集有《鄭中卿惠蝤蛑》詩，《文獻通考》鄭域字中卿，當即其人也。案序言在湘南幕下，掇拾詩稿，得百七十首，叩工鋟之，是嘉定間邵陽刊也。每半葉八行，行十六字。字體瘦勁，古香古色，撲人眉宇。舊藏椒花吟舫，後有少河山人跋，筍河先生之子也。

附藏印　「大興朱氏竹君藏書印」、「朱筠之印」、「茮花吟舫」、「朱印錫庚」、「少河」、「葉名澧」、「潤臣借讀」、「同龢私印」

宋刻殘本後村先生詩集大全十一卷　一函四册

宋劉克莊撰，華林劉帝與編集。《後村文集》有五十卷本，有六十卷本，天一范氏有《大全集》一百九十六卷，視墓誌所稱二百卷者僅缺四卷，當爲最完之本。此本分類編集，原十五卷，又佚去自五至八四卷。據錢天樹手跋，則《大全集》之一種也。明天籟閣項氏、國朝林吉人、季振宜、席玉照、黄蕘圃、張芙川皆有藏印。第一册後有芙初女史絶句四首，外函簽則常熟蔣伯生筆。芙初即芙川之室，故其所用印記曰「雙芙閣」。又有桐城方若蘅題字。當時虞山閨媛多好翰墨，蔣氏刻《法苑珠林》，其後捐資姓氏一一可證也。

乾隆甲寅長至後五日，王芑孫觀。「芑孫」

後村先生分類詩集，各家書目俱未之載。是本原爲項子京天籟閣故物，後爲延令季氏所藏，即滄葦書目所載宋刊《劉後村集》二本是也。林吉人、席玉照俱有印記。今由百宋一廛歸小琅嬛清祕，聚散無常，撫卷慨然，記之以詩：一襟哀郢淚辛酸，詩思分明樂去官。無人可論南園事，留得丹心與後看。詞華哲匠蒙天奬，敕語珠璣冠簡端。編集獨開分類格，古香猶是宋雕刊。墨林萬卷劫灰飛，古本流傳此絶希。八十詩翁高格調，伊川擊壤想依稀。潑茗熏香繡懶拈，芸編珍重展瑶籤。好花明月原無主，自取猩紅小印鈐。道光戊子二月花朝，琴川女士姚畹真芙初氏題跋，時年二十六歲。清寒淒雨，病榻淹纏，腕弱字劣，不計工拙也，無虚佳日而已。「姚氏畹真」、「芙初女史」

道光庚寅上巳，桐城女士方若蘅叔芷氏假讀於鏡清閣，時盆梅尚未全落，静對古編，覺幽香與墨香同耐人尋味也，燒燭漫誌。「畹芳女士」

宋刊劉後村分類大全集詩十五卷，雖有缺卷缺頁，而古香可愛，世所罕見。復有項子京、季滄葦、林吉人、席玉照諸藏書家印記。黄蕘圃裝背於殘損之餘，今芙川張君得而珍弆之。予按後村墓誌，言著前、後、續、新四集二百卷。《隱居通議》謂後村卒後，其家薈萃其生平所著、别刊少本，爲《大全集》。所謂别刊少本，此書當亦在中，《大全》則先有其名也。後村詩步趨誠齋、放翁，年八十冥搜不倦，但才力未逮耳。《和居厚弟壽》詩云：「符輩安能剗且編，可憐辛苦事雕鐫。」《贈錢道人》云：「一般難曉處，裝背貴人詩。」茲乃即其所刊書裝背，於五百年之後而我輩猶得披吟，後村有知，不當發大噱於九泉下邪？　時在道光十年七月七日，跋於南郊之拜詩閣，單學傅。「單學傅印」、「海虞老秀才」

道光乙未七月中浣六日，合江陶廷杰觀，三復。「臣印廷杰」、「蓮生」

道光戊子新正，張君芙川招集小琅嬛福地。酒後出所藏宋本後村分類詩見眎，摩挲古澤，不能自休。惟行間已有朱墨塗點處，意甚惜之。及觀第三卷，改「勅詔」爲「敕設」，乃知閱者固是有學之人，轉惜其於全書魚豕未盡勘正也，好古者誠當相賞於驪黄以外哉。　充有邵淵耀記。「淵耀」、「壽樂堂印」

道光癸巳端陽前一日，錢天樹拜讀。「仲嘉」

此係《大全集》中一種，月霄從四明范氏所鈔，《大全集》與此微有不同，豈宋時已有兩本邪？　雖略有闕葉，真不易得之秘笈也。　芙川先生從琴川郵寄，因得拜觀，以志眼福。　天樹又記。「天樹印信」

後村集文勝於詩，然詩亦有新雋不可到處，在讀者分别求之耳。　世所傳本多六十卷，張月霄從天一閣鈔得一百九十六卷，爲《後村大全集》。　此集當是全集中分類録出，僅十五卷，而五、六、七、八卷已闕，第十五卷亦未全。然古香溢於楮墨，零璣碎璧，彌足珍也。心青居士孫原湘記。「孫印原湘」、「心青」

香瓣西山憶盛年，獨葠湯液苦熬煎。南園一記應同憾，八十詩人老更顛。心青記後又題。

後村集五十卷，爲林秀發編次者，予向曾蓄。其餘舊鈔皆如是，雖講習堂鈔本亦不外是，知五十卷之傳世久矣。惟予訪書華陽橋顧氏，乃見有六十卷本，與五十卷有雙夾綫、單夾綫之别，即如詩話、詩餘並不在現有刊本敘次，蓋後人得宋刻殘零版片，任意排比，故六十卷中記叙等類往往羨於五十卷本，知後人就僅存者編卷，彼此有不同也。予曾據此以補五十卷，而其書今存藝芸書屋，其華陽本予介歸禾中金鑾庭玩華居，今主人不在，此書之存亡亦未可定。近日常熟張月霄《愛日精廬藏書志》有《後村大全集》一百九十六卷鈔本，從天一閣舊鈔本影寫，是世間希有之本。係錢塘何夢華爲阮宫保訪求遺書，備《四庫》所用，故搜羅及此，而爲月霄録其副也。此殘宋精槧可云未見書。標題「後村先生詩集大全」，共十五卷，爲華林劉帝與編集并分類，而每類又分體，雖目録與本書皆有殘闕，然自五、六、七、八卷外，其卷一至卷十五猶可略見一斑，誠奇書也。棄置篋中久矣，兹倩老友胡茂塘手裝治之，居然斷珪殘璧，古香襲人。他日《皕賦》之成，亦可分一席也歟。卷首有殘序一葉，似出御製。圖書花押，古色斒斕，字跡亦屬真本臨摹。以予所見《江湖小集》序跋等出於名人真跡者，無不神采飛動，觀此益徵宋刻之可寶。後人嗜古，動欲求全，予敢問之開蒙讀《大學》，亦知有亡篇乎？何不害爲萬古經書也！書此唤醒其夢夢。道光乙酉立秋荷華生日，宋廛一翁識。

附藏印　「宋刊奇書」、方印甚古。「百忍垂型」、「鷲峰」、「項子京氏家藏」、「項子京鑒定」、「項氏家藏」、「墨林秘玩」、「項墨林父秘笈之印」、「項元汴印」、「子京氏」、「真宋刊」、「振宜珍藏」、「振宜」、「滄葦」、「林佶」、「鹿原」、「席氏玉照」、「子嘉」、「天樹印信」、「芑孫」、「蕘翁」、「黄丕烈印」、「虞山張蓉鏡鑒定宋刻善本」、「虞山張蓉鏡鑒藏」、「蓉鏡」、「雙清」、「小琅嬛福地」、「小琅嬛福地張氏藏」、「琴川張氏」、「芙初」、「雙芙閣」、「芙初女史姚畹真印」、「一種心勤是讀書」、「方氏若蘅曾觀」、「畹芳女史」〔一〕、「勤襄公五女」、「田居放叟曾觀」、「陳鑾」、「芝楣曾觀」、「佛桑仙館」

〔一〕畹芳女史　姚畹真號芙初女史，又號畹芳女士，此印潘本、陳本均作「畹芳女史」。

影宋鈔棠湖宫詞不分卷 一册

汲古閣影宋鈔本，後有木圖記云「臨安府棚北大街陳宅書籍鋪印行」，所謂書棚本也。按蕘翁跋云：「何夢華示余毛氏宋本，板心第曰『棠湖一』、『棠湖二』，不標『宫詞』，疑宋刻全集中一種。」此板心添入「宫詞」字，非其舊矣。考倦翁《玉楮集》八卷，絳雲樓、述古堂皆著録。此本前有小序云：「比因棠湖綸釣之暇，成一百首，以示黍離宗周之未忘。」則「棠湖」二字專爲宫詞而設甚明，非全集之一也。《汲古秘本書目》有宋板岳倦翁《宫詞》，與《石屏詞》、許棐《梅屋詞》合爲一函，當即蕘翁所見本。

附藏印 「毛晉之印」、「毛氏子晉」、「士禮居藏」、「平江黄氏圖書」

明刻剡源集 四册

《剡源集》明有二本，一洪武初刻二十八卷，一萬曆間戴洵刻三十卷。何義門又見一舊鈔本四卷，文六十五篇，是爲最初之本。此本詩六卷，係槧本，紙墨不古，當在明中葉以後;文二册,係鈔本,不分卷,内有朱筆校字,其《遜齋銘》、《蘭石贊》、《萬秀才入道疏》、《孫叔和墓誌銘》及《講義》五首,朱筆識其下云「集内無」,則必與通行本異矣。惜無序目,鈔本刻本,是一是二,或全或缺,皆不得而知之矣。舊爲查映山太史藏書。

附藏印「程萬」、「葉氏藏書」、「竹南藏書」、「聽雨樓查氏有圻珍賞圖書」、「龍山查氏珍藏書帖印記」、「賜硯堂圖書記」、「查映山太史藏書」

元刻趙松雪文集十二卷外集一卷 一函二册

元趙孟頫撰。集十卷,附行狀、謚文一卷,目録一卷,合十二卷。後至元己卯花谿沈璜校刊外集,何貞立序亦題後至元己卯,則同時刻也。按璜跋云:「松雪翁平生所爲詩文未鏤板,今從公子仲穆假全集,與友原誠鄭君校正鋟梓。」則趙集當以此爲第一祖本。字體圓勁,亦仿松雪翁。述古錢氏所收即此本,而《敏求記》云乙丑中秋購得松雪翁《尚書集注序》真蹟,此不收,知公之詩文遺佚者多矣。今按書序,此刻在第六卷中,則錢氏考之殆未審邪?抑其所見書序爲别一篇邪?

附藏印「司馬氏」、「衛印尹東」、「衛印洪倫」、「衛名彬明燕敎賓」、「寶古堂」、「董氏體仁」、「句曲山樵」、「蒲汀」、「孫印承澤」

元刻楚國文憲公雪樓程先生文集三十卷 十六册

元程鉅夫撰。舊爲四十五卷，子大本輯録，門人揭傒斯校正。其孫世京重編爲三十卷，即此本也。前有年譜一卷，亦世京編。附録一卷，則行狀碑銘之屬也。明文休承手跋曰：「嘉靖庚申五月，向秦汝立處攜歸。留几上月餘，草草傳鈔副册還瓻，感誌。汝立博雅好古，留心古書，必能寶此也。八月廿三日，茂苑文嘉識。」休承在明中葉而即詫爲奇秘，則其書洵可寶矣。又有倪鴻寶藏印。國朝虛舟王氏、五研袁氏、芙川張氏皆經收藏。黄蕘圃亦有題字。册首篆書十三字，曰「元初槧雪樓先生詩文集三十卷」，陳蓮史筆也。蓮史又以隸書跋其後云：「洪武間亦有刊本，是則元時初刊。」竊謂不然。此書常熟瞿氏、歸安陸氏皆藏明刻本，有彭從吉序，云：「程文憲公集三十卷，癸卯歲刻於建陽市，僅成前十卷，其後廿卷未刻。」又有曾孫潛跋云：「後二十卷，寫而未刻。洪武辛未，刻於朱氏之肆。」以此證之，則元時所刻僅前十卷，第十一卷以後皆明時續刻也。前人所謂元刻、明刻，實即一本。蓮史謂有二刻，誤矣。陸氏著録一明刻本，一影元鈔本。而所謂影元本者，仍有明洪武中諸序，矛盾極矣。

附藏印 「王蓍」、「鴻寶」、「元璐」、「嵇璜曾觀」、「王澍」、「翁印方綱」、「覃谿」、「蕘圃」、「蓉鏡」、「芙川鑒定」、「曾在張蓉鏡家」、「芙川張蓉鏡心賞」、「虞山張蓉鏡鑒藏」、「汪士鐘字春霆號朗園書畫印」、「涂水喬氏鶴儕藏書印」

明刻道園學古録五十卷 十册

自卷一至二十爲在朝稿，卷二十一至二十六爲應制稿，卷二十七至四十四爲歸田稿，後六卷爲方外稿，與《四庫》著録合。明人覆元本也。

附藏印 「海琛」、「支郎琛誌」

元刻黄文獻公集二十三卷 八册

元黄溍撰。卷一至三曰初稿，卷四至十曰續稿上，題臨川危素編；卷十一至十六曰續稿中，題門人王禕編；卷十七至二十三曰續稿下，題門人宋濂、傅藻同編。文獻歿後五年，金華縣令胡惟信所刻。據濂序二十五卷，而集止二十三卷，目同，蓋「五」字誤耳。文獻集元時有二本，一即此刻，一名《金華黄先生文集》，文獻在時貢師泰刻於三山學官，即錢曉徵跋所謂三十三卷本也。前有「明善堂覽書畫印記」、「安樂堂藏書記」。

明刻薩天錫詩集

薩雁門集，元刊八卷。汲古閣刻三卷，附集外詩一卷，即《四庫》著録本也。此本分體不分卷。按《絳雲樓書目》有薩天錫前後集、《雁門集》。所謂《雁門集》者，當即八卷本。前後集即此本也。此本板心標前一訖前五十一，是爲前集。前集之後又自一起至八十五，空白不標「後」字，當爲後集。明成化二十一年，兖州知府趙蘭刻之。弘治十六年，東昌知府李舉再刻。此弘治本也。前有劉子鍾、趙蘭、李舉三序。

附藏印　「口葉齋」、「何石友家藏圖書」

明刻存復齋集十卷附録一卷　一函六册

元朱德潤撰，曾孫夏重編，項璁校刊。後有順治丙申蔣玢手跋。玢字絅臣，亦吾郡人。又劉燕庭方伯題云：「嘉慶庚辰臘日〔一〕，得此本於都門隆福寺三槐堂書肆。首葉有師竹齋印記。師竹齋，李墨莊藏書處也。東武劉喜海誌。」簡首「成化十一年項璁刊木」九字，亦燕庭所書。

元人朱澤民，常熟人，善畫，著文集十卷，每以畫事掩其長。延祐初，薦爲提舉教授，挂冠歸，年七十二卒。初，澤民祖秘書卜葬地，祖母夢一衣冠偉丈夫，告云：「勿奪吾宅，吾且爲夫人孫。」明日掘地，得小石碑，刻曰「太守陸績之墓」，傍刻云「此石爛，人來换」。石果斷。秘書隨掩之而更卜焉。夫人又夢偉丈夫來謝云：「吾真得爲夫人孫矣。」是夜澤民生焉。澤民子吉徙居崑山，國朝爲給事中，高皇帝旌其直言。玄孫文成化甲辰進士，監察御史。文子希周弘治丙辰狀元，後身事見虞伯生跋。子孫科第見《李文正續集》。順治丙申春王燈夜，蔣玢識。

附藏印「絅臣珍藏圖書」、「蔣玢」、「師竹齋圖書」、「喜海」、「吉甫」、「嘉蔭簃藏書印」

〔一〕庚辰臘日「日」，陳本作「月」。

元刻潛溪集十卷附録二卷 一函二册

宋濂撰。前有陳旅序，後有王禕序。濂集《四庫》著録者三十六卷。明正德刻本，曰《鑾坡集》、曰《翰苑集》、曰《芝園集》、曰《朝京稿》，合七十四卷。天順刊本，二十六卷，題《宋學士先生全集》。又一本十八卷，題《潛溪集》，亦天順刻。此本十卷，附録二卷。附録之後有至正丙申門人鄭渙跋，謂兄仲舒所編定，而渙又益之者也。仲舒昆弟即世所稱義門鄭氏家，有《麟溪集》者是也。標目前第一行題曰「潛溪前集」，首篇國朝名臣序頌，自忠武王木華黎至劉文靖公因，凡二十二人。稱元曰「皇元」，提行頂格，蓋猶未入明時所刊。《潛溪集》莫先於此，亦莫可寶貴於此矣。明内閣遺書，外函如一封書式，不用摺疊，文淵舊裝也。

明刻潛溪集十八卷附録一卷 八册

題弋陽黄溥選編。按附録中有溥祭文，題景泰七年三月，是年丙子。明年丁丑，英宗復辟，改元天順，是亦天順間刊也。前有陳旅、王褘、歐陽玄三序。

鈔本説學齋稿 二册

《危太僕集》五十卷，見焦氏《經籍志》。此本不分卷，前一册後有歸震川跋，云：「前三十年從吴純甫借觀，今問其家，已半軼矣。命童子録而存之。」後一册有葉文莊孫恭煥跋，云：「嘉靖辛酉，震川師從予覓太僕文不得，自隆慶丁卯後乃獲此卷，實先文莊鈔存。師已仙去，不獲見，可感也。」以此二跋證之，震川初見全帙，及傳録時已失其半。其跋作於嘉靖三十八年，下距辛酉實二年耳。既假録之，又搜訪之，太僕之於是集可謂勤矣。又云紙尾暗記所作年歲，此本前帙甲子注於每篇之下，而後一册不然，則是前半從吴純甫本出，而後半足以葉本也。舊藏文瑞樓金氏、知不足齋鮑氏。《危太僕集》二册，去年客吴郡得之金星軺家，麗煌三兄見而愛之。今年三月，麗煌有聊城之游，無以爲贐，因舉此書及宋紙舊鈔高注《國策》一部爲贈。二書俱不易得，舟中客邸宜加意保護，勿爲蟲鼠風雨所壞。俟明年攜歸，更從君借觀，展卷定爲之欣然也。乾隆丙子三月廿二日，棘人鮑廷博識。

附藏印「結社溪山」、「文瑞樓」、「金星軺藏書記」

明刻蘇平仲文集十六卷 八册

明蘇伯衡撰。劉基、宋濂序。後有處州推官黎諒跋云：「林公與直編類鏤板郡庠，傳世既久，朽失過半，諒命郡人葉景森繕寫壽梓，壬戌秋八月成書。」壬戌，正統七年也。平仲與宋濂同郡。濂推服其文，鄭氏《麟溪集》所載如《師儉訓》、《鄭仲河傳》、《貞孝處士畫像贊》、《書鄭叔恭字解後》，皆平仲作。此集惟有《師儉訓》一首，則知其文散佚者多矣。然集中如《鄭氏三老圖贊》、《鄭叔文字序跋》、《黄侍講送鄭仲舒序》亦爲義門掌故，而《麟溪》遺之，則又可以補其闕也。有璜川吴氏收藏印。

舊鈔本王常宗集四卷補遺一卷續補遺一卷〔一〕 一册

明王彝撰。彝嘉定人，洪武初預修《元史》，自號嬀蜼子。其集四卷，補遺一卷，皆都穆編，嘉定劉子珍刻。此即從刻本傳鈔也。前有穆序，後有浦杲及子珍跋。續補遺文三首，詩三首，則陸嘉穎得自項藥師家。舊爲張芙川藏書。册首題云：「此本用筆古雅，極似錢求赤先生所書。細審裝治，爲述古堂故物，遂以重值購得，亦别集中罕見之秘册也。嘉慶乙卯中秋後十日，虞陽張蓉鏡識。」

附藏印「蓉鏡」、「虞山張氏」、「小琅嬛福地秘笈」、「曾在張蓉鏡處」、「鶴儕」

〔一〕舊鈔本　陳本無「舊」字。

明刻缶鳴集十二卷一函 四册

明高啟撰，周立公禮編，青丘之妻姪也。舊爲虞山張芙川藏書。黄蕘六跋云：「明永樂元年，周立所刻，正統末燬於火，甫里周仲英重刻〔一〕，吴文定爲之序，即此本是也。吴序失，惟存謝徽一序。」按徽序云季廸之詩有《吹臺集》、《缶鳴集》、《江館集》、《鳳臺集》，今取諸詩删改，爲之總題曰《缶鳴集》〔二〕。詩九百首，皆其精選。是此編爲青丘子手定本。今所行《大全集》，景泰中徐庸編刻。詩雖倍之，非其舊矣。明竺塢文氏，國朝蔣文肅、汪東山、馮二癡、曹彬侯、趙秋谷皆有收藏鑒定印。其「臣伊」一印，則文肅公尊人也。其首册附裝琴六與芙川書，乞借皇山人手鈔《續談助》。其書後歸士禮居，今藏虞山瞿氏，完好無恙。據《士禮居題跋》，謝徽序外尚有胡、王二序，又有公禮後序〔三〕，今皆脱之。

附藏印　「文休承氏」、「臣班」、「二癡」、「譙國」、「曹炎」、「彬侯」、「太史氏」、「古緡雲氏」、「甲戌進士」、「秋谷趙執信氏」、「汪繹別字東山」、「庚辰狀元」、「嵇璜曾觀」、「琴六借觀」、「蓉鏡」、「芙川」、「蘿藦亭長」、「清河伯子」、「小琅嬛福地」、「小琅嬛福地秘笈」、「小琅嬛清秘張氏收藏」、「張蓉鏡」、「蓉鏡珍藏」、「方氏若蘅曾觀」、「陳鑾曾觀」、「芝楣借觀」、「喬印松年」、「鶴儕」

〔二〕周仲英重刻　「刻」，陳本作「編」。
〔二〕鳳臺集……缶鳴集　陳本無此段文字。
〔三〕又有　陳本作「及」。

明刻龍谿陳先生文集五卷 二册

明陳昹子晦撰。《四庫》不著録。後有鄭雍序。子晦閩之龍溪人，年十六即領鄉貢，後爲教官。初任建昌南城，後調常州，升國子學正，卒於官，年四十有一。其文多在常州時作，談毘陵典實者，頗有資於考證也。舊藏虞山張氏。後有陳蓮史跋云：「道光乙巳三月，向芙川兄借讀，并傳寫一部珍藏。」張冰圓題其首云：「此爲瞿忠宣、金元功藏書，《文瑞樓書目》所載也。雖是明初人别集，傳本絶少。己酉九月，孫鎮軍雲鴻見之〔一〕，因是龍溪文獻，欲以善價求之，未許也。咸豐壬子冬月。」

附藏印 「瞿印式耜」、「知白氏」、「金元功藏書記」、「張氏圖籍」、「張金吾藏」、「得者須愛護」、「虞山張氏」、「曾在張蓉鏡家」、「在處有神物護持」、「清河伯子」、「芙川張蓉鏡心賞」、「味經」、「顧蒓」、「松年」、「鶴儕」

〔一〕孫鎮軍雲鴻 「鴻」，陳本作「鳳」。

明刻于肅愍集八卷附録一卷　四册

明于謙撰。成化元年，謙子上疏訟冤，得祭墓立祠。弘治初，又上疏請謚，予謚肅愍，其後改謚忠肅。此本嘉靖丁亥刻，題《于肅愍集》，猶未改謚前刊本也。前有河南山西道監察御史簡霄序。板心有「大粱書院刻」五字，附録遞有增益，與目不符。《四庫》著録者已改謚本，除奏議十卷、附録一卷，僅存詩、文各一卷，非其全帙矣。

附藏印「長白敷槎氏堇齋昌齡圖書印」

日本刻徂徠集　二十册

日本物茂卿著。東方言樸學者，自茂卿始。其人在正德、享保間，我朝雍正時也。《七經孟子考文序》即其所作。論文直追秦漢，韓柳以下皆遭掊擊，亦人傑矣哉。然獨傾心於明之王、李，則不可解也。文七卷，詩二十三卷，合三十卷。補遺詩十九首。序之者，滕忠統，亦彼國人也。

高麗活字本桂苑筆耕三十卷 四册

崔致遠撰。致遠新羅人，唐末入中國，舉進士第，爲高駢掌書記。東方之有文章自致遠始。此本豐山洪奭周以家藏本，屬湖南觀察使徐有榘用活字排印。

高麗活字本蘭溪遺稿一卷 一册

高麗朴堧撰。堧初名然，字坦夫，明洪武十一年生，永樂辛卯登同進士第，仕至藝文館大提學。精於鐘律，與高麗莊憲王同定雅樂。集中有疏三十九篇，皆論樂之作也。前有金祖淳序，後有金魯敬跋。洪啓禧謚狀稱爲「海東一夔」云。

石洲集殘本六卷 二册

高麗權韠著。首二卷佚，卷三五言律，卷四七言律，卷五排律，卷六、卷七絶句，卷八雜體。不題姓氏，惟每册首行有墨筆書「永嘉後人權韠汝章甫著」，凡十字，亦不知誰所記也。考權爲高麗士族，明成祖賢妃權氏即高麗人，其父永均曾受封爲光禄卿。舊爲烏程張秋水藏書。

此前明高麗人權韠所著，爲朱竹垞《明詩綜》、厲樊榭《明詩紀事》所不載。余於嘉慶丁卯七月買於揚州新城之南柳巷，雖缺首二卷，可寶也。暇日或取《明史》考之，其事實當有可證〔一〕。烏程張鑑識。

余向見嚴九能所藏《七經孟子考文》，系日本國裝訂原册，其紙色面葉絲綫約略如是，非中土所能也。道光甲辰春日，貞疾居士鑑重展識〔二〕，時年七十有七。

〔一〕其事實當有可證　「可」，陳本作「考」。

〔二〕貞疾居士鑑重展識　陳本無「重」字。

高麗刻海居齋集三卷　一册

題豐山洪顯周世叔。前有伯、仲兩序，即奭周、吉周也。詩分四編，前編爲東嘉十景詩，附詩四十首，父母兩兄和作也。其後三卷，則皆顯周詩矣。顯周尚朝鮮王女，封永明尉。

竹西詩集一卷

朝鮮女子朴氏撰。咸豐辛亥，徐惇輔序有云「不育早逝」，則其人在道光間矣。詩雖不工，然海東閨閣從未有以詩名者，則不得不以希見珍也。

貢草園集一卷 一册

安南王子緜宿撰。倉山先生删定，弟緜寀仲藏、緜寊仲悟、緜竆仲玉校刊。前有《新安郡公詩》五首，緜寀作，皆有緜審序。據《張廣溪集》緜審撰序，其印文曰「倉山」，則倉山先生即緜審也。緜宿字仲貯，封廣澤郡公，王之四十七子。考緜宿詩序云：「蒼舒竟夭，猶未滿乎立年。」緜宿詩序云：「管輅傷心，有才無壽。」則兩人皆不永年矣。案《説文》竆，玉也。《廣雅》「賬，貯也，或作宿」。《字書》「寊，息井切，悟也」。名竆者字玉，名宿者字貯，名寊者字悟，皆合古義。孰謂越裳氏無人哉？

張廣溪學文餘集四卷　一册

安南張登桂撰，亦縣審所編輯也。質直似《擊壤集》，其《讀越史應制》一首，述越世系極爲詳盡。其自序有云：「南北圻兩次銜命，偶有題詠，從者鈔寫。」北圻在諒山南，自法越交訌，王師出援，疆臣僨事，遂淪戎索，兵連禍結，至今不解，讀此爲之三歎〔一〕。

〔一〕讀此爲之三歎　陳本無「此」字。

明刻古文苑二十一卷　二函十册

宋章樵注。此書常熟瞿氏有宋本〔一〕。揚雄《蜀都賦》「迎春送冬」，明刻「冬」作「臘」。《孫叔敖碑》「野無螟𧍘」，注「𧍘」即「螟蛾」。按《爾雅》「食苗心螟」，「食葉蟘」，「蛾」爲「貸蟘」之誤。明刻作「𧍘蛾」尤謬。此本「冬」字正作「臘」，「𧍘蛾」字正作「𧍘蛾」，其爲明刻無疑。宋本遇諱皆缺筆，此亦不闕。惟字裏行間尚有古意，當是明初覆本。余别見一明刻，則字畫方整，與今本相伯仲矣。

附藏印　「古歙鮑氏覺生藏書印」、「清譽堂」

〔一〕有宋本　「本」，陳本作「氏」，誤。

宋刻殘本文苑英華纂要六十一卷辨證八卷〔一〕　四函十五册

《纂要》高似孫編，《辨證》彭叔夏撰。二人皆聞緒論於周益公，因成此書。《絳雲樓書目》竟題周必大撰，誤也。《纂要》八十四卷，此存卷一至六十一。《辨證》十卷，此存卷一至八。每半葉十行，行十七字。據高似孫《纂要》自序，爲「冶使史公刊」。則《辨證》亦史所刻也。高序作於嘉定十六年，而有嘉泰四年叔夏自序，則是《辨證》先刻，而《纂要》繼刊也。張氏愛日精廬藏《纂要》有延祐甲寅趙㫝序，因目爲元刻本，其實書中避宋諱甚嚴。《辨證》卷首猶題「皇宋彭叔夏」，必非元刻。趙序後所增耳。黄蕘圃所見藝芸本祇有趙序而無高序，遂并不知《纂要》撰人。考《傳是樓目》而後知之。雖以江鄭堂之博聞〔二〕，亦未能詳也。藝芸本斷爛，此本筆墨精勁，神采奕奕，猶是宋刻初印。明會通館排字合印本脱誤甚多，遠遜原刻矣。《纂要》目後有「表章經史之寶」，及「徽國經史之章」，當是明内府物也〔三〕。兩書又皆有「綀川黄豫卿志」朱記。

附藏印 「朱復廬鑑賞章」、「結一廬藏書印」

〔一〕文苑英華 「英」，陳本作「精」，誤。

〔二〕江鄭堂 「鄭」，陳本作「慎」，誤。

〔三〕當是明内府 「明」，陳本作「西」，誤。

北宋刻殘本王荆公唐百家詩選九卷 五册

元符戊寅刊板。前有章安楊蟠序。「眩」、「殷」、「匡」、「恒」、「敬」、「驚」、「警」、「貞」、「徵」、「樹」等字缺筆。每半葉十行，行十八字。字體仿歐陽信本，寫槧精美，真北宋原刻也。惜自十卷以後皆佚。舊爲郡中黄氏藏書，後入藝芸書舍。

附藏印 「百宋一廛」、「黄印丕烈」、「蕘圃」、「汪印士鐘」、「閬源真賞」

宋刻殘本萬寶詩山二卷 二册

莫子偲《經眼録》載是書三十八卷，書林葉氏廣勤堂刊。每葉三十行，行二十三字。

板廣五寸許，高三寸半。此本行款一一相合，惟存三十一、三十二兩卷，爲木門之松柏類、竹類、筍類、松竹類、楓類、梧桐類、槐類、榆枌類、楊柳類、柳絮類、木類、草木類、雜木類、茱萸類、葉類，分門龐雜，宋人之兔園册也。怡府舊藏。卷端有「怡親王寶」。邵亭所見則田耕堂藏書也。

元刻國朝文類七十卷 六册

蘇天爵編。此書元時有二本，一翠巖精舍刻，密行小字；一西湖書院刻，即此本也。每葉二十行，行十九字，惜缺四十三至四十五三卷。前有至正二年二月江浙儒學提舉移文，詳載刊書本末。其略謂至正二年，禮部咨中書省移咨江浙行省，委本司副提舉陳登仕校勘監雕。至元四年，西湖書院點視，内有補嵌，委本院山長方員、儒士葉森校修。至正元年十一月二十二日，本司提舉王奉政在大都蘇參議家獲見元編，校正所刊，第四十一卷内缺下半卷。又於目録及各卷内校正一百三十餘字。前有王理、陳旅兩序，後有太原王守誠跋。

元刻殘本皇元風雅 六册

元建陽蔣易師文編。原書三十卷，見《千頃堂書目》。又按《孳經室外集》云二十七卷八十五家，末三卷雜編，是並非一家爲一卷。此本家自爲編，總目既佚，不能得其舊第。惟存揭曼碩傒斯、揭希韋祐民、黄晉卿溍、吴正傳師道、范德機梈、劉聲之濩、柳道傳貫、盧彦威亘、王繼學士熙、黄子肅清老、薛宗海漢十一家，每家前有目録，間亦附以事實。每半葉十行，行十八字。板心題作者之字。雕印頗精。《絳雲樓書目》作八卷，當是不全本也。又《四庫》著録者爲元傅習及孫存吾所編二十四卷。二書皆名《元風雅》，皆虞道園序，皆以劉因爲第一，是以目録家往往致誤。《皕宋樓藏書志》有傅孫本，作前集六卷，後集六卷，與《四庫》本又不同。

附藏印 「周印允元」、「葛印雲薜」、「嘯園」

元刻麟溪集十二卷　六册

元浦江鄭氏九世同居，一時士大夫皆贈以詩文。至正中，其家長大和彙爲一編，共十二卷，曰《麟溪集》，其所居之地名曰麟溪也。王煒爲之序。明吴文定《送鄭世静還浦江》詩：「三百餘年孝義門，一朝握手見諸孫。君家自有麟溪集，底用臨歧索贈言。」文定在成化時，上距元末又百餘年，其世澤可謂長矣。元明之際，金華人士最盛，宋濂、王煒、黄溍、蘇伯衡皆其郡人〔一〕，是以文章特美。《四庫》不著録，亦一奇書也。序後有木圖記曰：「崇化余志安刊於勤有堂。」汲古毛氏、愛日張氏、藝芸汪氏皆經收藏。

附藏印　「斧季」、「毛扆之印」、「汲古主人」、「曾在張月霄處」、「愛日精廬藏書」、「曾在汪閬源處」

〔一〕黄溍　「黄」，陳本作「王」，誤。

高麗刻豐山世稿六卷 三册

高麗洪氏家集也。洪氏籍安東之豐山，其鼻祖之慶有子名侃，字平甫。侃八世孫履祥始大顯世，爲哲鮮望族。此詩卷一曰洪厓公文，侃所作也；曰文敬公文，即履祥也；曰秋巒公文，敬之子也。卷二曰文懿公文、曰貞簡公文。卷三曰晦溪公文、睡隱公文。卷四曰靖惠公文、孝安公文。卷五曰文清公文、曰通德郎公文、曰贈贊成公文。卷六曰孝獻公文、曰足睡公文。自文敬至足睡，凡九世。足睡三子，曰奭周，曰吉周，曰顯周，此集即奭周所編。

元刻朝野新聲太平樂府九卷 一函四册

元澹齋楊朝英集〔一〕。鄧子晉序。前列作者姓氏八十一人，朝英亦在其列。按鄧子晉序云：「酸齋貫公與澹齋游，曰『我酸則子當澹』，遂以號之。」今考卷中有徐甜齋，是與二公鼎足而爲三矣。舊爲汲古藏書。第五卷以前鈔補。每半葉十六行，行二十八字。巾箱密行小字本也。澹齋所輯又有《陽春白雪》，享帚館秦氏刻之。

附藏印 「元本」、「毛晉私印」、「子晉」、「毛扆之印」、「斧季」、「汲古主人」

〔一〕楊朝英集 「集」，陳本作「編」。

跋

從祖文勤公藏書甲吴下，庚申之亂燬於火，後所存者燼餘耳，然多宋元精槧。光緒癸未，公奉諱居里時，葉鞠裳先生客公所，授公弟仲午從祖讀。公出示所藏書，先生精於目録之學，因記其刊行源流，成《滂喜齋讀書記》二卷。及公服闋被徵，攜書北上，未及訂正也。庚寅冬，公薨。丙申夏，公夫人又薨，時公嗣子尚幼，仲午公以事在吴，聞耗馳往，則悍奴方鳩集書賈持目議價，公杖去之。點校遺書，已稍稍散失矣。後仲午公盡室南歸，請《讀書記》稿本於鞠裳先生，增補多則，且循《天禄琳瑯》舊例列入藏家掌故，改訂三卷，易其名曰《藏書記》。而以文勤公署名者，從葉先生意也。書已付梓矣，適爲江陰某君所見，即據所録函假宋刊某書，公婉卻之。某君不諒，貽書切責。遂商諸鞠裳先生，先生謂不如稍緩行世。甲子秋，公患腹疾，及冬彌甚。東南戰起，力疾赴滬就醫，乙丑正月十一日卒。曾不數月，海上有售《滂喜齋藏書記》者，蓋海寧陳乃乾所印行也。卷首一序，於文勤後人誣譏殊甚，吴中士大夫閲之多不平，紛來詰責，曰文勤兄弟後嗣雖稚，然汝族固多人，獨無能辨白之乎？族人以承厚知此書源委，屬請板於從祖母祁淑人，述其厓略而印行之。王君九表丈深悉公生平行誼，因乞爲一序。嗚呼，仲午公秉心沖澹，不求聞達，抱經世之學而不欲以著述自顯，獨於文勤手澤尤加愛護，雖權貴嗔責，宵小誹謗，有所弗避，其克繼兄志爲何如哉！又許鶴巢、葉鞠裳兩先生皆公之業師也，公節衣縮食爲刊其書。許氏詩《契齋集》已先刊矣，葉氏《奇觚廣文集》成於鞠裳先生身後，所售書值盡歸葉氏，奉先生蒸嘗焉。師弟之間，死生不渝，其風義爲何如哉！書賈射利，不加省察，妄作弁言，適足爲通人齒冷而已。今公後嗣髫齔，未能論撰先志，厚雖不文，安容緘默！爰昭告於公之靈而述之如此。戊辰首夏，姪孫承厚謹跋。

附録

陳乃乾序

吴縣潘文勤公《滂喜齋藏書記》三卷，著録宋刻本五十八種，元明以下刻本五十二種，朝鮮、日本刻本十四種，鈔本六種。每書詳記行款、題跋、印記及卷數、册數作爲解題，簡要有法，蓋葉鞠裳先生所撰也。光緒末，潘氏子出其稿付梓，已成矣，江陰繆筱珊太史得紅本於梓人許，馳書潘氏議借書。潘氏子大怒，以爲《藏書記》若出，則踵是以來者將無厭。遂封其板歸，禁不許印書。文勤圖書之富，甲於吴中。其藏書印曰「分廛百宋移架千元」，意氣之盛，可謂壯哉。後嗣不肖，不能紹述其業，并其編目而湮没之，九原有知，所當嘆息。吾聞藏書貴乎能讀，物必聚於所好。苟不能讀，則藏舟於壑，有力者負之而趨矣，緘縢扃鐍，愚莫甚焉。凡同好從繆氏傳鈔《藏書記》者，每相戒毋使潘氏子知。余念文勤累積之勞，與夫鞠裳先生綴録之苦心没而不彰，後死之責，敢昭告於二公之靈而刊傳之，潘氏子其大恕所無憚。甲子冬，海寧陳乃乾記。

滂喜齋宋元本書目

經部

宋板周禮注疏	一套
宋板袖珍周禮	四本
元板周禮句解	一套
宋板考工記	一匣
宋板禮記集説	
宋板禮記纂言	四匣
元板禮記集釋	

宋板樂書　八套
宋板左傳杜注
十行本公穀注疏　三套
宋板巾箱五經　一套
元板五經　一套
宋板孟子　一匣
宋板張九成孟子傳　八本
金刻玉篇　二套
宋板廣韻
宋板禮部韻略　一套
宋鈔本吴才老韻補　一套
元本韻補　四本
元本隸韻　一套
宋板押韻釋疑　一套

史部

宋板史記淳化壬辰臨安陳氏萬卷堂刊　八套
中統本史記　四匣
宋板前漢書　六套
元板前後漢書　十二匣
元板晉書　六匣
元板宋史　二十四套
宋板隋書　四套
元板資治通鑑　四十套
元板資治通鑑詳節　四套
元板資治通鑑長編　六套
元板通鑑紀事本末　六套
元板汲冢周書　一匣

宋板古史　一匣
宋板三朝政要　三本
宋板鄭樵通志略　二套
元板文獻通考　十套
宋板國語　一匣
宋板國語補音　一匣
宋板戰國策　一匣
元板宋名臣奏議　八套
宋板金陀粹編　一匣
元板名臣碑傳琬琰集　一套
宋板紹興題名　一本
宋板寶祐登科録　一匣
宋板登科録　三本
宋板諸儒名道　二套

宋板方輿勝覽　一匣
元板中吴紀聞　一套
鈔本大元一統志　六本
宋板漢雋　一匣
宋板皇朝仕學規範　十本
元板法帖釋文　二本
宋板金石録韓氏舊藏

子部

元板曾子　一本
宋板孔叢子　一匣
又　四本
宋板鹽鐵論　二本
咸淳本説苑　一套

元板説苑　一套
宋板揚子法言　四本
宋板文中子　二本
宋板真西山讀書記　二套
宋板司馬法直解　一本
宋板唐律疏義　四套
宋板難經本義　一本
宋板本草要録　二本
宋板千金要方　二十四本
宋板和劑局方　一套
宋板三因極一病症方論　一匣
中統本儒門事親分上中下三卷　六本
元板醫學啓源　三本
宋板周髀算經　一匣

宋板算經三種　一匣
宋蜀本東觀餘論韓氏舊藏　一套
宋板梅花喜神譜　二本
元板圖繪寶鑒　一套
元板書史會要　六本
元板吕氏春秋　二套
宋板淮南子　十六本
宋板顔氏家訓　三本
北宋本白虎通　二本
元板風俗通　一套
宋板司馬書儀　一套
宋板羅湖野録　二本
元板夢溪筆談　一套
元板輟耕録　十本

又　又　十六本
宋板翻譯名義　四本
宋板語録　十六本
元板列子　二本

集部

宋板楚詞後語　二本
宋板陶靖節集　一本
宋板杜詩　二匣
宋板千家注杜詩　二十六本
宋板白氏長慶集　二十五本
宋板范文正公集　二套
宋板歐陽文忠公集
又　又　一匣

宋板嘉祐集　四本
宋板王注蘇詩　四匣
宋板蘇文忠公詩集　六套
元板蘇文忠公文集　四套
宋板鐔津文集　一本
宋板陳后山集　一套
宋板後村集　一套六本
宋板唐眉山集　四本
宋板楊龜山集　二十本
宋板梁溪集　二十本
宋板竹友集　二本
宋板湛和尚偈頌　二本
宋板友林乙稿　一本
宋板葛歸愚集　一匣

元板范香溪集　四本
元板雪樓先生集　二套
元板道園學古録　十本
宋板昭明文選　四匣
元板文選　四匣
宋板玉臺新詠　二本
宋板古文苑　二套
宋板文苑英華纂要　五套
宋板皇朝文鑑
宋板荆公百家詩選　五本
元板元文類　八匣
元板國朝文類　二套
宋板太平樂府　四本
宋板淮南居士長短句　一本

吴縣潘氏宋元本書目未曾編定。此光緒乙未，文勤身後，其眷屬南歸，廠肆爲檢點書籍時所鈔，貴陽陳松山給諫田録入日記中者。宣統元年四月，上虞羅叔言參事從給諫迻録以詒畸，亟取付剞劂。書目中所列諸書，聞尚完好，所冀永久保存，勿如皕宋所藏之歸海外則幸甚。番禺沈宗畸。

校印《滂喜齋藏書記》既成，復從沈氏《晨風閣叢書》中得此數葉，附印於後。《藏書記》編定於文勤在日，此則眷屬南歸時所鈔，故互有出入，讀者當比而觀之。乃乾。

寶禮堂宋本書録

柳向春　點校

目録

書名索引

序

文化之源，繫於書契；書契之利，資於物質。結繩既廢，漆書、竹簡而已；筆墨代興，迺更縑帛。後漢蔡倫造紙，史稱莫不從用，然書必手寫，製爲卷軸，事涉繁重，功難廣遠。越八百餘年而雕版興。人文蜕化，既由樸而華；藝術演進，亦由粗而精。故昉於晚唐，沿及五代，至南北宋而極盛。西起巴、蜀，東達浙、閩，舉凡國監、官廨、公庫、郡齋、書院、祠堂、家塾、坊肆，無不各盡所能，而使吾國文化日趨於發揚光大之境。

此其工事之美善，有可得而言者：一曰寫本。鐫工之美惡，視乎書法之優劣。宋本可貴，以其多出能書者之手。王溥《五代史會要》：「後唐長興三年二月，中書門下奏：『請依石經文字刻《九經》印板。』敕：『令國子監集博士儒徒，將西京石經本，各以所業本經句度鈔寫注出，子細看讀，然後顧召能雕字匠人，各部隨帙刻印板，廣頒天下。』其年四月敕：『差太子賓客馬縞，太常丞陳觀，太常博士段顒、路航，尚書屯田員外郎田敏充詳勘官，兼委國子監於諸色選人中召能書人端楷寫出，旋付匠人雕刻。』」王明清《揮麈餘話》：

「後唐平蜀，明宗命太學博士李鍔書《五經》，倣其製作，刊板於國子監。」《宋史·趙安仁傳》：「安仁生而穎悟，幼時執筆能大字。雍熙二年登進士第，補梓州榷鹽院判官，以親老勿果往。會國子監刻《五經正義》板本，以安仁善楷隸，遂奏留書之。」洪邁《容齋續筆》：「予家有舊監本《周禮》，其末云：大周廣順三年癸丑五月，雕造《九經》書畢。前鄉貢三禮郭嵈書。《經典釋文》末云：顯德六年己未三月，太廟室長朱延熙書。此書字畫端嚴有楷法，更無舛誤。士人筆札猶有正觀遺風，故不庸俗，可以傳遠。」余所見者有紹興覆端拱本《周易正義》，書者爲鄉貢進士張壽；又紹興覆淳化本《毛詩正義》，書者爲廣文館進士韋宿、鄉貢進士陳元吉、承奉郎守大理評事張致用、承奉郎守光禄寺丞趙安仁。此皆官家所刊之書，其刊於私家者亦多踵行。先是，孟蜀時毋昭裔在成都，令門人句中正、孫逢吉書《文選》《初學記》《白氏六帖》鏤版，其子守素齎至中朝，行於世，事載《宋史·毋守素傳》。句、孫二子均有書名，本傳：中正，益州華陽人，昭裔奏授崇文館校書郎。精於字學，古文、篆、隸、行、草無不工。逢吉，嘗爲蜀國子《毛詩》博士，檢校刻石經。又《徐鉉傳》：「弟鍇亦善小學，嘗以許慎《説文》依四聲譜次爲十卷，目曰《説文解字韻譜》。鉉親爲之篆，鏤板以行於世。」《舊五代史·和凝傳》：「平生爲文章，長於短歌豔曲。有集百卷，自篆于版，模印數百帙。」錢曾《讀書敏求記》：「《坡詩注》武子因傳稺漢儒善歐書，俾書之以鋟板者，曾見於絳雲樓中。」凡此皆有姓名可稽者。其他即不出於專家，不成於一手，亦多下筆不苟，體格謹嚴，虞、褚、歐、顏，各擅其勝，直可與碑版齊觀。今有所謂宋體者，世每以爲胚胎宋刻，實則起於有明正、嘉之際，刻畫無鹽，毫無生意，乃匠役之所爲，而宋刻原不爾爾也。

二曰開版。古有銅版。岳珂《刊正九經三傳沿革例》自言家塾所藏有晉天福銅版本。後有人得韓文「《易》奇而法，《詩》正而葩，《春秋》謹嚴，《左氏》浮誇」十六字銅範者，蔡澄、張廷濟均謂是宋太宗初年頒行天下刻書之式。然今所傳銅版印本，僅爲有明建業張氏、錫山安氏及華氏會通館、蘭雪堂所製，而宋本已無一存。其次爲泥版。沈括《夢溪筆談》：「慶曆中，有布衣畢昇爲活板，其法用膠泥刻字，薄如錢脣，每字爲一印，火燒令堅。先設一鐵板，其上以松脂蠟和紙灰之類冒之。欲印，則以一鐵範置鐵板上，乃密布字印，滿鐵範爲一板。持就火煬之，藥稍鎔，則以一平板按其面，則字平如砥。若止印三二本，未爲簡易，若印數十百千本，則極爲神速。常作二鐵板，一板印刷，一板已自布字，此印者纔畢，則第二板已具，更互用之，瞬息可就。」然其印本，今亦不傳，傳於今者，厥惟木板。

刊印之便，宜莫如木，若梨若棗，取用尤繁，故當時所稱曰鋟板，曰鋟梓，曰繡梓，曰刻板，曰鏤板，曰雕造，曰模刻，曰板行，無不與木爲緣。揆其功能，實遠出範金合土之上。維時剞劂盛行，上下交勵，其敕刊諸書，有督刊諸臣，管幹雕造官者無論矣，即諸路、軍、州所刊官本，如紹興十七年黄州刻王黄州《小畜集》，有監雕造右文林郎軍事推官宗亞昌、右文林郎軍事判官王某二人。嘉泰五年吉州刻《文苑英華》，提督雕造者爲成忠郎新差充筠州臨江軍巡轄馬遞鋪權周少傅府使王思恭。余嘗爲涵芬樓收宋鎮江本《説苑》，卷末有「咸淳乙丑九月鄉貢進士直學胡達之眎役」一行。又明覆宋括蒼本《沈氏三先生集》，卷末有「從事郎處州司理參軍高布重校兼監雕」一行。督責既嚴，工技自進。下逮臨安陳氏、建安余氏，鬻書營利，亦靡不各炫己長，别開風氣，鴻編鉅帙，雕鏤精嚴。其最可取法者，舉每葉大小之字數，列本版起訖之歲時，而鐫工姓名，一一標載。此可見責任之攸歸，自不肯苟焉從事也。

三曰印刷。使寫刻俱工，而所需紙墨不足相副，則前功幾於盡棄。嘗讀葉盛《水東日記》：「宋時所刻書，皆潔白厚紙所印，乃知古人於書籍，不惟雕鐫不苟，雖摹印亦不苟也。」項元汴《蕉窗九録》：「宋書紙堅刻輭，字畫如寫，用墨稀薄，雖着水溼燥無湮跡，開卷一種書香，自生異味。」孫從添《藏書記要》：「若果南北宋刻本，紙質羅紋不同，字畫刻手古勁而雅，墨氣香澹，紙色蒼潤，展卷便有驚人之處。」凡兹緒論，匪託空談，略舉前言，以爲左證。周密《志雅堂雜鈔》：「廖群玉諸書，皆以撫州萆鈔清江紙、油烟墨印造，所開韓、柳文尤精好。」王世貞《宋刻本漢書跋》：「余生平所購《周易》《禮經》《毛詩》《左傳》《史記》《三國志》《唐書》之類過三千餘卷，皆宋本精絶，最後班、范二《書》，尤爲諸本之冠。桑皮紙白潔如玉，四旁寬廣，字大者如錢，絶有歐、柳筆法，細書絲髮膚緻，墨色精純。」又《六臣注文選跋》：「余所見宋本《文選》亡慮數種，此本繕刻極精，紙用澄心堂，墨用奚氏，舊爲趙承旨所賞。」按撫州萆鈔今已不傳。所開韓、柳文原書猶存，紙至精美。桑皮質理堅緻，至今猶爲造紙良材。澄心堂爲江南李後主遺製，梅聖俞詩有「百金一枚」之語。油煙即宋世豔稱之蒲大韶墨。奚氏家居易水，世業造墨。唐時墨工有奚鼐、奚鼎、奚超，超後渡江，卜居宣、歙，爲李後主製墨，賜姓李氏。其子廷珪、廷寛、廷宴所製均有名，而廷珪爲尤著。據此可信其印造之精矣。其他有用椒紙者，天禄琳琅宋板《春秋經傳集解》後有木記：「淳熙三年八月十七日左廊司局内曹掌典秦玉楨等奏：聞壁經《春秋左傳》《國語》《史記》等多爲蠹魚傷牘，未敢備進上覽。奉勅用棗木椒紙各造十部，四年九月進覽。監造臣曹棟校梓，司局臣郭慶驗牘。」又有用鷄林紙者，張萱《疑耀》：「長睿得鷄林小紙一卷，書章草《急就》。」余嘗疑之，幸獲校秘閣書籍，每見宋板書多以官府文牒翻其背印以行，如《治平類篇》一部四十卷，皆元符二年及崇寧五年公私文牘牋啓之故紙也。其紙極堅厚，背面光澤如一，故可兩用。即余所見建陽刊本《六臣注文選》，墨光燦爛，捫之隆起，紙亦瑩潔無瑕，殆足與趙承旨本媲美。此亦可爲明證也。

四曰裝潢。《隋書·經籍志》：「秘閣之書爲三品，上品紅瑠璃軸，中品紺瑠璃軸，下品漆軸。」《舊唐書·經籍志》：「開元時，甲乙丙丁四部書各爲一部，庫書兩京各一本。其集賢院御書，經庫皆鈿白牙軸黄縹帶紅牙籤，史庫皆鈿青牙軸縹帶緑牙籤，子庫皆雕紫檀軸紫帶碧牙籤，集庫皆緑牙軸朱帶白牙籤，以分别之。」然此皆古寫卷子所用，而不宜於印本。張邦基《墨莊漫録》：「王洙原叔内翰嘗云，作書册粘葉爲上，久脱爛，苟不逸去，尋其次第，足可鈔録。屢得逸書，以此獲全。若縫繢，歲久斷絶，即難次序。初得董氏《繁露》數册，錯亂顛倒，伏讀歲餘，尋繹綴次，方稍完復，乃縫繢之弊也。嘗與宋宣獻談之，公悉令家所録者作粘法。予嘗見舊三館黄本書及白本書，皆作粘葉，上下欄界，皆界出于紙葉。後在高郵借孫莘老家書，亦作此法。又見錢穆父所蓄亦如是。多只用白紙作褾，黄紙作狹簽子，蓋前輩多用此法。」王氏所謂縫繢者，不知何如，惟粘葉法似即後來所稱之蝴蝶裝。張萱《疑耀》：「秘閣中所藏宋板書，皆如今制鄉會進呈試録，謂之蝴蝶裝。」其糊經數百年不脱落，宋人舊製，今猶有存者。其法以正書反摺向内，書口向外，板心齊疊，粘連護帙。翻閲之時，正如蝴蝶展開雙翅，與今之西洋書同式，特彼則紙厚雙面印，我則紙薄一面印耳。又有所謂旋風裝者，錢曾《讀書敏求記》：「《雲煙過眼録》云，焦達卿有吴彩鸞書《切韻》一卷。予從延令季氏曾覩其真蹟，逐葉翻看，展轉至末，仍合爲一卷。張邦基《墨莊》云旋風葉者即此，真歷代之奇寶，因悟古人『玉燮金題』之義。今季氏凌替，此卷歸之不知何人，世無有賞鑒其裝潢者，惜哉！」自綫裝行而以上諸式皆廢。孫從添嘗言，見宋刻本襯書紙，古人有用澄心堂紙，書面用宋箋者，亦有用墨箋洒金書面者，書簽用宋箋藏經紙、古色紙爲上。此即指綫裝書言，而宋本之珍貴，更可見一斑矣。

余喜蓄書，尤嗜宋刻，固重其去古未遠，亦愛其製作之精善，每一展玩，心曠神怡。余嘗言一國藝事之進退，與其政治之隆汙、民心之仁暴，有息息相通之理。況在書籍，爲國民智識之所寄託，爲古人千百年之所留貽。抱殘守缺，責在吾輩。友人潘君明訓，與余有同好，聞余言亦不以爲謬。每估人挾書登門求沽，輒就余考其真贗，評其高下。苟爲善本，重值勿吝，但非宋刻則不屑措意。十餘年來，旁蒐博採，駸駸與北楊南瞿相頡頏。因綜所得，輯爲《宋本書録》。既成，眎余。余嘗登寶禮之堂，縱觀所藏，琳琅滿目，如遊群玉之府。簿而録之，以詔來者，雖曰流略之緒餘，抑亦藝林之炳燭矣。雖然，今之爲是業者，藉口於推廣文化，謂出版之事，不惟其精而惟其廉。於是方寸之册，字盈億萬，紙麄墨垢，觸目生厭，裝製陋劣，轉瞬散落。而爲之者方翹然自號於衆曰，吾能爲賤鬻之書。嗚呼，此直剗滅文明而返於草昧之途耳！文化云乎哉？推廣云乎哉？余讀兹編，有感於懷，不知讀者視之，又作何感也。中華民國二十有八年二月一日，海鹽張元濟叙。

自序

余生也晚，又丁喪亂之後。少時入塾，挾童子書數册，他無所覯。顧嘗聞長者言吾粤筠清館吴氏、海山仙館潘氏、粤雅堂伍氏、持静齋丁氏、三十三萬卷樓孔氏藏書之盛，未嘗不爲之神往。稍長，來上海習賈，日與駔儈伍，思卒業童年未讀之書，且碌碌未逮。厥後獲交宜都楊惺吾、華陽王雪澂、吴興朱彊邨諸先生，目覩其琳琅之富，丹鉛之勤，則又竊竊焉羡之。楊、王二公邃於流録之學，飫聞緒論，粗有所獲。吾友甘翰臣偶得蜀刻《史記集解》半部，舉以相眎，精美奪目，入手不忍釋，於是慨然有收書之志。時項城寒雲公子卜居滬瀆，有友介以相見，兼攜宋刻《禮記正義》《公羊經傳解詁》二書至，自言資斧不給，欲以易錢。余方發願買書，亟如所需畀之。《禮記》者，宋南渡後三山黄唐所刊，舊藏曲阜孔氏，海内傳爲孤本。余適搆新居，落成之日，因顔曰「寶禮堂」以誌喜也。既幸其書之歸余，思爲之流通，募工撫刻以公諸世。剞劂甫竣，士林稱賞，遠近書估聞之，争挾其善本踵門炫售。寒雲蓄書美且富，自號爲「後百宋一廛」，情意既遷，漸萌厭倦，亦日斥其所藏以易其新嗜之物，其所儲善本歸余插架者什之六七。余有佞宋之癖，非天水佳槧，概從屏斥，於是百宋一廛之故物，由藝芸精舍而宜稼堂，而海源閣，而讀有用書齋者，均先後入於寶禮堂。二十年來，日積月累，綜其所得，亦略與蕘圃相埒。蕘圃生承平之世，文物休明，故家弆藏，時有轉徙。歷百餘年，迭遭兵燹，名編秘帙，多付劫灰。余生古人後，掇拾叢殘，引跂前塵，猶足方駕，詎不幸歟！吾國鐫印書本，泰西史家稱爲世界創獲之舉，即紙墨之精良，小道可觀，在七八百年前亦足誇耀寰宇。吾聞倫敦、巴黎、華盛頓諸圖書館，得彼時一二故籍，莫不什襲珍藏，視爲古代文化留貽之證。余以一手一足之力，能獲此數千百卷庋於一堂，國粹家珍，於焉斯寄。後之人倘能推余所以寶之之意永寶之，則尤余之大願也。中華民國紀元二十有七年秋日，南海潘宗周自序。

經部

周禮鄭注十二卷 五册

此合兩刊本爲一部，前後各六卷，後六卷附釋文。卷三末葉有「婺州市門巷唐宅刊」八字木記。此即岳倦翁《刊正九經三傳沿革例》所謂婺州舊本，海源閣楊氏有之，誇爲至寶。《楹書隅録》又引岳倦翁《沿革例》：「《秋官》『司寤氏掌夜時』注：『夜時謂夜晚早，若今甲乙至戊』，疏又以『甲、乙則早時，戊、亥則晚時』實其説，惟蜀本作『戊』字，竊謂『戊』字爲是」云云，謂婺州本正作「甲乙至戊」，稱爲「竇中之寶」。是本所配「戊」字已誤作「戊」，是後六卷遜於前六卷矣。

楊守敬跋　右宋槧本《周禮》，存《天官》《地官》《春官》六卷，《夏官》《秋官》《冬官》以附釋音本補之。不附釋音。避「敬」、「殷」、「貞」、「徵」、「玄」、「匡」、「竟」、「恒」、「桓」、「讓」等諱。第三卷後有「婺州市門巷唐宅刊」木記。大題在下，與唐石經合。第一卷末題經注字數。審其款式字體，雕印當在北宋末南宋初。舊爲周櫟園、宋牧仲所藏，有兩家印記。今在章碩卿大令處。敬於光緒丙戌冬十二月赴碩卿嘉魚縣署，出示此本，余驚爲秘笈，竭兩日力略爲校之。如《天官·太宰》「九兩」注「疾病相扶」，無「持」字。《小宰》「八成」注「貸子」不作「貸予」〔二〕。《膳夫》注「稍事謂非日中」，「謂」不作「爲」。《腊人》注各本因疏衍二十五字，此不衍，與嘉靖本合。《地官·遂師》、《遂大夫》不提行，以圍隔之。《地官·載師》注「其大夫」不作「上大夫」、「下大夫」。《媒氏》注「行苦」不作「行沽」。《遂師》「抱磿」不作「磨」。《遂大夫》注「鎡其」不作「鎡基」。《稻人》「芟夷」不作「荑」。《山虞》「柔刃」不作「忍」。《槁人》注「不與鰥人言者言其共至尊」，各本脱「者言」二字，岳本、嘉靖本遂改「其爲者而共至尊」，遂若不相接。又「潘瀾戔餘」，「戔」字偏右，據《釋文》，「戔」一本作「殘」，原刻必是「殘」字，挖去「歺」旁，今各本無作「殘」者，足見此本根源之古。《春官·世婦》注「亦用士人」不作「八人」。《司干》注「謂盾」不作「楯」。《大宗伯》注「五年而再殷祭」，「五」上無「率」字。「群神之兆」不作「群臣」。《肆師》注「匪以致饗」，「匪」字上空，原刻當是「篚」字，以經用古字、注用今字例之，則「篚」字是。《司尊彝》注「罍臣」不作「罍神」，「涚拭勺」不作「挩」。《大司樂》注「鳥獸蹌蹌」不作「鎗鎗」、「牄牄」，與《釋文》一本合。《小師》注「大予樂」不作「大子樂」，與《後漢書》注合。《典同》注「甄燿」不作「甄濯」，與賈疏合。《詛祝》注「鄭司農云載辭」，此本「云」字擠入，原刻無「云」字，則「載」爲「說」字之誤尚有迹可尋。《太史》注「厎日」不作「底」，「或爲汁」不作「叶」。《巾車》注「聲旦警衆」不作「聲且」。凡此皆一字千金。其他勝今本處不可勝紀，余已附校語，籤帖於書眉。按《周禮》宋本今存於世者，惟余仁仲萬卷堂本、相臺岳氏本及錢保敬所藏殘本，然皆附釋音者。其不附釋音，唯明嘉靖繙宋本爲最佳。今以此本照之，十九與之合，間有勝嘉靖本者，余、岳二本遠不逮也。此雖殘本，若能並所補釋音翻雕餉世，誠經學鴻寶也。碩卿其有意乎？書以俟之。宜都楊守敬記。

又跋　右附釋音本《周禮》鄭注，亦周櫟園、宋牧仲所藏。存《夏官》、《秋官》、《冬官》六卷，蓋以補前六卷不附釋音本者。版式四周雙邊，當爲南宋之初刊本。北宋本無四周雙邊者。粗校一過，大抵與余仁仲萬卷堂本、相臺岳氏本互有出入，亦間有誤字，不及前本根源之古，而遠勝於十行、閩、監、毛注疏本。古本日亡，得此以證余本、岳本之源流，又足見十行、閩、監、毛誤字之所自，亦經學之瓌寶也。光緒丙戌十二月十三日，宜都楊守敬記於嘉魚官廨。

此本標題亦與唐石經合，獨《冬官・考工記》鄭氏注下標「陸氏釋文」四字與前數卷不一律，當是坊賈所爲。避諱之字亦時有出入，不避「殷」、「貞」、「徵」等字。故知決非官本也。同日守敬又記。

按：《秋官・大行人》「歲相問也，殷相聘也」句，「殷」字亦缺末筆。

版式　首行題「周禮卷第幾」。卷分上下，上卷次行題「某官某某第幾」，下卷次行題「某官某某」，下隔三字或六字題「周禮」，又隔二字或四字題「鄭氏注」。前六卷半葉十三行，行二十五六字，小注三十五字。左右雙闌，版心白口，單魚尾。書名題「周禮幾」，葉號下間記字數，並記刻工姓名。後六卷半葉十一行，行二十一二字不等，大小字同。四周雙闌，版心白口，雙魚尾。書名題「周禮幾」，上記字數，大小分記，下記刻工姓名。

刻工姓名　前六卷有王珍、沈亨、高三、徐林、余竑、李才、卓宥諸人，餘爲王、正、徐、才、李、三、光、卓、仲、元、珪、丁各單字。後六卷僅有張惲一人，餘爲同、卜、張、文、吕、王、鼎、合、遇、陳、譽、辰、宏、吴、申、劉、震各單字。

宋諱　前六卷玄、眩、弦、敬、警、殷、匡、筐、恒、貞、頳、徵、讓、樹、豎、桓、完等字闕筆，後六卷僅避殷、玄、弦、匡、筐、恒、貞、桓、慎等字。

藏印 「周櫟園藏書印」、「商丘宋犖收藏善本」、「臣筠」、「三晉提刑」、「緯蕭艸堂藏書記」

〔一〕小宰八成注 「注」字原無，依上下文意並據《周禮》鄭注加。下文「小師注大予樂」之「注」字同此處理。

周禮鄭注十二卷 十二册

是本附陸德明《釋文》。正字均黑地白文，讀音圈發，兼分句讀，蓋當日書塾之讀本。間有訛字，如「稼」誤「嫁」，「帥」誤「師」，「獲」誤「穫」，「苦」誤「若」，「弊」誤「幣」，時一遇之，坊刻偶疏，無足怪也。

費念慈題 光緒壬辰閏六月，武進費念慈叚讀校於士禮居黄氏本上。同時所見單注本，一爲繆炎之前輩藏巾箱本，有重言無重意；一爲傳是樓藏纂圖互注本，槧印絶精，爲宗室伯羲前輩所得；一爲北宋婺州本，止餘六卷，《腊人》下疏語兩條尚未誤衍入注，前明嘉靖間《三禮》合刻本所從出。章碩卿故物，今不知誰屬矣。與此而四。此本失序跋，無刻書年月，避宋諱極謹，皆加墨圍。以行款考之，當是南宋建本。䛕亭師於辛卯夏得於京師，命題數字，因并近日所見牽連及之。癸巳四月十一日，念慈記。

版式　卷首第一行題「周禮卷第一」。第二、三行低二格題「唐國子博士贈齊州刺史吳縣開國男陸德明釋文附」。第四行頂格「天官冢宰第一」，隔七字題「鄭氏注」。第五行低二格有釋文小注十三字。餘十一卷首行題「周禮卷第幾」，次行上卷「某官某某第幾」，下卷「某官某某下」。半葉十行，行十九字。小注雙行，行二十三字。四周雙闌，版心細黑口，單魚尾。書名題「周幾」，上間記大小字數，下記刻工姓名。

刻工姓名　有仲甫、江成、應成、李元明、蔡昇、彦通、劉丁七人。

宋諱　朗、殷、匡、胤、恒、楨、貞、讓、桓、狟、完、慎、敦等字闕筆並加圓圍。又玄、弦、縣、弘、筐、赬、徵、豎、樹、丸、莞、冓、溝、遘、鉤、覆等字僅加圓圍不闕筆。又「戚」字同此，却罕見。

儀禮要義五十卷　二十四册

宋魏了翁撰。方回跋了翁所撰《周易集義》，謂了翁權工部侍郎，以忤時相謫靖州，取諸經注疏，摘爲《要義》。所撰者爲《周易》、《尚書》、《毛詩》、《周禮》、《儀禮》、《禮記》、《春秋》、《論語》、《孟子》，所謂「九經要義」是也。明萬曆中，張萱《重編内閣書目》僅存《周易》二册，《尚書》一册，《儀禮》七册，《禮記》三册，《春秋》、《論語》、《孟子》各二册。清乾隆修《四庫全書》，著録者四種，曰《周易》，曰《尚書》，曰《儀禮》，曰《春秋》，阮文達謂均出天一閣鈔本。涵芬樓藏宋刻《周易》、《禮記》二種，比已影印行世。曩聞宋刻《毛詩要義》藏豐順丁氏，散出後估人曾持至余家，諧價未成，至今惜之。是書舊藏藝芸精舍汪氏、宜稼堂郁氏。其卷一至五、卷二十五至二十八、卷四十一至四十三係抄配，餘均宋時原刻。《四庫總目》稱其「分臚綱目，條理秩然」，又云「《儀禮》之訓詁備於鄭、賈之所説，鄭、賈之精華備於此書之所取」，展卷讀之，良非過譽。庫本採自吳玉墀家，與文達所言不同，蓋即《浙江採集遺書總録》所進之瓶花齋寫本。當年天府蒐羅尚未能獲得宋槧，而今竟歸余插架，寧不可謂一時幸事耶！

版式　半葉九行，行十七八字。左右雙闌，上闌外每節各有標目。版心白口，雙魚尾。書名題「儀禮要義幾」、「儀禮要幾」。「儀」或作「仪」，「義」或作「乂」。上記字數，下記刻工姓名。

刻工姓名　于文、余子文、余文、元吉、季清、汪思中、金時亨、時亨、文茂、余明、游安、程仁壽、仁壽、有成、官寧、余才、程成、安茂、汝能、季升、德顯、吴宣、魏万、張京、時中、君戈、唐發、劉惠老、子章、汪宜、程庋、王杞，又有元、成、唐、方、祥、禮、仁、晟、熊、杞、桂、山、宜、胡、君、庋、宣、京、安、共、程、明、鍾、游、金、今、昰、劉、全、余、王、汪、之、吴、官各單字。

宋諱　玄、鉉、殷、匡、筐、恒、貞、桓、敦等字闕筆。

藏印　「汪印士鐘」、「閬源真賞」、「郁印松年」、「泰峰」、「宜稼」

禮記鄭注殘本　九册

存《月令》、《曾子問》、《文王世子》、《禮運》、《禮器》、《郊特牲》、《内則》、《學記》、《樂記》、《雜記》、《喪大記》、《喪服大記》、《祭法》、《祭義》、《祭統》、《經解》、《哀公問》、《仲尼燕居》、《孔子閒居》、《坊記》二十篇，凡九卷。宋諱避至「桓」字，當刊於北宋之末。然有全葉覆刊者，有中幅剜補數行者。其原刊各葉，筆意渾厚，饒有北宋典型。至補覆之葉，則稜角峭厲，確爲南宋無疑，固不能僅以避諱有無定之也。每葉紙背均有「張康」二字小印，當爲造紙者姓名。古色古香，堪稱珍秘。《禮記》鄭注愛日精廬有蜀大字本，天禄琳琅有余仁仲本，陽城張氏有撫州公使庫本，與此皆不同，今不知飄零何所矣。

黄丕烈跋　此殘宋本《禮記》鄭氏注五至八、十一至十九，共九卷，予得於任蔣橋顧月槎家。偶取《月令》與他本相對，注中「耒耕之上曲也」，「耕」皆誤爲「耜」，惟此不誤，乃知其佳。碌碌未及全校，恐破爛不完之物後人視爲廢紙，故先加裝潢，藏諸士禮居中，稍暇當校勘一過。宋本《禮記》惟故人顧抱冲小讀書堆有全本，《曾子問》中多「周人卒哭而致事」句，定爲太平興國本。又有殘本，先係顧懷芳物，曾從借來，校於惠松崖所校明刻鄭注本上。内《曲禮》「石惡」一條，足正諸本之誤，今歸于抱冲。此外未見有宋本也。書此以見殘編斷簡亦足珍惜云。嘉慶二年歲在丁巳孟冬月五日，黄丕烈書于士禮居。

又跋　丙子季夏，檢點群經及此。抱冲已於丁巳年作古，其所藏宋本《禮記》經注全者，係宋時撫州本，陽城張古餘守江寧，介抱冲從弟影寫付刊，外間頗多傳布。惜千里作《考證》，未及將抱冲所歸顧懷芳家殘宋本、余家所藏殘宋本一取證耳。時長孫美鏐侍，因舉《禮記》諸宋本源流示之。復翁記。

右見卷十五末葉。

韓應陛題　嘉慶二年丁巳，由顧月槎家轉入士禮居黄氏。咸豐丁巳，又由汪轉入鄙人家。首尾六十年，所知者已閲四姓。其由此轉入他處，不知又在何年。古書流傳，非藏於己者之爲秘，而得者知其善而傳播之者之爲公。今後不乏藏書家，當不以予言爲不然也。戊午十月二十四日，應陛。

右刻於書櫝。

版式　半葉十行，行十六七字。小注雙行，行二十三字。左右雙闌，版心白口，單魚尾。書名題「禮記幾」，下記刻工姓名。

刻工姓名　可見者有吴亮、孫勉、徐定、王受、牛實、毛諒、徐高、宋俅、徐舉、徐彦、江通、董昕、陳迎、丁圭、丁珪、毛東、陳錫、梁濟、陳彦、陳洵、吕堅、余竑、王珍、徐諒、包正、包政、吴世榮、張世榮諸人。

宋諱　玄、弦、敬、警、驚、竟、殷、弘、匡、筐、恒、峘、貞、徵、讓、樹、桓等字闕筆。

藏印　「長州顧仁效水東館收臧圖籍私印」、「汪士鐘讀書」、「趙宋本」、「墨樵裝潢」

禮記鄭注殘本　一册

此爲附釋音、重言、重意《禮記》鄭氏注，存第十六《中庸》、第十九《大學》各一卷。書估無識，將卷首第一行書名剜去，僞作《大學》《中庸》完本，可哂也。

版式　半葉八行，行十六字。小注雙行，字數同。横六公分弱，縱八公分弱。左右雙闌，版心白口，雙魚尾。書名題「記幾」。

刻工姓名　有賈、共、召、吴四單字。

宋諱　恒、禎、敦三字闕筆。

藏印　「仁齋氏寶藏書畫記」、「覃谿鑑藏」、「思敬堂書畫印」

京本點校附音重言重意互注禮記殘本　一册

存《郊特牲》、《内則》二篇。《郊特牲》篇中「薄社北牖」，「牖」不作「牖」。「埽地而祭」，「埽」不作「掃」。《内則》篇中「笄總衣紳」，「總」不作「緫」。「旨甘柔滑」不脱「柔」字。「不敢唾洟」，「洟」不作「咦」。「夾囟曰角」，「囟」不作「囱」。「以禮見問」，「見」不作「則」。此皆勝於時本之處，殘珪斷璧固可寶也。

版式　書本高十二公分弱，全葉廣十七公分。首行書名，次行篇名。又次陸氏《釋文》，雙行小字。又次低三格題「禮記」，隔八字題「鄭氏注」，讀音圈發，並加句讀。重言、重意互注，標題均黑地白文，附音以圈隔之。半葉十一行，行十九字。四周雙闌，版心細黑口，雙魚尾。書名題「已八」二字。左闌外有耳題篇名。

宋諱　恒、桓、慎三字闕筆。

禮記正義七十卷　四十册

往余校刊是書時，以惠定宇所校宋本與《考文》多有不合，定爲兩本，嘗以所見跋附卷末。按《考文》所據宋刊《禮記正義》藏日本足利學，至今猶存。余友張君菊生曾往展閲，歸後語余，確爲黄唐刊本。其與是本有不合者，爲原版、補版之别，即同一補版亦有先後之殊。其書法端凝、筆意渾厚者，當爲最初刊本。補刊較早者，字體雖尚方嚴，而鐫法已露稜角。再後則用筆纖弱，鋟刻粗率，與初版相較，截然不同。余詳加檢校，原刊之葉，版心均記刻工姓名，而記字數者甚少。補刊之葉則刻工姓名與字數互有完闕。因以所記刻工姓名區爲兩類，不能謂一無淆混，然大致當不誤也。阮文達《校勘記》謂是七十卷本，爲惠氏校汲古閣所據，先爲吴中吴泰來家所藏，後歸於曲阜孔氏，陳仲魚亦有是言。其後由孔氏入於意園盛氏，盛氏書多爲景樸孫所攫，卷内有「孔繼涵」及「小如庵」印記，其授受本末甚明，惟絶無「璜川書屋」印記。吴志忠《璜川吴氏經學叢書緣起》有云：「是時載酒問奇而來者，如惠松崖徵君輩，盡吴下知名士。」又云：「書籍之散逸，若北宋本《禮記》單疏，今歸曲阜孔氏。」然則惠跋所謂北宋本者，或即志忠所云之單疏，而非此經注合刻之《正義》。《禮記》單疏殘本近由涵芬樓覆印行世，余取與惠校對勘，亦有合有不合。惟僅存最後八卷，窺豹一斑，難概其全，豈此之八卷與吴氏所藏亦有原版、補版之别耶？姑識於此，以待後之讀者。

本書後序及銜名世所罕見，特録於左：

《六經疏義》自京監、蜀本皆省正文及注，又篇章散亂，覽者病焉。本司舊刊《易》、《書》、《周禮》，正經注疏萃見一書，便於披繹，他經獨闕。紹熙辛亥仲冬，唐備員司庾，遂取《毛詩》、《禮記》疏義，如前三經編彙，精加讎正，用鋟諸木，庶廣前人之所未備。乃若《春秋》一經，顧力未暇，姑以貽同志云。壬子秋八月，三山黄唐謹識。

進士　傅伯膺

進士　陳克己

應賢良方正直言極諫科　莊治

修職郎紹興府會稽縣主簿　高似孫
修職郎監紹興府三江錢清曹娥鹽場管押袋鹽　李日嚴
迪功郎充紹興府府學教授　陳自強
文林郎前台州州學教授　張澤
從事郎兩浙東路安撫司幹辦公事　留駿

校正官

宣教郎兩浙東路提舉常平司幹辦公事　李深
通直郎兩浙東路提舉茶鹽司幹辦公事　王汾
朝請郎提舉兩浙東路常平茶鹽公事　黄唐

版式　每卷首行題「禮記正義卷第幾」，獨第二十六卷作「禮記注疏」。次三兩行題「國子祭酒上護軍曲阜縣開國子臣孔穎達奉敕撰」。半葉八行，行十六字，間有少至十四字、多至二十一字者。小注雙行，行二十一、二字，多或至二十六、七字。卷首孔穎達序，半葉十二行，行二十字。左右雙闌，版心白口，單魚尾。書名題「禮記義幾」，有若干葉作「禮記正義」、「禮記幾」，惟第二十六卷前四葉作「禮疏」耳。卷二第十一二葉、卷三第二十葉、卷十九第十八葉、卷二十八第八葉、卷四十一第二十一葉、卷四十六第三葉均鈔配。又卷四十六第十三葉闕誤，以他葉配入。

刻工姓名　馬林、馬祖、馬松、馬祐、馬春、毛俊、毛端、葛昌、葛異、方伯祐、方堅、徐仁、徐宥、徐進、徐通、王佐、王允、王恭、王宗、王茂、王椿、王祐、王祜、王示、王壽、李憲、李師正、李涓、李彥、李仁、李光祖、李良、李倚、李信、李用、李忠、李成、周全、周泉、周彥、周珍、高彥、高政、高文、高異、許貴、許才、許詠、許富、陳彥、陳文、陳顯、陳真、陳又、施俊、施珍、蔣伸、蔣信、蔣暉、張昇、張樞、張暉、張榮、吳寶、吳宗、吳志、金彥、金昇、翁祥、翁祐、賈祐、賈祚、鄭復、鄭彬、宋瑜、宋琳、朱渙、朱周、顧永、顧澄、陶彥、包端、趙通、魏奇、應俊、陸訓、楊昌、濮宣、阮祐、章東、童志、余政、姜仲、嚴信、丁拱、孫新、劉昭、沈珍、求裕，又有宣、彬、宗、春四單字。以上見於原刊之葉。　楊來、楊明、楊潤、徐囦、徐珙、徐榮、徐良、徐泳、徐珣、茅化、茅文龍、朱文、朱子文、子文、朱輝、朱春、王全、王壽三、王六、王禧、王智、王渙、王桂、洪福、洪來、吴洪、吴祥、吴文昌、蔣榮、蔣佛老、陳琇、陳政、陳新、陳邦卿、陳万二、万二、陳思義、陳允升、鄭埜、鄭閏、何鎮、何亶、何慶、文昌、文玉、范華、范堅、李茂、李德英、李庚、李閏、葛辛、葛弗一、葛一、張珍、張佺、張阿狗、俞聲、俞榮、石山、石宔、占讓、占德潤、德潤、孫開一、孫春、孫斌、沈祥、沈貴、高諒、高宗二、任昌、金文榮、許忠、黄亨、毛文、章文、胡昶、趙遇春、丁銓、劉仁、艮富、錢裕、婁正、麦茂、曹榮、史伯恭、周鼎、繆珍、弓華、祝明、熊道瓊、董用、龐万五、永昌友、山用之、盛久、大用、可山,又有徐、韋、文、沈、杞、徐、山、趙、火、史、胡、柳、鎮、斗、費、姚、何、馬、系、秦、劉、錢、仲、圭、政、滕、楊、東、景、陳、褚、成、厖、俞、永、桂、蘇、國、才、麦、寧、貴、石、元、王、霍、壽、仁、金、陶、尤各單字。以上見於補刊之葉。

宋諱　玄、絃、弦、眩、鮌、縣、頫、敬、警、驚、竟、鏡、弘、殷、匡、筐、胤、炅、恒、禎、貞、偵、赬、徵、讓、署、樹、豎、頊、朂、桓、完、構、搆、媾、購、韝、雊、慎、蜃、惇、敦等字闕筆。

藏印　「季振宜字詵兮號滄葦」、「季印振宜」、「滄葦」、「御史之章」、「北平孫氏」、「孔繼涵」、「誦孟」

春秋經傳集解三十卷　三十册

卷首杜序,序後爲《春秋總要》,題「鴻臚少卿李厚進」,此爲他本所未載。《總要》後爲《春秋紀年》,卷末又有杜氏後序。宋諱避至「敦」字,當刊於光宗之世。書法遒勁,紙墨俱精，可稱南宋佳槧。惜間有訛奪，僖九年《傳》「人之欲善，誰不如我」，「誰」誤作「雖」。又十五年《傳》「不如殺之，無聚慝焉」，脱「之」字。又二十二年《傳》「明恥教戰，求殺敵也」，「恥」誤作「忒」。又二十三年《傳》「懷與安實敗名」，「與」誤作「其」。又二十五年《傳》「未有代德而有二王」，「代」誤作「伐」。又二十八年《傳》「我曲楚直，其衆素飽」，「我」誤作「爲」。宣十二年《傳》「命以軍帥，而卒以非夫」，上「以」誤作「有」。成十八年《傳》「季文子問師數於臧武仲」，脱「數」字。襄二年《傳》「鄭師侵宋」，「師」誤作「伯」。又九年《傳》「是故味爲鶉火，心爲大火」，「故」誤作「知」。又十年《傳》「爾車非禮也，遂弗使獻」，「弗使」誤作「使弗」。又二十七年《經》「冬十有二月乙亥朔，日有食之」，「亥」誤作「卯」。昭五年《傳》「享覜有璋」，「覜」誤作「頫」。瑜不掩瑕，微有憾耳。

版式　卷首首行題「春秋序」，第二、三行題「唐國子博士兼太子中允贈齊州刺史吴縣開國男陸德明釋文附」，第四行釋文小注。每卷首行題「春秋經傳集解某謚第幾」，無「公」字，有數卷「謚」下增上、下或上、中、下或元、二、三等字。次行低一格釋文，小注雙行。無釋文則直接「杜氏」或「杜氏注」、「盡幾年」，其間上下距離，疏密無定。卷末書名前後有經傳若干字、注若干字、音義若干字，凡三行。半葉八行，行十六字。小注雙行，行二十一字。四周雙闌，版心細黑口，單魚尾。書名署「左幾」、「秋幾」、「禾幾」、「火幾」，左闌外有耳題「某公幾年」，一葉兼跨二年者，則左右雙耳。

宋諱　玄、弦、驚、弘、匡、筐、恒、禎、楨、貞、徵、戌、桓、完、構、媾、慎、敦等字闕筆。

藏印　「季印振宜」、「滄葦」、「御史之章」、「季振宜讀書」、「乾學」、「徐健庵」、「吴士讓印」

纂圖互注春秋經傳集解三十卷　八册

是本前後序、《春秋紀年》並分卷，均與前書同。所增者有《春秋諸國地理圖》、《歷代列國世次》、《春秋名號歸一圖》、《諸侯興廢》、《春秋總例》、《春秋始終》。宋諱避至「敦」字。審其書法、鐫工，當比前書稍晚，然亦不出光宗之世。《春秋紀年》後有「龍山書院圖書之寶」木記一方。

版式　每卷首行題「纂圖互注春秋經傳集解某謚第幾」，無「公」字。次釋文，雙行小注。次「杜氏」、「盡幾年」等字，或聯遞直下，或分列三行。半葉十二行，行二十一至二十四字，小字二十五。但《名號歸一圖》以下四種則半葉減一行，字數亦參差無定。左右雙闌，版心細黑口，雙魚尾，上間記字數。書名題「春幾」、「秋記幾」、「火幾」、「左幾」，左有書耳，首某公年數，次卷數，次葉數。

宋諱　弦、匡、筐、恒、貞、讓、戌、頊、桓、構、慎、敦等字闕筆。

藏印　「抱經樓」

附釋音春秋左傳注疏殘本　十五册

卷首孔序自言：「爲之正義，凡三十六卷。」宋慶元中沈作賓與《集解》合刻，分卷猶仍其舊。自刊者以釋音附入，遂析爲六十卷。其後李元陽本、國子監本、汲古閣本、武英殿本皆從之出。阮文達撰《校勘記》稱，爲南宋雕版六十卷中最善之本，惟所見者其修補之版已至明末。是本全爲宋刻，序後有「建安劉叔剛父鋟梓」八字牌記，上有鼎形印二，分刊「桂軒」、「藏書」四字。下右爵形印一，刊「敬齋」二字。左琴形印一，刊「高山流水」四字。此爲建安坊本程式。文字略有漫漶，然點畫均可辨認，惜僅存前二十九卷。按岳珂《刊正九經三傳沿革例》云，唐石本、晉銅版本、舊新監本、蜀諸本與他善本止刊古注，若釋音則自爲一書，難檢尋而易差誤。建本、蜀中本則附音於注文之下。又云《左傳》僖二十三年

「懷與安實敗名」，建本及諸俗本多作「懷其安」。又僖三十年「若不闕秦將焉取之」，諸本多無「若」字與「將」字，建上諸本則有之。是本正作「懷其安」，且有「若」字與「將」字。其他所指在此二十九卷中者，亦無違忤，是即爲岳氏所見之建本無疑。間有補刊之葉，審其筆法、鋟工，猶有宋人風格。獨卷二十五末葉字體不同，且版心有刻工「仁甫」二字。楊氏《楹書隅録》謂此書宋末有翻刻本，豈即此本耶？存之以待後考。

版式　卷一杜氏序。書名次行題「國子祭酒上護軍曲阜縣開國子臣孔穎達奉勑撰」，第四行題「國子博士兼太子中允贈齊州刺史吴縣開國男臣陸德明釋文」。以下各卷僅於次行題「杜氏注，孔穎達疏」。孔序半葉九行，行十五字。餘均十行，行十九字。注疏雙行，行二十三字，行皆頂格。經傳下載注，不標「注」字。正義上則冠一墨圍大「疏」字。左右雙闌，版心細黑口，雙魚尾，上間記字數。書名題「秋㐬幾」、「火㐬幾」、「秋幾」、「㐬幾」，左闌外書耳題「某公幾」。

宋諱　玄、炫、弘、殷、匡、筐、恒、禎、楨、貞、戌、勗、桓、垣、覯、慎、惇、敦、珽等字闕筆。

藏印　「史氏家傳翰院收藏書畫圖章」、「毛褒之印」、「華伯氏」、「皇次子章」、「養正書屋珍藏」、「兼牧堂書畫記」、「謙牧堂藏書記」

春秋公羊經傳解詁十二卷　四册

《公羊注疏》傳者均二十八卷，此分十二卷，猶是唐石經之舊第。卷首漢司空掾任城樊何休序，序後有紹熙辛亥建安余仁仲刊版題識六行，略謂《公羊》、《穀梁》二書苦無善本，謹以家藏監本及江浙諸處官本參校，頗加釐正云云。《穀梁傳》今鐵琴銅劍樓有余氏刊本，卷末題名與余仁仲同任校勘者有劉子庚、陳幾、張甫、陳應行諸人，其刊校之審慎可知。是本數卷末葉有署「余仁仲比校訖」者，雖無助校之人，然題識既有「參校釐正」之語，則亦非苟且從事，可以斷言。岳氏相臺書塾刊正《九經三傳》，《公》、《穀》二書均取建安余氏本〔二〕，蓋非無因。此在宋季已稱佳槧，況今日乎？清季揚州問禮堂汪氏曾以是本摹刻行世，卷中有汪喜孫印記，此必即其祖本。沉霾百餘年，今幸復出，完善如故，不可謂非神物之護持。惜卷六及十二末各闕一葉。

版式　每卷首行書名，題「某公第幾」。次行低五格或七格題「何休學」。卷末分記經、注、音義三項字數。卷一後有「余氏刊于萬卷堂」，卷二「余仁仲刊于家塾」，卷四、七、八暨十一「仁仲比校訖」各一行。半葉十一行，行十九字，何休序十八字。小注雙行，行二十七字。左右雙闌，版心細黑口，雙魚尾。書名題「公羊幾」，上記大小字數，亦有不記者。

宋諱　玄、弦、弘、泓、殷、匡、恒、貞、徵、桓、完、慎等字闕筆。

藏印　「季印振宜」、「季振宜讀書」、「滄葦」、「乾學」、「徐健庵」、「汪喜孫孟慈氏」、「伯雄秘笈」、「虚中印」

〔一〕建安余氏本　原文脱「安」字，據前文意補。

春秋公羊疏殘本　一册

唐人撰《九經》正義，其始皆别自單行，至南宋初與經注合刻，而單疏之存於世者絶鮮。錢竹汀先生得見《儀禮》、《爾雅》，謂爲人世希有之物。三四年來異書迭出，《周易》、《尚書》、《毛詩》、《禮記》正義均已先後印行。《禮記》殘逸較多，《毛詩》僅缺七卷，《易》、《書》二經乃爲完帙。《春秋左氏傳》東瀛梵刹有古寫本，張氏《詒經堂經解》所收有《穀梁傳》殘本，余於上海涵芬樓見之。凡此皆單疏也。吾輩生古人後，乃獲見古人未見之書，寧非至幸！而尤爲幸中之幸者，則余竟得此僅存孤本之《公羊疏》也。按《公羊疏》、《唐志》不載，《崇文總目》始著於録，謂「不著撰人名氏」、「或云徐彦」。董逌《廣川藏書志》亦云「世傳徐彦所作」。《四庫總目》據董氏説且定爲唐人。是本尚爲宋刻，存隱公二卷、桓公二卷、莊公三卷，總七卷，起隱公元年，訖莊公十二年「宋萬出奔陳」。卷首何休序解尚全存，卷二缺末葉、卷三缺前七葉、卷七缺第六及其後各葉，全書凡二十八卷，此僅存四分之一。阮文達撰《校勘記》，據何煌及惠定宇用宋刻校定之本。吴興嘉業堂劉氏依此覆刻，與阮氏《校勘記》讐對，頗有異同，則此爲何、惠兩氏所未見，雖爲殘帙，亦書林瓌寶已。

版式　半葉十五行，行自二十二至三十三字不等。每卷首行題「春秋公羊疏卷第幾」，隔數字又題「某公幾」，次行題「起幾年訖幾年」。左右雙闌，版心白口，單魚尾。書名題「公羊幾」，上記字數，下記刻工姓名。

刻工姓名　陳鎮、吴沛、鄭春、宋琚、朱光、李仲、余丑、張堅、徐儀、童遇、曹鼎、王禧、王介、王恭、王智、陳良、李祥、張富郊、良臣、天錫、劭夫、永昌、仲明。又有林、錢、劉、朱、沈、陳、馬、何、余、秦、滕、升、禮、祥、仁、杞、建、景各單字。

宋諱　敬、殷、恒、貞、桓、完等字闕筆。

春秋名號歸一圖二卷春秋二十國年表一卷春秋圖説不分卷 三册

《名號歸一圖》，蜀馮繼先撰。《年表》無撰人。陳氏《解題》、馬氏《通考》均著録。其初各自單行，岳珂彙刊《三傳》始併刻於後，復加校訂，詳見所著《相臺書塾刊正九經三傳沿革例》。其後刊《春秋經傳集解》者多沿之。《四庫提要》於《名號歸一圖》引《崇文總目》「官謚名字裒附初名之左」之言，謂「繼先舊本爲旁行斜上，如表譜之體，故以圖爲名」云云。是本所載名號均直行平列，非復繼先原稿，惟謂此與李燾所見舊本不同，爲珂所削改，則其説似未可信。阮仲猷種德堂所刊《春秋經傳集解》附刊此書。按阮書刊於孝宗淳熙三年，岳氏生於十年，則相臺刊正以前早已有改竄之本。《沿革例》稱《年表》「諸國君卒與立皆書，惟魯闕」，此並不闕，余頗疑岳氏據以刊正者别爲一本，惜其書今不可得見耳。《圖説》一册，前有杜氏序、《春秋諸國地理圖》、《春秋一百二十四國爵姓諸國地理》、《周王族諸氏魯齊晉衛宋楚陳蔡鄭吴曹莒虞虢諸國公族諸氏諸侯興廢》、《春秋總例》、《春秋始終》諸篇，又《春秋三家傳授圖》及《傳授次序》。此僅存第二葉，疑前有缺。以上諸種皆

《春秋經傳集解》所附刊者，惟阮文達所見淳熙本祇有《名號歸一圖》。又宋刻潛府劉氏本、阮仲猷本均附刊，視此亦互有增減，原無總目，無可比核，故散佚亦較易也。

版式　半葉十一行，行十八九字。左右雙闌，版心細黑口，雙魚尾，上間記字數。

宋諱　弦、弘、泓、匡、筐、恒、貞、讓、項、戌等字闕筆。

藏印　均僞造，不録。

春秋五禮例宗殘本　五册

宋吴興張大亨撰。陳氏《解題》、《宋史·藝文志》均十卷。大亨蓋不滿於杜預之《釋例》及陸淳所集之《啖趙春秋纂例》，乃依緝本文，通其乖舛，取春秋事蹟，以吉、凶、軍、賓、嘉五禮分類統貫，撰爲是書，以刊前人之誤。卷一吉禮，爲王正、即位（立附）、郊望、宗廟（視朔附）、雩；卷二凶禮上，爲王喪葬、内喪葬、外喪葬；卷三凶禮下，爲弑殺葬、災變；卷四軍禮一，爲伐救，附以附侵；卷五軍禮二，爲圍次、戰敗、克殺、取入、滅亡、遷潰、追戍、乞師、平成、軍賦、雜事附；卷六軍禮三，爲執（以降逃附）、放奔、入歸、納叛、盜，已上四門並附；卷七軍禮四，爲蒐狩、城（毀附）、興築（毀附）；卷八賓禮上，爲朝、聘、來、會、盟，胥命附；卷九賓禮下，爲遇、如至；卷十嘉禮，爲昏、歸脤、享、肆（眚附）。《四庫》著録謂諸家寫本均佚軍禮三卷。是爲宋刻，闕卷四軍禮一至卷六軍禮三，與《提要》所言正同。按諸家藏目，獨明《文淵閣書目》地字號第三廚下記一部一册完全，然不記卷數，且其書今亦不存。邵氏《四庫簡明目録標注》是書下注「昭文張氏有舊抄本十卷」，然《愛日精廬藏書志》書名下亦注「闕第四、五、六卷」，據此則世間已無完帙，且是刻實爲其祖本矣。

按是書久無刊本，惟吾粵伍氏刻入《粵雅堂叢書》，譚玉生先生爲之校訂，不言其所自出，疑所據必爲傳録之本。取與是本對勘，僅畢一卷而譌脱者已有二十字，想彼時必未獲覩是本也。今先附表於後，暇日當續成之。

卷葉	行	宋本	伍本
序一	前五	而又摘數端	「摘」誤「止」
	前八	謂之要例	「要」誤「妄」
	後三	因其人之美惡以推聖人之心	「人」字下脱「之」字、「以」字上衍「而」字
目一	前八	外喪葬	三字脱

	後六	克獲取入	脱「入」字
二	前四	城毀附	「毀」誤「墮」
一五	前六	則四時於是取正焉	脱「則」字
	前十一	三代之時不同	「三」字上衍「然而」二字
	前七	則周失班也	「周」誤「同」
六	前八	然彼不敢變亂	「彼」誤「後」
	後四	隱立之是非當自其身見之	「隱」字上衍「然」字、「當」字上衍「又」字
八	前六	康王既受圭飲齊	「飲」誤「斂」
十二	前七	故始虞之祝	「虞」誤「虔」
	後十	夫禘本其所自出	「夫」誤「大」
十三	後六	六年秋九月大雩	脱「秋」字
十四	後六	則災固害穀矣	「固」誤「因」
		而民容有不罹其害者	「容」誤「春」

版式　半葉十一行，行十九或二十字不等。左右雙闌，版心白口，單魚尾。書名題「春秋例宗幾」，下記刻工姓名。

刻工姓名　可辨者有丁珪、毛諫、朱明、徐杲、徐宗、黄常、陳洵、徐高諸人。

宋諱　昡、敬、匡、恒、徵、桓、完等字闕筆。

藏印　「乾學」、「徐健庵」、「周春」、「松靄」、「松靄藏書」、「太原喬松年收藏圖書」、「松年」、「鶴儕」、「御史中丞小司馬章」、「陳寶儉珍藏印」、「泉生」、「敬軒」、「甌舫」、「著書齋」、「宸翰」、「澹遠堂」、「子孫世昌」

春秋傳三十卷　十册

宋胡安國撰。《四庫》著録。《提要》引《玉海》載紹興五年四月詔徽猷閣待制胡安國經筵舊臣，令以所著《春秋傳》纂述成書進入。十年三月，書成上之，詔奬諭，除寶文閣直學士，賜銀幣。是安國此《傳》久已屬稿，自奉敕撰進，又覆訂五年而後成也。按本傳，高宗令纂修所著《春秋傳》在紹興五年，《進書表》則署紹興六年十二月。表文稱「昨奉聖旨纂修所著《春秋傳》，候書成進入。續奉聖旨令疾速投進」。若奉敕纂修在五年，至十年而後奏進，殊失「疾速」之義，成書之期自當從《表》以紹興六年爲合，《玉海》之言似未可信。按是本光宗嫌諱「惇」、「敦」、「憝」數字均不避，是必刊於孝宗之世。卷首原有安國自序，《述綱領》、《明類例》、《謹始例》、《叙傳授》四篇，《論名諱劄子》及《進書表》，此僅存《謹始例》之半及《叙傳授》一篇，餘均佚。

版式　首行題「春秋傳卷第幾」，次行低四格「某公上、中、下」。首卷第二、三行題「左朝散郎充徽猷閣待制提舉江州太平觀賜紫金魚袋臣胡安國奉聖旨纂修」，餘卷不載。半葉十四行，行二十六字。四周雙闌，版心白口，雙魚尾。書名題「胡春秋卷幾」、「胡春秋幾」、「春秋傳幾」、「春秋卷幾」、「春秋幾」、「春幾」。葉號下記字數及刻工姓名。

刻工姓名　有馬正、宋圭、宋林三人，餘爲升、琳、元、圭、林、宋各單字。

宋諱　玄、弦、殷、弘、泓、匡、胤、恒、禎、貞、懲、徵、讓、桓、慎等字闕筆。

九經正文八種　八册

宋巾箱本。存者《周易》、《尚書》、《毛詩》、《禮記》、《周禮》、《孝經》、《論語》、《孟子》八種。尚有《春秋左氏傳》，今已佚。密行細字，間有經文作雙行夾注者，必初刻訛脱，後經校正剜補者也。《天禄琳琅續目》九經俱全，未記行款，但云「音義皆附上方」。拜經樓吴氏藏本行款與此本同，其書後歸八千卷樓丁氏，丁氏《志》稱「上格標載音義」，則與天禄本正同。余嘗見其殘刻，正文版式與此無異，而字體板滯，絶無宋槧神采。且是本雙行併刻之字彼亦併刻，墨丁改爲空格，是必以此本上木而别於上闌增入音義，昔人指爲明靖江王府翻刻，以是證之，其説可信。季滄葦《書目》開卷首列是書，亦僅存八種，無《左氏傳》，注云「小版」。是本各册均鈐「季振宜讀書」小印，必即是書無疑。計《周易》二十二葉、《尚書》二十七葉、《毛詩》四十七葉、《禮記》九十三葉、《周禮》五十五葉、《孝經》三葉、《論語》分上下卷十七葉、《孟子》三十六葉。宋諱避至「惇」字，當爲光宗時刊本。盧抱經《書吴葵里所藏宋本白虎通後》云：「《九經》小字本，吾見南宋本已不如北宋本，明之錫山秦氏本又不如南宋本，今之翻秦本者，更不及焉。」所謂「北宋本」者，頗似指此本。所謂「南宋本」者，疑即明代覆刻、加注音義之本。然盧氏讀破萬卷，所見異書必多於吾輩，且未指明各本行款，余何敢謂其必無？姑懸以待訪可也。

版式　半葉二十一行，行二十七字。四周雙闌，版心細黑口，雙魚尾，上間記字數。書名題「易」、「書」、「詩」、「寺」、「記」、「禮」、「孝」、「侖」、「孟」等字，下記刻工姓名。

刻工姓名　有翁敬、蔡全、子敬、元德諸人，餘爲成、德、進、万、子、元、章、才、敬、公、熊、晟、忠、全、翁各單字。有若干葉記「刊换某某版」，檢所换之葉均爲元德、元章、劉才、子万四人之版。元德爲當時刻工之一，其他三人亦皆名列單字之輩，何以版甫刻成便即更换，殊爲可異。

宋諱　玄、弦、泫、殷、匡、筐、恒、峘、禎、貞、楨、赬、偵、徵、讓、豎、桓、完、垸、構、遘、媾、篝、慎、惇、敦等字闕筆。

藏印　「王叔紀氏」、「季振宜讀書」

孟子注疏解經殘本　二册

是疏爲後人僞托，世不之重。此爲浙東所刻，尚是最初刊本，與余所藏黄唐刊本《禮記正義》行款相合，刻工姓名同者亦多。《禮記》刻於紹熙二年，成於三年，此避「擴」、「廓」等字，必爲寧宗繼位以後所刻。然余嘗見沈作賓所刊《春秋正義》，刻工亦有相同者，則不能定其爲誰氏所刻矣。惜僅存卷三、四，上下俱全。

版式　卷之首行題「孟子注疏解卷第幾上下」，次行「公孫丑章句上下」、「孫奭疏」，三行低二格「趙氏注」，此唯卷第三上爲然，餘三卷均列第二行「章句」下。半葉八行，行十六字。小注雙行，行二十二字。左右雙闌，版心白口，單魚尾。書名題「孟子注疏幾上、幾下」，下記刻工姓名。

刻工姓名　許貴、許成之、徐仁、顧祐、毛俊、丁之才、許詠、李彦、吴宥、張亨、楊昌、宋瑜、沈思忠、金濳、洪坦、李信、許文、李林明。又有毛、鄭、詠、仁數單字。

宋諱　此二卷中玄、懸、匡、讓、戍、桓、慎、敦、擴、廓等字闕筆。

論語集注十卷孟子集注十四卷 十二册

朱子撰。原爲《四書》，《大學》、《中庸》已散佚。此僅存《論》、《孟》二種，《論語》十卷、《孟子》十四卷。《四庫》著録《孟子》七卷，所據爲通行本，故不同。是本字句與通行本異者，《論語》如《述而》「與其進也」節，未據錯簡改。《鄉黨》「没堦趨翼如也」，「趨」下無「進」字，與陸氏注合。「入大廟」，「大」不作「太」，與唐石經合。《子路》「冉子退朝」，「子」不作「有」。《陽貨》「惟上知與下愚不移」，「惟」不作「唯」。「鍾鼓云乎哉」，「鍾」不作「鐘」。《孟子·梁惠王上》「吾惛不能進於是矣」，「惛」不作「惽」。《梁惠王下》「今之

樂猶古之樂也」，「猶」不作「由」。「古公亶甫」，「甫」不作「父」。此三字均與宋石經合。《公孫丑上》「思以一豪挫於人」，「豪」不作「毫」。「則塞於天地之間」，「於」不作「乎」。《公孫丑下》「吾聞之君子不以天下儉其親」，「之」下無「也」字。《滕文公上》「其命惟新」，「惟」不作「維」。「井地不鈞」，「鈞」不作「均」。此二字亦與宋石經合。《滕文公下》「有攸不惟臣」，「惟」不作「爲」。「此率禽獸而食人也」，「率」下不脱「禽」字。《離婁上》「事在易而求之難」，「之」不作「諸」。《告子上》「則其小者弗能奪也」，「弗」不作「不」。《盡心上》「見且由不得亟」，「由」不作「猶」。「無不知愛其親者」，「者」不作「也」。「足以無飢矣」，「足」不作「可」。《盡心下》「亦不殞厥問」，「殞」不作「隕」。「來者不距」，「距」不作「拒」。「萬子曰一鄉皆稱原人焉」，「子」不作「章」。凡此皆與諸舊本相合。其注中文字與時本異同尤多，不能盡舉。宋諱「敦」、「廓」等字均不避，是必刻於孝宗之世。按《朱子年譜》：光宗紹熙元年庚戌，「刊四經四子書於郡」。是年四月，文公抵漳州新任。書刻於漳郡，必在四月以後，時光宗嗣位已踰一年，功令煌煌，御名不容不避，故知此決非刻於漳郡之本。又《年譜》：「淳熙四年丁酉夏六月，《論孟集注或問》成。」四子書人所必讀，文公名滿天下，每成一書，人人樂爲鋟梓，故書肆有竊刊《或問》者，文公請於縣官追索其版。又《己酉後語録》:「《論語集注》蓋某十年前本，爲朋友傳去，鄉人遂不告而刊。及知覺，則已分裂四出而不可收矣」云云。是必書成之後爲他人所竊刊，與《集注或問》事同一例，或即在所云己酉十年之前，故不避光宗之諱。即以此爲是書之最初刊本，無不可也。卷首有《讀論語孟子法》。兩書各有序説。

版式　每卷首題「論語卷第幾」，下二格「朱熹集注」，次行低二格篇名第幾，又次行低半字小注，爲本篇大旨或章數。正文每章首行上加空圈，次行頂格，讀音注本節下，注低一格。引他家注各以圈別之。《孟子》同。惟次行篇名下題「章句上下」。半葉七行，行十二字。小注雙行，行十六字。左右雙闌，版心細黑口，雙魚尾。《論語》偶記字數。書名題「論語已幾」、「論語幾」、「侖吾已幾」、「侖吾幾」、「侖已幾」、「侖幾」、「吾已幾」、「吾幾」、「已吾幾」、「孟子已幾」、「孟已幾」、「孟幾」、「子已幾」、「子幾」。

宋諱　匡、恒、徵、讓、桓、構、搆、彀、慎等字闕筆。

藏印　「歸有光印」、「南陽居士」、「百柳塘主人」、「廔見亭讀弌過」、「嫏嬛妙境」

大廣益會玉篇殘本　一册

首大中祥符六年牒，次顧野王序，次進書啓，次刊書人自撰總目偏旁篆書之法，次總目。正文存卷一至玉部止。

趙撝叔跋　右宋《玉篇》殘本，凡二十八葉。起卷首，迄玉部之半止。序之前有大中祥符六年牒，部目之前有總目偏旁篆書法，爲各本所無。其緣起有「予於總目必引篆書冠之」語，乃刻書者自加，非本有也。且其所作篆文大都鄉壁虚造，乖謬之至，甚者則「堊」之作「[illegible]」，「囟」之作「[illegible]」，「夲」之作「[illegible]」，「录」之作「[illegible]」，直不知文字者所爲。他如「[illegible]」作「[illegible]」，「[illegible]」作「[illegible]」，「[illegible]」作「[illegible]」，「[illegible]」作「[illegible]」，「[illegible]」作「[illegible]」，「[illegible]」作「[illegible]」，「[illegible]」作「[illegible]」，皆屬妄作。其餘筆畫小變而失旨者不勝糾，此篆目不足信也。《玉篇》分部次序原本《説文》，附益滋多，間有移易，然其旨尚不大悖前人。此本自示部以下次第傎倒，大率視字數多寡任意排類，以便俗工之寫樣，更無足取。且如二部「[illegible]」字，各本皆同，此獨作「亘」。「恒」之古文「死」，此又作「歹」。豈惟「二」、「匚」不分，抑亦不成字體。玉部「故君子貴之也」，此本作「君子貢之也」，顯係誤字。「璿」下引「卷山之寶」，「卷山」《穆傳》作「春山」，各本作「春山」，「春」、「春」形近，「卷」則遠矣。「珉」下或作「瑉」，各本作「玟」，《廣韻》「珉」下亦云「或作瑉、玟」，與《玉篇》同。自以「玟」字爲正，「民」、「文」聲相近也。「瑉」从「攴」，《說文》訓「彊也」，不當叚借，亦屬誤字。凡此數誤，展卷立辨，不足以貽誤來學。此確爲當時俗刻，子偲之言有見也。同治己巳客杭州，湘文觀察出示此本，並命校讀一過，因叕數語以正其失，不敢爲皮傅景響之譚也。會稽趙之謙。

陸存齋跋　湘文觀察出示宋刻《玉篇》殘本，有文氏「玉蘭堂」、「竹塢」兩印，項氏「萬卷堂」印、徐健庵兩印，曾經衡山、文肅、篤壽、健庵收藏者。余以所藏元刊及曹刻互校，示部以下之序次各有不同。「偏旁篆法」兩本皆無，惟牒文則同。張刻無牒，想所據本偶遺之耳。南宋浙、閩坊刻最爲風行，閩刻往往于書之前後別爲題識，序述刊刻原委，其末則曰「博雅君子幸毋忽諸」，乃書估惡札，蜀、浙本則無此種語。此書字體與余所見宋季三山蔡氏所刊《内簡尺牘》、《陸狀元通鑑》相同，證以篆法前題語，其爲宋季閩中坊刻無疑也。書中「恒」字缺末筆，「敬」、「禎」、「慎」、「瑗」皆不闕。或者疑非宋刻，不知廟諱或闕或否，官書已不能畫一，周益公曾言之，况坊刻乎？不必因此致疑也。宋本流傳日少，小學書尤不易得，譬之殘珪斷璧，彌足珍耳。光緒三年中秋前一日，𤓰翁陸心源識。

版式　半葉十一行，行十九字。小字雙行，行二十五字。「偏旁篆書法」半葉八行。左右雙闌，版心雙魚尾。書名題「玉篋」。

宋諱　匡、恒、斑、慎四字闕筆。

藏印　「江左」、「玉蘭堂」、「竹塢」、「項氏萬卷堂圖籍印」、「萬卷堂圖籍章」、「子長」、「少谿主人」、「紫玉軒」、「季振宜藏書」、「振宜之印」、「滄葦」、「乾學」、「徐健庵」、「徐氏仁卿」

集古文韻殘本　一册

此即《四庫》著録宋夏竦所撰之《古文四聲韻》也。晁《志》曰《古文四聲》，《宋史·藝文志》曰《重校古文四聲韻》，全祖望《鮚埼亭集》又稱《古文篆韻》，其題詞謂「晉陵許端夫序指爲紹興乙丑浮屠寶達重刊」。是本僅存上聲，凡五十五部，中缺十姥、十一薺、十二蟹、十三駭四部，即麌部九亦不全。此無卷首，許序不可見。以書法、鐫工考之，當猶是紹興寶達覆本。中有四葉又爲後人補刻，所用紙料均宋人公私簡牘，有記「開禧元年」者，均爲當時官場酬應文字。署名者有朝奉大夫行户部員外郎吴獵、朝散郎權知黄州軍州事王可大、從事郎黄州州學教授吕□□、從政郎黄州録事參軍江誠之、迪功郎黄岡縣尉巡捉私茶鹽礬銅錢私鑄鐵錢兼催綱陸于程、武略郎添差淮南西路准備將領張□、訓武郎黄州兵馬都監兼在城巡檢符雱、秉義郎新添差黄州兵馬監押趙善凱、學諭章準、學生直學徐灝、報恩光孝禪寺住持傳法僧智傑，頗可考見當時簡牘體裁。惜多被割裂，不獲窺其全豹耳。

版式　部首題「某部幾」，黑地白文。其下每一正文外加黑圍，注音切。再下爲古文，每一字均注所從出。半葉八行，四周單闌，版心魚尾，單雙不等。書名題「上聲」二字，上記字數，分甲若干、大若干、小若干，下爲刻工姓名。

刻工姓名　祇有李臯、潘憲二人及全、彬、辛數單字。

宋諱　僅見朗、豎二字，均不避。

藏印　「汪印士鐘」、「閬源真賞」、「莫友芝圖書印」、「莫友芝」、「郘亭長」

韻補五卷　五册

宋吴棫撰。乾道四年其友徐蕆序而刊之。首蕆序，次引用書目，末附棫自記數行。

陳氏《解題》稱其詳博，惟於聲韻相近之字，亦譏其改叶爲贅。《四庫》著録，《提要》頗加抨擊，然仍許其有「篳路藍縷之功」，但其言韻部互通，「顛倒錯亂」。以是本按之，則有不符，疑所據之本已爲後來校刊者所竄亂。茲尚爲天水舊槧，比明人刊本差勝一籌。余别見一宋刻，版式相同，取以對勘，是本五支「禍」字下脱去化、磙、懷、壞、和、諧、湝、孩、尤、訧、肬、怠、胎、昜、蛇、猒、悠十七字，約當一葉之數。然前後葉號實相銜接，亦無剜改痕蹟，殊不可解。

版式　半葉十行，小注雙行，行二十四字左右。雙闌，版心細黑口，雙魚尾，上記大小字數。書名題「韻補某聲」。

刻工姓名　僅謝子芳一人。

宋諱　匡、筐、恒、桓、洹、構、搆等字闕筆。

藏印　「甲」、「菉竹堂藏書」、「毛晉之印」、「毛氏子晉」、「汲古主人」、「毛扆之印」、「斧季」

史部

史記集解一百三十卷　四十册

《隋書・經籍志》：「史記八十卷，宋南中郎外兵參軍裴駰注。」新舊《唐志》則曰「裴駰集解」，卷數同。是爲南宋初年刊本，析爲一百三十卷，晁、陳二《志》所載卷數已與此合，原書舊第不可復見。卷首有目録，亦非原式，然《隋志》所載已有目録一卷，則相沿久矣。宋黄善夫三家注本卷首補《三皇本紀》，《老莊列傳》移置《伯夷》之前。此不收《三皇本紀》，老莊猶與申韓合傳，未失舊觀，不可謂非較善之本。黄蕘圃《百宋一廛賦注》：「蜀大字本《史記集解》一百三十卷，每半葉九行，每行大十六字、小廿字，所缺舊抄補足。」張月霄《愛日精廬藏書志》亦有蜀大字本《史記》殘本，所記行款與此全同，是則此本必刻於蜀中矣。然《建元以來王子侯者表》、《曆書》、《李斯列傳》、《樊酈滕灌列傳》、《匈奴列傳》、《滑稽列傳》，其末葉均有「左迪功郎充無爲軍軍學教授潘旦校對、右承直郎充淮南路轉運司幹辦公事石蒙正監雕」二行。曰「無爲軍」，曰「淮南路」，均不在蜀境之内。今「眉山七史」宋刊卷葉猶有存者，其每行字數爲十八，與此之十六字亦有不同。余非敢謂前人爲誤，特未得其左證，不能無所懷疑耳。是本字體渾厚端凝，避宋諱較嚴者，余認爲最初刊本。卷末有校對、監雕銜名二行者，均在其中。其後來補刊之葉亦分數類，有書法勁瘦、時露鋒稜者，猶是宋代所刊；而用筆圓活、饒有姿態者，恐已漸入元世；又有僅存字形、全無筆意者，則必用原版覆刻。故有同一刻工姓名而刀法迥異者，中有陳壽、趙明二人所刊之葉可爲證也。《項羽本紀》、《陳杞世家》、《蘇秦列傳》中各羼入《索隱》一葉，是必原本殘闕，故以補配，然前後文字却相銜接，可云巧合。是書舊藏太倉王敬美、常熟毛子晉、奏叔家。敬美名世懋，爲弇州弟；子晉爲汲古閣主人；奏叔名表，子晉次子。印記纍纍，昔賢手澤至堪珍賞，惜爲妄人用朱筆句讀，時見舛誤，是可憎耳。

版式　半葉九行，行十六字，間有增減一二字者，然絶少。小注雙行，行二十或二十一字。左右雙闌，原刊者版心多白口、單魚尾，補刊者多細黑口、雙魚尾。書名題「史帝紀幾」、「史紀幾」、「本紀幾」、「史表幾」、「某書幾」。亦有不題「書」字者，「史世家幾」、「史記列傳幾」、「史傳幾」、「列傳幾」。其下記刻工姓名。上不記字數者爲原刊之葉，後來補刊者則多記字數。

刻工姓名　戴祐、王華、屈旻、朱明、袁俊、何通、王澤、周永、盧鑑、李彦、李恂、丘甸、仇永、袁佾、羅成、吴佐、王祐、翟榮、楊安、陳彦、韓仔、趙明、魏俊、楊謹、宋寔、顧玿、王景、彭祥、曹硪、陳德、陳用、顧真、楊垓、施光、魏正、葉青、吴迪、葉石、張宗、章旼、張翼、俞尚、劉章、劉璋、李秀、葉才、林選、陳伸、陳震、陳權、孫彦、汪靖、張真、王全、吴焕、吴伸、謝興、王壽、楊明、陳壽、楊道、楊守道、仲良、仲鑒良、華再興、閔孝中、戚聰旺、王先文，以上見原刊諸葉。其見於補刊者，爲汪彦、仁木、徐明、雇恭、李章、孫春、凌宗、吴中、李成、金祖、陳彬、石昌、曹鼎、德裕、倪昌、徐俊、石山、張成、陳政、孫斌、孫賓、盛之、正父、王正、平山、壽之、錢成、曹中、曹興、許成、沈元、茂之、周鼎、文昌、陶士中、士中、詹仲亨、詹仲、羊青之、楊青之、青之、楊景仁、季文左、吴仲明、吴仲、朱大存、任子敬、高昰祖、丁松年、龐汝升、王汝霖、趙德明、施澤之諸人。又有趙明、陳壽二人，亦見於原刊諸葉中。全姓名外，又有用、何、謝、射、討、匀、寸、詹、占、金、赤、山、倪、正、弓、徐、應、童、錢、政、楊、施、羊、褚、仁、文、葉、吉、可、石、杭、壽、才、公、張、茅、李、吴、圭、之、予、六、明、焕、章、因、可、東、本、方、周、虞、君、汪、玉、八各單字。

宋諱 玄、弦、紘、眩、炫、縣、懸、敬、警、驚、竟、境、弘、泓、殷、慇、匡、恒、禎、貞、徵、癥、讓、署、豎、豎、樹、戍、頊、姁、桓、垣、洹、完、浣、貆、丸、搆、媾、購、覯、彀、瞉、慎等字闕筆。以上見原刊諸葉。其見於補刊者，僅有玄、眩、舷、弘、殷、敬、匡、筐、恒、徵、樹、戍、頊、桓、搆、媾、覯等字。

藏印 「南京禮部公書之□」、「王印世懋」、「王敬美父」、「敬美甫」、「郎邪王敬美氏收藏圖書」、「損齋居士」、「古奉常氏」、「毛鳳苞印」、「子晉氏」、「毛晉秘匧」、「汲古閣」、「汲古閣世寶」、「毛表之印」、「毛表私印」、「毛表」、「毛表印信」、「毛表藏書」、「毛表鑒定」、「臣表」、「隱湖毛表圖書」、「毛表奏叔」、「毛氏奏叔」、「奏叔氏」、「奏叔」、「毛奏叔收藏記」、「毛氏藏書子孫永寶」、「毛姓秘翫」、「審定真蹟」、「在在處處有神物護持」、「鍇」、「集賢里人」、「華笑廎藏」

史記集解附索隱正義殘本 二册

此爲《史記集解》附《索隱》、《正義》三注合刻本，即明嘉靖震澤王氏覆本之所自出。舊藏日本妙覺寺及淺野源氏、島田氏。淺野源氏曰五萬卷樓，島田氏曰雙桂堂，皆東國藏書家也。卷首有「黄善夫刊於家塾之敬室」木記，見《經籍訪古志》。原書不全，清末有鄂人田氏購得之，攜以歸國。不久散出，余友張菊生得六十餘卷以歸涵芬樓，余所得者僅此《平準書》、《刺客傳》二卷而已。

版式　半葉十行，行十八字。小注雙行，行二十三字。左右雙闌，版心細黑口，雙魚尾。書名前卷題「史記準書幾」、「史準書幾」、「史準幾」、「史書幾」、「準書幾」、「史記幾」，後卷題「史記列傳幾」、「史列傳幾」、「記列傳幾」。左闌外有耳題篇名，上間記字數。

宋諱　僅一「讓」字闕筆。

漢書一百二十卷　八十册

此宋白鷺洲書院覆建安蔡琪刊本也。首《新注漢書叙例》，次景祐刊誤本先儒注解名姓爵里，次參校諸本及注末入諸儒辨論，後有「甲申歲刊于白鷺洲書院」十字牌記。按白鷺洲書院爲宋淳熙間知吉州江萬里所建，又南宋有二甲申，一爲孝宗隆興二年，一爲寧宗嘉定十七年，書院建於淳熙，所紀甲申必在寧宗之世。且是本「廓」字多闕筆，是刊於嘉定無疑。莫郘亭嘗獲覩殘本於沈均初許，謂「是書初刊於南宋末，畢工於元至正間，其卷末記甲子可考」云云。是本各卷末每有剜補一二行者，是殊可疑，然未目覩，不敢臆斷。且寧宗之殁至宋亡又五十七年，入元至至正又六十餘年，豈是書剞劂經百餘年而後成？似無是理。莫氏云云，或爲元代補刊之歲月，姑誌於此，以待後考。余先得宋刊殘本一册，行款全同，鐫工遠出是本之上，兼有足正其譌誤者。書經翻刻，必有譌字，余故定是爲覆建安蔡琪刊本，其説詳見下文。全書完整，惟列傳四十八至五十一以明覆本補配。

版式　每卷首行小題在上、大題在下，次行題「漢護軍班固撰」，三行題「唐正議大夫行祕書少監琅琊縣開國子顔師古集注」。卷末有「右將監本杭本越本及三劉宋祁諸本參校，其有異同並附於古注之下」云云二行，又有「正文若干字、注文若干字」一行或二行。半葉八行，行十六至十九字不等。小注雙行，行二十一字。四周雙闌，左闌外書耳記篇名。版心細黑口，雙魚尾，上記大小字數，亦有在中下段者，下記刻工姓名。書名上題「前」或「西紀表志傳幾」，下題「漢書幾」或「漢幾」、「書幾」，殊不畫一。字作行草。

刻工姓名　鍾華、吴昇、彭雲、彭云、蔡弼、李圭、劉亮、宋俊、黎元、李允、龍得雲、龍雲、侯東、劉俊、張仁、胡辛甫、胡辛、李景漢、江雲、陳正、戴立、劉子先、李垚父、劉子宗、劉宗、周幼敏、段尺、劉南熙、劉季明、劉季發、劉介叔、劉寬、喻楫、喻申、宋國英、陽壽、張仲、李杰、喻杞、周宗文、曹丙文、王季、李慶翁、胡定、劉才叔、宋瑞、蔡泰卿、劉仲、肖聲、蔡万、江佐、曾玉、鄧煒、曾震、陳明、文玉、曾春、文年、沈榮、余旺、陳茂、鄧明、黄永、劉光、江漢、中華、曾振、王真、丙文、鄭壽可、肖森、余全,又有庚、昇、杰、蔡、圭、成、真、煒、龍、李、仁、申、俊、正、杞、允、雲、立、垚、元、段、張、定、叔、楫、壽、應、興、趙、明、國、中、仲、万、曾、翁、宋、寬、佐、漢、永、弼、茂、江、沈、煒、震、年、葉、達、玉、晉、旺、春、光、振、方、榮、瑞、華、劉、胡、甘、先、敬、才、尺、走、用、可、森、亮各單字。

宋諱　玄、弦、泫、弘、殷、匡、筐、洰、恒、䱍、禎、貞、鄎、楨、湞、徵、戍、桓、完、構、冓、遘、購、慎、惇、敦、廓字闕筆。

藏印　「浙右項篤壽子長藏書」、「汪士鐘藏」、「汪印振勳」、「楳泉」、「湘陰郭氏調元藏書籍」、「遼西郡圖書印」

漢書殘本　一册

存《景十三王傳》一卷,缺第一葉及第二葉前半葉。行款與前本同,惟字體勁秀,神采煥發,爲前本之所不逮。第十一葉前八行「故膠西小國」句,前本誤「膠」爲「繆」;第二十一葉前五行「陽成昭信侍視甚謹」句，前本誤「侍」爲「時」；又前六行「得褎中刀」句，前本誤「褎」爲「哀」。即此可證此爲原本。又卷末「景十三王傳第二十三」九字在後第七行，正文、注文字數在後第八行，前本均在後八行，此亦爲兩本異同之處。察其字體、鐫工，確有建陽風範，雖未見卷首，然可決爲蔡琪純父刊本也。

版式　與前本同。惟全卷只有二葉記大小字數，無一刻工姓名。版心書名題「前傳二十三漢書五十三」。

宋諱　本卷内僅一「貞」字闕筆。

後漢書一百二十卷　八十册

帝后紀十卷、列傳八十卷，范曄撰；志三十卷，司馬彪撰，劉昭注補。其先各自爲書，宋乾興時，判國子監孫奭始奏以劉昭注司馬《志》補范《書》之闕，於是始併合刊行。是本帝后紀十卷下題「後漢書一」至「十」，列傳八十卷下題「後漢書十一」至「九十」，前後本相銜接。志三十卷則僅題「後漢書志第幾」，而無小題、大題之分。此猶是兩書原式，編目者乃必以志廁入紀、傳之間，泥矣。吴興劉氏據此覆刻，與班書並行，且定是爲嘉定戊辰蔡琪純父一經堂刊本。以余觀之，疑有未碻。是本刻工姓名與前書大都相同，書法鐫工絲毫無別，蓋亦白鷺洲書院覆刻，而其所從出則固蔡氏一經堂本也。書中間有譌字，此亦覆刻之證。又剜改空格有若干處猶微存墨丁餘痕，間亦有因原文漫漶而爲之者，此蓋書估懼人輕視，故爲此以泯其迹，而不知轉失其真，此則致可惜耳。

版式　每卷首行題「紀、傳第幾」，下題「范曄」二字，再下題「後漢書幾」。次行題「唐章懷太子賢注」。志題「後漢書志第幾」，下題「劉昭注補」。半葉八行，行十六至二十字不等。小注雙行，行二十一字。四周雙闌，左闌外書耳記篇名。版心細黑口，雙魚尾，上記大小字數，下記刻工姓名。書名題「後紀志傳幾」，「後」或作「后」。其下間題「漢書幾」或「漢幾」、「書幾」，不及前書之備。題字均作行草，亦甚錯雜。

刻工姓名　彭云、陳明、宋俊、李圭、吴昇、李允、曾春、鄧煒、劉良、徐進、宋鏗、鍾敬、戴和文、應定發、趙祥，又有良、和、諒、曾、甘、季、庚、進、俊、云、允、定、宋、立、江、于、中、成、鏗、榮、春、劉、仲、元、條、興、瑞、明、永、圭、煒、敬、晉、應、段、方、仁、趙、口、亮、万、祥、雲、杰、受、壽、肖、才、吴、黎、茂、郁、陳、存、玉、孑、余各單字。

宋諱　玄、朗、弘、匡、洭、恇、恒、禎、偵、湞、貞、徵、署、戌、朂、桓、搆、購、慎、惇、敦等字闕筆。

藏印　「浙右項篤壽子長藏書」、「項印篤壽」、「少谿主人」、「汪士鐘藏」、「汪厚齋藏書」、「汪印振勳」、「振勳私印」、「楳泉父」、「楳泉」、「吴下汪三」、「遼西郡圖書印」、「笠澤金氏安素堂書印」

後漢書殘本　一册

范《書》劉昭注，附劉攽《刊誤》。南宋建安有二刊本，一嘉定蔡琪純父所刻，半葉八行，行十六字；一慶元劉之問元起所刻，即此本也。均見黄蕘圃《百宋一廛賦注》。劉氏刊本目録後有「刊於家塾之敬室」之木記，黄善夫刊《史記》序後木記亦有此語，不知二家何以雷同。李木齋謂非劉即黄所刊，殆由於此。存《方術傳》第七十二下一卷，大題八十二。

版式　半葉十行，行十八至二十字。小注雙行，行二十四字。四周雙闌，亦有僅刻左右雙闌者。版心細黑口，雙魚尾。書名上題「後傳幾」，下題「漢書幾卷」。

宋諱　玄、朗、徵、桓、慎五字闕筆。

三國志殘本　七册

宋刻《三國志》最罕見，最古者爲北宋末衢州本，今藏涵芬樓，僅存《魏志》。又有南宋建陽本，海源閣楊氏有之，亦不全，今不知流落何所。此小字本，余得之松江韓氏，爲愛日精廬張氏故物，存《魏志》七至九、又二十五至三十。審其字體，似爲蜀中所刻。宋諱避至「構」字，張氏指爲北宋刊本，殆未確也。

韓應陛題　殘宋本《三國志》七册，存《魏志》七至九、二十五至三十，凡九卷。每册鈐汪士鐘、徐渭仁印。按常熟張氏《藏書志》載此，稱係北宋刊本。所存《魏志》各卷如數外，更有《蜀志》九至十五，《吴志》四、五、十二至十五各卷，今不知尚存否也。嘗得明南監本，爲何義門校者，内據北宋本校，與此本正同，知《藏書志》所稱不謬。惟何所據校各卷，出張氏所記外者頗多，而張所收《蜀志》多至七卷，何乃無一字校入？豈何所據者另一本歟？所得何校本係他人度本，非手校也。庚申三月晦日記，韓應陛。

又題　咸豐己未秋，得此書於書友蔣恕齋。

版式　每卷書名小題在上，爲「某某傳」。大題在下，爲「某書國志幾」。半葉十三行，行二十五字。小注雙行，字數同。左右雙闌，版心白口，單魚尾。書名題「魏書幾」、「魏傳幾」、「魏幾」、「志幾」、「鬼傳幾」、「鬼幾」、「委幾」，下記刻工姓名。

刻工姓名　存者僅夏芝、蘇□、和一、召一、内一及張、李兩單字。

宋諱　玄、弦、眩、朗、敬、警、驚、竟、境、弘、殷、匡、恒、貞、偵、徵、讓、樹、桓、構、搆等字闕筆。

藏印　「汪士鐘讀書」、「徐渭仁」、「曾爲徐紫珊所藏」、「應陛審定宋本」、「應陛審定」、「應陛手記印」、「應陛」、「趙宋本」

隋書八十五卷　三十册

卷首、總目、帝紀五卷，列傳五十卷，題魏徵名。志三十卷，題長孫無忌名。是書宋刊流傳絶少，世傳江安傅氏有北宋本、常熟瞿氏有南宋本，但皆殘闕。元刊祇有瑞州路本，其行款與此皆不同。是本書法含婀娜於剛健，已開松雪先聲，然宋諱避至二十餘字，當爲宋季所刊。余嘗以涵芬樓景印百衲本略加讎對，其《天文志》十六「天和五年正月乙巳」節有「兩珥連接」，「兩珥」二字不誤「慧相」。「占曰『兵大起』」，「兵大」二字不誤「大兵」。

「是冬齊將斛律明月寇邊」，「是冬」二字不誤「時北」。「自龍門渡河，攻拔其新築五城」，「河攻」二字不誤「汾水」。又《李崇傳》「突厥意欲降之，遣使謂崇曰：若來降者，封爲特勤」，「勤」未誤「勒」，猶存舊文。惟《西突厥傳》「其國立鞅素特勤之子」，「特勤」已誤「特勒」。又《禮儀志》六「皇后衣十二等」節，「鳪衣」二字凡七見，均已改爲「鳪衣」，無一作「鳪」者，此則未免瑕瑜互見矣。《天文志》十五以十行本配入，此外亦略有殘闕或誤配他葉者，尚當訪補，俾成完璧。

版式　半葉九行，行二十字，少或十九，多至二十二。小注雙行，字數同。卷首小題在上，大題在下者僅五卷，餘均變易舊式。左右雙闌，版心細黑口，補版較粗，雙魚尾。書名大都題「隋書卷幾」，下列「紀志傳幾」。原版記字數，上下無定，兼記刻工姓名，左闌外書耳記篇名，補版均無之。

刻工姓名　有張仁甫、張仁、韋祥甫、李祥夫、祥夫、文彬、信中、以實、秀夫、蘭可、少安、冲可、庭桂、山玉、桂堂、正夫、如文諸人。其單字可辨者有仁、長、文、京、友、忠、王、秀、蘭、劉、胡、英、潘、番、寧、占、永、信、賢、中、韋、務、義、義、以、李、實、珍、蔣、仲、方、桂、泉、真、普、著、古、正、曰、生、祥、本、如、信、月等字。

宋諱 玄、朗、弘、殷、匡、筐、恇、洭、熲、恒、晅、禎、貞、楨、徵、樹、戍、勗、桓、洹、構、媾、購、搆、溝、遘、慎、惇、敦等字闕筆。

藏印 「吴江徐氏記事」、「徐伯衡父」、「顧行之印」、「馬印玉堂」、「笏齋」

隋書殘本 一册

此爲宋刊《隋書》，廛存志第十九《食貨》、第二十《刑法》二卷。

版式 小題在上，大題在下。次題「太尉揚州都督監修國史上柱國趙國公臣長孫無忌奉敕撰」。半葉十行，行十九字。左右雙闌，版心細黑口，雙魚尾。書名題「隋書幾」或「志幾」，下記字數。左闌外題篇名。

宋諱 僅見玄、殷、弘、恒、徵、樹、勗、構、敦等字闕筆。

唐書二百二十五卷 一百册

曾公亮《進書表》，刊修官歐陽修、宋祁，編修官范鎮、王疇、宋敏求、吕夏卿、劉羲叟等共加删定，成書二百二十五卷。本書卷末附刊六行：「《唐書》凡三百二十六按：「六」字疑誤。篇，總二百五十卷。二十一帝本紀一十篇一十卷，十三志五十篇五十六卷，三表十五篇二十二卷，列傳一百五十篇一百六十卷，録二卷。」蓋兼子卷而言，且增目録也。陳振孫《書録解題》謂紀、傳各著宋公名銜，然今刊本列宋名銜者僅列傳，是本志第十七上、第二十上各列宋名銜，疑係寫刻之訛。然余見一宋刊小字本，志第十二亦列宋名銜，未知何因。繆藝風舊臧建安魏仲立刊本，其志目謂「是南宋閩本，英宗以上諱闕維謹，以下不避。從北宋本出」云云。余曾獲展閲，每半葉十行，每行十九字，版式與此悉同，每葉起迄文字亦無差别。是本諱字已避至光宗，或據魏本校補翻雕。本紀第一首葉版心有「己巳冬德謙刊」六字，按南宋有三己巳，一爲高宗紹興十九年，次爲寧宗嘉定二年，三爲度宗咸淳五年。是本書法鐫工已有南宋晚年風氣，至早當爲第二己巳，然何以寧宗諱字及嫌諱無一闕筆，殊不可解。全卷補刊者凡十四卷，且有補至宣德刊者。又諸表各卷闕葉尤多，然宋刊初印尚踰半數。如斯巨帙亦不易得，故仍收之以備插架。

版式　曾公亮《進書表》半葉九行，行十七字，餘均十行，行十九字。卷首小題在上、大題在下，次三行題撰人名銜。左右雙闌，版心白口，雙魚尾，上記大小字數，下記刻工姓名。書名題「紀、志、表、傳幾」，詳略不一。補版闊黑口，無字數及刻工姓名。

刻工姓名　王君粹、程元、范興、徐文、國賓、德謙、愛之、英玉、茂卿、子明、君美、華甫、德成、清甫、汝善、子文、秀實，又有天、粹、君、謙、劉、仲、弓、可、希、德、壽、甫、清、正、崔、祥、榮、遠、伯、山、茂、祐、文、仇、用、旦、静、埜、亨、曾、汝、玄、興、成、三、子、應、美、華、英、王、志、明、善、江、秀、卿、賓、中、浄各單字。

宋諱　玄、弦、鉉、玹、眩、炫、舷、朗、敬、儆、璥、警、驚、境、鏡、璄、弘、殷、溵、匡、筐、恇、胤、炅、頙、侹、珽、恒、禎、貞、徵、懲、讓、署、樹、澍、戍、桓、垣、烜、完、構、媾、購、遘、慎、惇、敦、憝、燉等字闕筆。

藏印　「穎川陳廷訓圖書」、「璜川吴氏收藏圖書」、「三餘齋圖書印」

京本增修五代史詳節十卷　二册

此爲《十七史詳節》之一，《四庫》入《存目》，題「宋吕祖謙編」。《提要》稱其「隨時節鈔，不必盡出精要」，故有人疑爲坊肆託名之作。余嘗於友人許見一宋刻全部是史，乃題《東萊校正五代史詳節》，此無「東萊」之名，而代以「京本增修」四字。既曰「增修」，則必比初出之本爲詳，惜未從友人許借出一證其異同也。卷首有陳師錫序，序後爲《五代世系圖》及《分據地理圖》。坊肆鏤印，未及精校，故多譌字。

版式　半葉十三行，行二十一字。四周雙闌，版心細黑口，雙魚尾。書名題「五代史幾」、「五代幾」、「代幾」。每卷篇名均加黑蓋子，史論同。行間遇國號、廟號、年號，均黑地白文，間有用括弧或圓圍者。眉端標注重要辭句。左闌外有耳，記紀、傳篇名。

宋諱　玄、匡、貞、讓、戍、朂、桓等字闕筆。

資治通鑑殘本　一册

存第二百七十卷，闕首葉。

版式　半葉十一行，行十九字。左右雙闌，版心白口，雙魚尾。書名題「監幾」。

宋諱　僅「匡」字闕筆。

資治通鑑綱目五十九卷 五十九册

卷首朱子自序，作於宋乾道壬辰。次目録。均抄配。又補配六卷，卷四十六爲一本，卷四十七至五十一又爲一本，然均宋刊也。余嘗見涵芬樓所藏殘本，版刻相同。有嘉定己卯陳孔碩後跋，謂此爲真西山守温陵所刊。别有一跋，撰者朱子門人李方子，所紀年月亦爲嘉定己卯。文中有言：「其間蓋有晚歲稍欲更定，以趨詳密，而力有未暇焉者。」又云：「歲在庚午，方子始獲傳此書於嗣子寺正君，而服膺焉。試吏南來，負以與俱，會建安真侯德秀惠臨此邦，暇日取而讀之。」又云：「復求寺正君新校之本參定而鋟諸木。」據此，則朱子成書以後，此爲第一刻矣。莫郘亭謂豐順丁氏所得季振宜、郁泰峰故物爲乾道壬辰刊，似未碻也。方子跋又云：「著書之凡例，立言之異同，又附列于其後。」是本未見凡例。余獲見明本有咸淳乙丑金華王柏後序，亦云李果齋有是語而未見是書，然則宋末已不存，豈刊而已佚耶？或真氏刊版時有此意而未及行也？是本第九卷刻工姓名多至五十四人，無一與他卷同者，且版心魚尾上每葉以《千字文》爲次，大都不記字數，而書法鐫工又與他卷一無區别，涵芬樓藏本亦同，未審何因。陳氏後跋，他本罕見，借録附後，庶得考見刊版顛末。

附録陳孔碩跋　右《資治通鑑綱目》《提要》各五十九卷，蓋朱文公先生祖司馬公之成書，而斷以《春秋》之法。提其要以爲綱，則《春秋》之經也；疏其緒以爲目，則《春秋》之三《傳》也。特微有删潤而已。如四皓定太子事，司馬公以一時之疑而削去之。又如置漢昭烈於藩臣而帝曹魏，書吕武稱制事而忘其宗，皆因舊史之失，與《春秋》之法不合。前輩鉅儒固嘗辨明而論著之，其大義明甚，先生皆竊取其説而附見於傳注之下，使後世得詳焉，皆羽翼《通鑑》而補其所未及，蓋有功於司馬氏之書也。昔汲冢之書出於西晉，然所書三代以還及諸國事多與經傳古史異，則知魯史之初未經孔子之手，其得諸訃告、傳聞之訛，而又變亂於奸臣賊子之所諱者，蓋亦不少矣。孔子自歷諸國，得諸史氏而參稽之，訂以事實而加筆削焉，然後《春秋》始備。太史公父子變編年爲紀傳，非得已也。蓋録上下數千載之事，散闊遺佚，其事不可得而編，其事不可得而比，故不得用《春秋》之法。後世史氏可以繫年而不復用，遂至紀事無統，條貫繁紊，歷數千年而不知改，此《通鑑》之所爲作也。自元符以來，姦臣得志，黨禍一起，至以御製序爲非神皇所作，此書堙厄，又不知其幾何年。中興以來，始蒙表出，由是此書始得登經幃以備乙覽，而其書益光。朱文公生於紹興之初，首紬繹而條理之，然則此書之廢興，夫豈偶然？其述作之艱，亦豈一人之力哉！使孔子、司馬公復生，亦將以爲是助我者矣。温陵守真侯得是書而校讎之，刊于郡齋，使知《春秋》而爲史學者有考焉。刊成，屬孔碩書其後。荒墜晚學，豈敢與於斯文，辭不獲命，竊誦所聞如此。嘉定己卯仲夏，後學陳孔碩謹書。

版式　半葉八行，行十七字。小注雙行，字數同。左右雙闌，上闌外記干支，遇「甲」字、「子」字均黑地白文。版心雙魚尾，上記字數，下記刻工姓名。書名題「資治通鑑綱目卷幾」。卷九一册版心上記《千字文》，每葉一字，其記字數者僅有數葉。

卷四十六補配本。半葉八行，行十五字。小注雙行，行二十二字左右。雙闌，上闌外記干支。版心白口，短闌上記字數，下記刻工姓名。書名題「通鑑綱目幾」。

卷四十七至五十一補配本。半葉十行，行二十二字。正文大字跨行，行十四至十六字不等。小注雙行，行二十二字。四周雙闌，左闌外書耳題「某帝」，上闌外記干支。版心細黑口，雙魚尾，上記字數，下記刻工姓名，其不記姓名者則移記字數於下。書名題「目幾」。

刻工姓名　王中、李涣、潘亮、潘太、李洽、李合、李千、曾立、蔡義、蔡乂、王友、丁万、黄光、周明、李養、高宣、明乂、蘇定、陳潪、陳智、王定、張才、葉永、佘才、吴中、劉興、虞丙、虞文、虞全、蔡正、范庚、李元、蔡寅、蔡申、鄭文、江文、劉中、共友、佘万、熊仁、蔡中、魏全、何文、劉遂、李文、蔡仲、鄧洽、周全、周文、葉定、葉茂、葉友、吴仁、吴丰、蔡甫、李建、吴申、徐万、陳先、孟文。以下專見於卷九一册者，凡五十四人，其姓名爲丁松年、馮祖、毛祖、沈珍、王涣、吴春、曹鼎、顧建、蔡邠、蔣容、詹世榮、陳彬、徐珙、凌宗、童遇、金祖、金嵩、金榮、吕信、吴志、楊潤、楊榮、蔣榮、陳壽、王進、陳伸、石昌、毛端、顧永、王汝霖、宋琚、徐義露、李仲、龐和柔、龐汝升、方中、方信、錢宗、朱玩、陳良、張升、宋通、劉昭、王壽、求裕、吴祐、王恭、章忠、王定、陳浩、陳潤、沈忠、陳日新、何澤。又見於各卷者，尚有才、涣、妙、洽、文、奂、中、成、亮、千、太、明、佑、万、恭、立、宣、友、合、光、乂、諒、應、定、養、旻、包、尤、元、寅、吴、丙、永、佘、潪、范、申、劉、蘇、章、京、仁、遂、右、仲、茂、建、全、先、圭、朱、鄧各單字。

卷四十六補配本，爲曾宣、子明、彭慶、陳英、景年五人，又益宣、曾、涇、英、周、年各單字。

卷四十七至五十一補配本，爲佘老、元吉、王秀、文王、爲卬、子權六人，又土、秀、陳、興、吉、王、玉、立、元、正各單字。

宋諱　玄、朗、敬、儆、警、驚、殷、匡、筐、恇、胤、恒、晅、禎、槙、偵、貞、徵、讓、樹、戍、勗、桓、峘、完、構、購、慎、敦、廓等字闕筆。

卷四十六補配本，闕筆者有玄、殷、恒、貞、徵、讓、署、洹、峘、完、構、慎等字。

卷四十七至五十一補配本，闕筆者有玄、朗、匡、恇、恒、貞、徵、讓、署、豎、勗、桓、完、構、溝、慎、敦等字。

藏印　「碧山學士藏書」。又卷四十七至五十一補配本：「海曲馬氏」、「欣遇艸堂之章」、「趙次公印」、「舊山樓書藏」

通鑑紀事本末殘本　四册

陳氏《解題》曰：「袁樞機仲撰。樞自大學官分教嚴陵爲此書，楊誠齋爲之序。」序作于淳熙元年。《玉海》曰：「淳熙三年十一月二十四日，參政龔茂良言『袁樞編《通鑑紀事》有裨治道，或取以賜東宫，增益見聞』。詔嚴州摹印十部，仍先以卿本上之。至寶祐五年，趙與篙以嚴陵本字小且訛，易爲大字，出私錢重刊於湖州。」是此刻實爲袁書成後第一刊本。此僅存十二、十三、十七、十九，凡四卷。前二卷爲松江韓氏舊物，後二卷則繆藝風弆藏也。版印參差不一，證以章大醇序「是書刊于淳熙乙未，修于端平甲午，重修于淳祐丙午」，其間必有端平、淳祐補版矣。

韓應陛題　蘇州汪氏藏《通鑑紀事本末》，標題上下亦有飛龍與徐氏印，此書十二、十三兩卷即由彼書散出者。而汪書十二、十三兩卷已用同版後印，蓋張氏圖記者補入。書首有章大醇序，云「是書刊於淳熙乙未，修於端平甲午，重修於淳祐丙午」。序後有列銜二行：「胡自得掌工，章士元董局。」汪本原版三十卷，後印本補者若干卷，鈔補者六卷。咸豐戊午十一月見之，價昂持去。此二卷予得之滂喜園黄氏。應陛。

又題　按汪本鈔補六卷，後印本補者二十一卷，原印十五卷，前云三十卷者誤也。後印本補者，每卷前印「柏山張氏省軒恒用印」九字，後印「豫園主人」四字。其本遇有「太上御名」字者，或改作「構」字，蓋又係元時修版、元時所印者也。冬至前二日記，應陛。

版式　半葉十三行，行二十四至三十字不等。左右雙闌，版心白口，雙魚尾。書名題「通鑑第幾」、「通鑑幾」、「監幾」。上記字數，亦有記於葉號下者，下記刻工姓名。

刻工姓名　有馬正、阮卞、方忠、徐宥、金敦、宋琳、童泳、方茂、葉松、宋鼎、宋昌、劉元、陳才、李元、江漢、楊暹、張暉、吴寶、毛杞、江浩、蘆洪、蘆適、方堅、余斌、方申、方先、楊泳、方淳、方虫諸人，又有蔣、范、翁、宋、方、毛、江、蘆、吴、卞、厚、公、文、淳、正、同、元、通、榮、粲、先、友、虫、永各單字。

宋諱　玄、弦、朗、眺、警、驚、弘、泓、殷、慇、匡、恇、胤、恒、貞、偵、徵、讓、署、樹、豎、戌、勗、桓、絙、慎、敦等字闕筆，「構」字多注「太上御名」。然「搆」、「購」二字亦僅缺筆。

藏印　「吴江徐氏記事」、「應陛手記印」、「應陛審定宋本」、「繆荃孫藏」、「雲輪閣」、「雲自在堪」、「藝風後人」

古史六十卷　十六册

宋蘇轍撰。卷首作者自序，末附短跋題紹聖二年，蓋成書之歲也。《四庫》著録雖於其書有微辭，然亦稱其去取不苟，可與遷書相參考。至謂書中附注爲「其子遜之所作，舊本不載其名」云云，後跋中明有「季子遜侍紬繹往牒，知予去取之意，舉爲之注，後世可考」之語，館臣殆未見此跋也。宋諱避至孝宗止，猶是南宋初年槧本。然版印不精，且多殘闕，俗手寫補，譌字疊出，中有描畫處，尤失真相。余初得是書時曾以示鄰蘇老人，乃許爲紹聖原本，殆以余愛好古籍，有志弆藏，故作諛詞，曲示其誘掖獎勸之意耶？

版式　半葉十一行，行十八字，有多至二十七字者。小注雙行，字數略同。左右雙闌，版心白口，雙魚尾，上間記字數，下記刻工姓名。書名題「古史本紀幾」、「世家幾」、「某世家幾」、「列傳幾」。本紀七卷，世家一至九卷，列傳一至十四卷、十五至二十五卷，葉次均排長號，餘仍隨卷起迄。另以《千字文》編次，每葉一字，起「天地玄黄」，迄「禪主云亭」下句之「雁」字。

刻工姓名　王定、王壽、王渙、王進、王明、王政、王恭、王汝霖、毛祖、毛端、方信、方至、方中、何澤、何澄、何進、吴中、吴志、吴祐、吴春、沈珍、沈茂、沈忠、沈定、朱玩、朱祖、宋琚、宋通、金榮、金嵩、金祖、徐珙、徐義、張亨、張昇、陳潤、陳晃、陳彬、陳伸、陳良、陳浩、陳壽、馬祖、馬松、楊榮、楊潤、蔣容、蔣榮、顧達、顧澄、雇永、丁之才、丁松年、龐知柔、龐汝升、龐知泰、孫春、孫日新、石昌、吕信、李仲、余政、章忠、曹鼎、錢宗、凌宗、蔡邠、童遇、董澄、鄭春、項仁、求裕、劉昭、詹世榮。

宋諱　玄、弦、眩、敬、警、驚、弘、殷、匡、恒、貞、徵、讓、頊、桓、完、構、媾、購、慎等字闕筆。

藏印　「竹垞藏本」、「甲」、「王印定安」、「鼎丞」、「夷陵王氏寶宋閣收藏之印」

新雕重校戰國策三十三卷 六册

此即《四庫》著録宋姚弘校正之漢高誘注本也。黄蕘圃得宋槧本，定爲梁溪高氏所刊，影寫精刻，題曰「剡川姚氏本」，錢竹汀序謂「行款點畫，壹仍其舊。其中烏焉魚豕審知譌踳者，别爲《札記》綴于卷末，而不肯移易隻字」云云。取與是本對勘，絲毫無異。黄氏自稱師法乎存古闕疑，不欲苟取文從字順，誠刊書者之正軌也。宋諱避至高宗，故錢、黄二氏定爲紹興刊本。卷首暨卷第一前六葉，又序録第五、六葉均抄配。劉向序「惇篤之行」句係出補寫，黄氏據以覆刻，原書當不如是。《四庫提要》謂「卷卷題高誘名，殆傳寫所增，以贋古書」，且指揚州刊本仍題誘名爲沿誤，因加「姚弘校正續注」數字，更於原注已佚之卷削去誘名，不知此適失姚氏原本之舊，名爲復古，實自暴其武斷。顧千里跋是本剜修處未能盡善，舉第六卷第四葉首三行例之，謂當以抄本爲正。按剜修之葉尚有第三卷第五葉後十一行、第七卷第五葉後七行至十一行、第十八卷第一葉後一行至五行，第二十九卷第三葉後九行至十一行，其下半行且原缺補寫，又序録第一葉後二行至八行，不知與顧氏所見之抄本異同何若。此在黄氏刊本中不易辨認，故特揭載於此，以待檢考。

黄丕烈跋　高注《戰國策》行世者，惟雅雨堂本。此外曾見小讀書堆所藏影宋鈔本。若宋刻，僅載諸《讀書敏求記》中，云是購於絳雲樓者。然絳雲所藏有梁溪安氏本、梁溪高氏本，未知所購果何本也。既聞海内藏書家尚有兩宋本，一在桐鄉金雲莊家，一在歙汪秀峯家，余渴欲一見爲幸。去冬，鮑渌飲來蘇，以金本介袁綬階示余，訂觀於鈕非石寓樓，遂議交易，以白鏹八十金得之。此本楮墨精好，殆所謂梁溪高氏本歟？屬澗蘋取影宋鈔本參校，識是勝於鈔本，澗蘋已詳跋之矣。余謂古書流傳不可不詳其原委，姚弘所注補者非一本，見於吴正傳之言。正傳云：「予見姚注凡二本，其一冠以目録、劉序，而置曾序於卷末。其一冠以曾序而劉序次之。蓋先劉序者元本也，先曾序者重校本也。」今觀此本字畫，定爲紹興初刻。影鈔者當是重刻本，故行款略爲改竄，宋刻本每葉廿二行，行廿字。影宋鈔本每葉廿行，行廿字。而字句亦微有不同。序録一篇，此本在卷末李文叔等書後四條之前，姚弘題語又隔一行而附於後。影鈔本則曾序居卷首，而李跋等仍在後，姚弘題語不隔一行。其非一本可知。蓋影鈔之本或即梁溪安氏本，遂而居乙者耶？至於此本之疑爲絳雲所藏，别無確證，惟首册缺目録四葉、一卷一至六葉、末册序後五、六葉，當是藏書者圖章題記，淺人撕去之故，豈不可歎！特未識汪本又何如耳，俟徐訪之。汪秀峯與錢聽默最友善，嘗謂錢曰：「吾有宋刻高注《戰國策》，有人需此，當以美妾易之。」今聞作古，未知書在何處。　嘉慶歲在己未二月望日，檢書至此，爰題數語，以誌顛末。　迴憶去冬得書之時在臘月望日，雨雪載塗，肩輿出金閶門，與渌飲、綬階、非石盤桓茶話，以爲消寒計者，已兩閱月矣。　非石有詩贈余，當倩渠録於此册，以誌一時韻事云。　棘人黄丕烈識。

又跋　昔余赴禮部試入都，於收舊攤買得宋板《戰國策》牙籤二，未知誰氏物。　書去而籤存，殊令人繫思也。　攜歸棄置篋中久矣，今得此書，不啻籤爲之兆。　爰屬澗薲影摹於册，俾得附麗長存云。　蕘圃。

又題詩　忽覩奇書至，來從五硯樓。　此書耳熟已久，雲莊有親程念鞠，留以書目一紙，需直五百金一并售去，此書與焉。　冬間鮑丈來蘇，云獨買此書須待歲莫。　及季冬中浣，果由袁綬階處攜來，始得見之。　歲闌驚客去，得書之日，綬階先有札來，云：「鮑丈急欲歸去，如不成議，即還之。」余因出城面晤。　金盡動余愁。　鮑丈前晤時曾説五十金，既綬階札中有「非百金斷不可」之説。　時余因往購宋本《咸淳臨安志》，摒擋殆盡。　攜六十金而去，餘就非石處暫貸之。　秘册誰先購，此書爲郡中毛榕坪購得，雲莊其親也，豪奪而去。　澗薲爲余言。　餘函待續收。　書目一紙，有元吴草廬《春秋纂言》、高注《戰國策》、大字元本《唐律疏議》廿四本、《王摩詰集》二本、宋板《孟浩然集》五本、宋本《韋驤集》、宋本《林之奇集》、《元秘史》，今《戰國策》既爲余得，而韋、林兩集余亦見過，當訪其全。　所藏吾許借，余有影宋鈔孫之翰《唐史論斷》，雲莊曾託念鞠來借校，余惜書癖復萌，拒之。後以鈔本託校，又因補録文繁，未及竣事。雲莊遂有嫌，屬鮑丈以此書來蘇，可歸袁勿歸黃。好作浙東游。澗蘋與雲莊友善，去秋見書目，屬念鞠取示各樣本，未之許。擬買舟往訪之。

二月二十六日，積雨悶人，非石著屐見訪，出書索非石詩，因題于首。余復用此詩韻，續補前跋所未盡之意，率成一首。適綬階亦來，在書塾與方米聚談，遂録於後，仍請非石、綬階、方米諸君正之。蕘圃。

鈕樹玉題詩　雨雪廉纖至，同心聚一樓。不嫌蔬食薄，忘却旅人愁。宋本今纔見，牙籤昔已收。延津欣會合，歲暮足優游。爲蕘圃二兄志題新得宋本《戰國策》跋尾後，洞庭山人鈕樹玉拜稿。

袁廷檮題詩　書付無雙士，圖歸五硯樓。良朋多作合，卒歲亦無愁。不惜餅金擲，惟欣秘笈收。今來觀跋尾，題句勝清游。重「無」字，以「可消」易「亦無」。己未仲春，訪蕘圃一兄於士禮居，重觀所得宋本《戰國策》，次非石題句韻請正。去臘，君得此書由余，而余得南田畫册由君，故詩中及之。漁隱主人袁廷檮拜稿。

夏文燾題詩　琅函來有自，跋認絳雲樓。君祗藏書樂，人都卒歲愁。聚真緣所好，美亦定勝收。今日重開卷，同觀集舊游。　方米居士夏文燾草。

顧廣圻題詩　人間真本在，勝借目耕樓。我獲銘心賞，君擔交臂愁。　兼金誇未抵，雙璧擬都收。請挨桐鄉柁，相期換歙游。應蕘圃命繼和，澗薲顧廣圻稿。

右見卷首。

黄丕烈跋　此書爲毛榕坪故物，余與榕坪雖居在同城，蹤跡不甚密，故未及細問其原委。前月杪，榕坪偕陽湖孫淵如觀察訪余，因暢叙兩日。晤言及此，榕坪謂余曰：「余得此書於□□馮秋寉家，其先世有名黔者，爲顯宦，從他省得來。」榕坪從秋寉手易歸，卷中所鈐「馮氏秋寉」即其印也，爰誌其書之來歷如此。至卷中「澤存堂藏書印」，不知何人。康熙時有張姓名士俊者，曾翻雕宋本《玉篇》、《廣韻》于澤存堂，豈其人歟？　夏五月端午後三日，丕烈識。

右見第一册末。

顧廣圻跋　是書雅雨堂刊行者，頗有改易，賴此始見其真，不僅古香馣馤爲可寶也。惟剜修處未能盡善，如第六卷第四葉首三行與小讀書堆所藏鈔本不同，鄙意以爲初槧當如鈔本，附録於後，以俟蕘圃論定之。　己未二月，顧廣圻書。

楚怒秦合，最爲楚王曰：「魏王遇於境楚使者，是以鯉與之遇也。弊邑之於與遇善之，故齊不合也。」楚王因不罪景鯉而德周、秦。秦使周最解說楚王與魏遇之意，故不罪景鯉，弟德周與秦也。

右見卷末。

版式　卷首首行「新雕重校戰國策目録」，目後接劉向序。每卷首行「戰國策卷第幾」，次行「國名幾」，隔若干格爲「高誘注」三字。卷末首行「重校戰國策序録」，一曾子固序，二李文叔《書戰國策後》，三王覺《題戰國策》，四孫元忠《書閣本戰國策後》，又孫元忠記劉原父語，五紹興丙寅姚弘伯聲後跋。半葉十一行，行二十字。小注雙行，字數同。左右雙闌，版心白口，單魚尾。書名題「戰國策幾」，下記刻工姓名。

刻工姓名　蘇興、余永、許明、陳錫、徐茂、王珍、徐亮、毛昌、徐杲、高旼、毛諒、余坦、徐高、洪先、朱靖、朱明、孫中、徐林、俞侁、李秀、李碩、張祥、朱静、徐章、吴彦、李棠、李彦、梁文友、陳明俊。

宋諱　弦、昡、敬、儆、驚、竟、境、鏡、弘、殷、匡、恒、貞、偵、徵、樹、戍、桓、完、構、媾、搆等字闕筆。

藏印　「馮氏秋隺」、「百宋一廛」、「宋本」、「黄印丕烈」、「蕘圃」、「汪印士鐘」、「閬源真賞」、「澤存堂藏書印」

五朝名臣言行録十卷三朝名臣言行録十四卷　二十册

宋朱子撰。自序謂「國朝名臣言行之迹，多有補於世教」，又謂「掇取其要，聚爲此録，以便記覽。尚恨書籍不備，多所遺闕」云云。「五朝」謂太祖、太宗、真宗、仁宗、英宗，所録凡五十五人。「三朝」謂神宗、哲宗、徽宗，所録凡四十二人。是本宋諱避至高宗止，蓋爲成書後第一刊本。卷首自序，次總目。兩《録》分列，卷若干人，人各一章，自爲起迄。全部書法，多宗平原、率更，神采焕發。鐫印至此，可稱能手，真宋槧本中之上駟也。按「八朝」之名，僅陳振孫《直齋書録解題》及陳均《皇朝編年備要》引用書目有之，自李士英《續輯四朝書》出，刊者併爲一編，而朱書單行之本遂微。故趙希弁《郡齋讀書志附録》祇有「十二朝」之名，而無「八朝」之名。今行世者亦惟此合刊之本。道光初年，洪瑩嘗取宋刻李衡校正本覆刊之，其前後兩集即朱子所纂之二十四卷。取與是本對勘，其所删削不知凡幾，僅僅最前兩卷，前集第一計三千四百餘字，後集第一計八千五百餘字。校勘表附後。

至短詞單字之遺落者，尤不可以數計。而編次之顛倒，文字之譌奪，猶其餘事。吾不知李衡所謂校正者，何以謬妄至此。使非是本具存，讀者能無爲考亭疑乎？是本《三朝録》中原闕四葉，卷一之二第十七葉，洪本可補一百三十七字。卷八之二第二十六葉，僅可補六十四字。卷十一之一第十九葉，僅可補三十六字。至卷十三之一第十葉，且無一字可補。洪氏刻本顧千里覆校後記所指脱誤爲數甚夥，當時僅據别本校正，麻沙雕本已難得若此，况此爲初刻原本乎？又《四庫總目》謂「劉安世氣節凛然，争光日月，《盡言集》、《元城語録》今日尚傳，當日不容不見，乃不登一字」云云。按，是本采《元城語録》者凡三節，一安世到南方斷酒，一言金陵有三不足，一言金陵亦非常人。前一節洪本無之，後二節則有而不全。四庫館臣乃作是語者，豈朱子及李士英原編本均未之見，而所見者更出麻沙本下耶？滋可異已。

前録卷一校勘表：

卷	葉	行	宋本	洪瑩覆宋本
一之一	一	前三	小傳一百九十字	只二十一字
	四	前三	「又王沂公筆録云」小注全節一百四十一字	無

前七「又程氏遺書云」小注全節二十七字　無

前九「太祖初登極」至「吾兒未更事也」四十三字　無

五　後八「上迎謂之」至「勿爲後悔」六十九字　無

六　後九「又晉公談録云」小注全節六十三字　無

八　前三「普叩頭辭」至「當使之勿測」二十二字　無

前七「又記聞云」小注全節一百三十字　無

九　後五「盧多遜貶朱崖」全節九十八字　無

一之二

一　前三　小傳二百十三字　只二十四字

後八「王事周」全節七十字　無

二　前三「使吴越」全節一百四字　無

前十「充晉州兵馬都監」全節一百二十六字　無

後八「太祖始在潛躍」全節一百二十一字　無

三　前五「又記聞云」小注全節七十六字　移作正文

前八「詔劉光義」至「副部署」十五字　無

四	前九	「始破三會」至「取遂州」十五字	無
	前七	「又掇遺曰」小注全節八十八字	移作正文
	前九	「又記聞曰」小注全節七十二字	移作正文
	後一	「晉公談録曰」至「太祖尤器遇之」小注三百二十七字	移作正文
	後九	「又濳謂曰」至「豈非餘慶乎」小注六十九字	無
五	前二	「王與太祖密論天下事」全節二十九字	無
	後三	「曹彬事太祖」至「將終全其城」三十二字	無
六	後三	「有一卒負籠下」至「罔敢蹉跌」二十字	無
	後五	「既升舟」至「皆設不動」二十字	無
	後十	「倉廩府庫」至「王一不問」十七字	無
七	後二	「金陵之陷」全節四十三字	無
	後十	「涑水記聞云」小注全節三十三字	移作正文
八	前七	「王和氣接物」全節一百七十三字	無

後八　「曹侍中」至「未嘗妄斬人」十七字　無

九　前四　「曹武惠王」至「無與爲比」十六字　無

後八　「爲藩帥」至「士論歎伏」一百四十七字　無

十　前六　「聖功仁德」至「近世無比」二十四字　無

一之三　一　前三　小傳一百四字　只十七字

二　前九　「世宗在揚州」全節八十一字　無

三　前八　「太祖就龍墀」至「群臣相賀」三十字　無

後三　「又龍川别志云」至「因具陳之」小注二百二十五字　無

四　前一　「范魯公嘉謀偉量時稱名相」十一字　無

前七　「除拜號令」至「止於禁中親批」二十五字　無

一之四　一　前三　小傳一百三十二字　只二十五字

後二　「趙普自樞密使」全節一百七十三字　無

三　後七　「太祖亦稱儀」至「有操尚耳」三十九字　無

一之五　一　前三　小傳八十五字　只十三字

		後一	「昉步行日十數里」至「乃買驢而去」三十字	無
	三	後五	「行至長安」至「三十日而後行」三十六字	無
		前三	「至道元年燈夕」全節九十七字	無
		前十	「公温和無城府」全節九十四字	無
一之六	一	前三	小傳一百二字	只十六字
	三	前一	「罷朝」至「悔不窮問」十二字	無
		前五	「吕文穆公」至「尤所眷遇」十六字	無
		前十	「蓋寡好」至「所難也」十五字	無
	四	後三	「公質厚寛簡」全節五十七字	無
一之七	一	前三	小傳一百十七字	只十六字
	二	前三	「又聞見録云」小注全節八十四字	移作正文
		後十	「公姿儀碩大」全節一百五字	無

後録卷一校勘表：

卷	葉	行	宋本	洪瑩覆宋本

一之一

一　前三　小傳三百三十九字　只二十九字

一　前六「公自幼而孤」全節五十二字　無

二　後五「禁中須索金帛」至「公請蠲之」一百三十四字　無

三　後八「王巖叟編別録云」小注全節一百四十九字　無

四　前二「時災異數見」全節一百五十九字　無

後六「侍御史袁素」至「詔從之」一百三十三字　無

六　前八「詔禁中支費」至「内侍省施行」四十三字　無

後七「知審刑院」全節六十一字　無

七　後二「士大夫多避西行」至「卿其爲朕往」四十五字　無

後八「檄諸郡完城郭」至「邊臣皆勸」五十八字　無

八　前三「振罷勇」至「守邊才」十三字　無

前九「又奏罷率馬令」至「辨大事」二十六字　無

後六「承平久」至「以歲月平之」三十三字　無

九　前一「曰軍事雖可」至「亦不當遽」十七字　無

十	前二	「安撫使」至「以實奏」十一字	無
	前十	「又家傳云」小注全節三十九字	無
十一	前六	「丞相范公純仁」至「四路招討」三十七字	無
	後九	「公與范公」至「明年春」六十八字	無
十二	前八	「時邊事雖欲講解」全節八十三字	無
十三	前二	「又別録云」小注全節三十五字	無
	前四	「公既至關陝」至「陞黜之」一百八十四字	無
十四	前十	「又强至所編遺事云」小注全節六十三字	無
	後五	「陛下即位來」至「今日陡如此」十八字	無
十五	前六	「富鄭公安撫河北」全節八十二字	無
	後二	「前此陝西帥鄭公戬」全節一百二十八字	無
十六	前五	「公自揚徙鄆」至「如父母」三十七字	只存「徙鎮定」三字，餘無
	前八	「當明公鎬」至「將爲亂」三十八字	無

後五 「京師發龍猛卒」至「熟聞公平日語見」八十六字 無

十七 宋本原闕一葉

洪瑩覆宋本有「歲大歉爲法賑之活飢人七百萬鄰城旁路刺取其法視中山隱然爲雄鎮聲動虜中行狀」三十五字

又有「定卒惡米陳下執籌不請公時爲帥聞之馳入倉群卒約十餘人皆持米前訴公曰米乃如此餘人皆退後出懷中米一裹曰琦亦請此朝廷置此米一蚪約八鐶内地不售一百今雖陳下售猶不失四鐶適皆自汝扇摇命盡戮十卒於前公凝然不動一軍股慄遺事」一百二字

十八 前一 「潘美爲帥」至「以焚屍爲恥」一百六十七字 無

後二 「除樞密使」全節一百五十六字 無

十九 前二 「溪洞蠻彭仕羲」全節一百三十七字 無

後七 「又編中書機要」至「頗如其説」七十五字 無

二十 前二 「公推廣上之仁德」全節六十五字 無

廿二	後二	「又遺事云」小注全節二百七十三字	移作正文
廿六	後八	「若以輕重比之」至「何啻太山遂定」二十九字	無
廿七	前一	「英宗初在藩邸」至「請慈聖垂簾」八十一字	無
	後八	「太后曰得諸君知此」至「中外莫不知也」二十六字	無
廿八	後三	「昔上在潁邸」至「大計始定」五十四字	無
	後七	「仁宗靈駕」全節一百二十二字	無
廿九	後四	「英宗即位」至「同聽政有」十七字	無
三十	前五	「公爲宰相十年」至「朝廷多故」十九字	無
	後三	「其忠勇如此」至「公之力也」四十七字	無
	後七	「孫和甫」全節一百一字	無
卅二	前三	「公素知陝西」全節一百十四字	無
	後一	「夏賊叩大順城」全節一百五十七字	無
卅三	前一	「初英宗卧疾」至「皆書於紙」七十六字	無

後二　「公召御藥」至「是晚鎖院」三十三字　無

後六　「初英宗既許建儲」至「無可奈何」五十七字　無

卅四　前一　「英宗初晏駕」全節五十一字　無

後二　「又聞見録云」小注全節六十五字　移作正文

後四　「又家傳云」小注全節三十八字　無

後六　「一日中書進呈罷」至「公惶恐謝」一百二十八字　無

卅五　後四　「公爲英宗山陵使」至「判永興軍」九十四字　無

後九　「家傳曰」小注全節一百四十五字　無

卅六　前三　「方行夏人誘保安軍守將」至「力沮壞之」三百二十二字　無

卅七　前三　「又遺事云」至「豈暇自顧進退之分未幾」小注二百十五字　無

後二　「遂之相後移雍」至「由此分矣」小注三十八字　無

後七　「又遺事云」小注全節一百十二字　移作正文

	後十	「又聞見録云」	小注全節一百六十三字	移作正文
四一	前九	「又行狀云」	小注全節三十六字	移作正文
	前十	「又聞見録云」	小注全節一百六十四字	移作正文
四二	前一	「公因語華相在北門頗姑息三軍」	十三字	無
	前七	「公曰汝爲禁兵」至「安可如此」	十八字	無
	後五	「人人畫像事之」至「比狄梁公」	二十三字	無
四三	前四	「及公去魏」至「卒不可」	二十字	無
	前七	「又澠水燕談云」	小注全節五十七字	無
	前九	「熙寧八年」	全節二百二十五字	無
四四	前三	「又聞見録云」	小注全節一千二百四字	移作正文又闕「去神宗許之」至「乞終喪制」一百六十二字
四五	後四	「公器量過人」	全節二百六字	無

四六　前七　「公氣貌嚴重」至「極恭而温」十九字　無
　　　後二　「爲人敬服」至「無所不容」十四字　無
　　　後七　「別録云」小注全節四十一字　無
四七　前四　「公爲陝西招討時」全節五十字　無
　　　前八　「公言在政府時」全節三十二字　無
　　　前十　「公言琦待罪中書」全節三十五字　無
　　　後三　「慶曆中」全節一百十一字　無
　　　後九　「又遺事云」小注全節六十七字　移作正文
四八　前七　「上句言」至「作解之事」十三字　無
　　　後五　「公爲詩」至「皆此類也」十八字　無
四九　前二　「又遺事云」至「方可成務」小注二十八字　移作正文
　　　　　　「如琦孤忠」至「多有成耳」小注十六字　無
　　　前六　「公曰昔與希文」全節二十五字　無
　　　後二　「公因説康定以來事」全節十八字　無

後五「公每聞新執政」至「放下則難」十九字　無

後七「凡人語及」全節四十四字　無

後十「公爲丞相」全節二十四字　無

五十　前二「歐陽永叔在政府」全節四十四字　無

前八「又遺事云」小注全節五十二字　無

後一「公謂小人」全節七十字　無

後六「公語小人害君子」全二十七字　無

後八「公以恩及人」全節八十八字　無

五一　前九「禁卒有私逃數日」全節七十四字　無

後四「公性至仁」全節二十一字　無

後六「仁宗朝李都尉」全節八十三字　無

五二　後九「平時家居」至「其自守如此」二百四字　無

五三　後三「多有未嘗識者」至「皆此類也」七十五字　無

後十「公初罷相」至「嘗援己也」一百三字　無

五四	前八	「公喜用知名士」全節一百十字	無
	後四	「又遺事云」小注全節一百三十九字	無
	後八	「又家傳曰」小注全節四十六字	無
	後九	「又遺事云」小注全節一百四十八字	無
五五	前三	「又家傳曰」小注全節四十四字	無
	後二	「既阻其一」至「同簽書之號」五十五字	無
五七	前四	「公謂挺然忠義」全節七十三字	無
	前九	「公言富公」全節三十八字	無
	後三	「問晦叔」至「廼是平日」十二字	無
	後五	「孔嗣宗任河北」全節七十七字	無
五八	前六	「終不語及它事」至「在廷評自處」二十六字	無
	前九	「李清臣平日」全節七十字	無
五九	後一	「公言歐曾」全節四十七字	無
六一	後二	「公重恩義」全節二百二十六字	無

六二　前六　「又聞見録云」小注全節六十字　無
前八　「至於圖畫」至「一無所好」十四字　無
後二　「韓魏公在相府時」全節六十六字　無
六四　前一　「王巖叟編魏公别録」全節三百十一字　無
六五　前二　「晁子闔題」全節二百十六字　無

版式　每卷首行書名、卷第幾之幾，第二章首行無書名，僅題卷數之幾。次行低四格官謚姓名。三行低二格本人小傳。每節正文頂格，次行以下均低一格，末記所引書名。半葉十行，行十七字。小注雙行，低一格，行二十字。四周雙闌，版心白口，雙魚尾。無書名，僅題「卷幾之幾」，下記刻工姓名，其上記字數者僅《三朝》十四卷。

刻工姓名　周俊、吴拱、周通、劉永、詹文、劉升、江陵、葉新、陳閏、余闡、李立、李辛、謝四、萬十四、李盛、楊郴、吴先、張洪、周升、周時、劉光、杜明、上官信、余山、柯文、高安道、蔡元、陳中、江忠、蔡中、蕭韶、余仁。

宋諱　玄、眩、敬、警、驚、匡、胤、耿、貞、偵、徵、讓、曙、署、樹、戌、勗、旭、煦、桓、垣、完、紈、購、勾、瑗、援、偉等字闕筆，「構」、「慎」二字注「御名」，「瑋」字注「御舊名」。又

「慎」、「瑋」二字亦間有闕筆者。

藏印　「陳氏家藏子孫永寳」、「以誠私印」、「君明子孫鑒賞」

漢雋十卷　八册

宋括蒼林鉞撰。《四庫》入《存目》，「鉞」作「越」，蓋沿元代袁桷重刻之訛。書凡十卷，卷五篇，《直齋書録解題》作十五篇者，亦筆誤也。卷首林氏自序，撰於紹興壬午。魏汝功守滁陽刊版後序，作於淳熙戊戌。前後相距十七年。天禄琳琅藏是書二部，《書目》所載均爲蔣鶚象山刊本。除林、魏二序外，有楊王休序，附記工價及刊校人姓名，其年爲淳熙癸卯，後於是本者五載。《續古逸叢書》有景印本，楊序及工價、刊校人姓名均已不存，審其印記，即天禄乙本。行款與是本相同，而刻工姓名各異，故知此爲滁州第一刊本，而象山本則取是覆刻也。

版式　每卷首行題書名、卷第幾，第二、三行本卷總目低二字，第四行篇名低四字。半葉九行，小注雙行，行三十字，每大字一當小字二。版心無書名，僅記卷數，葉排長號，凡一百六十五葉，序目在外。

刻工姓名　可辨者僅孫濟、陳真、施瑞、陳文、王進、王縉、孫湛、方迪、洪説、洪悦、孫善、朱芾等十二人，餘俱毁損。

宋諱　殷、驚、匡、筐、恒、鮔、貞、桓、慎等字闕筆。

藏印　「愚公」、「季振宜藏書」、「楊以增字益之又字至堂晚號冬樵行者」、「關西節度系關西」、「臣紹和印」、「楊紹和讀過」、「紹和筠碞」、「彦合珍玩」、「彦合珍存」、「東昌楊氏海原閣臧書記」、「宋存書室」、「海原閣」、「秘閣校理」、「瀛海僊班」

通鑑總類殘本　一册

宋沈樞撰。《四庫提要》稱「嘉定中鋟版，潮陽樓鑰爲之序」。此爲宋刻，殆即潮陽刊本。存第四卷，内分太后、皇后、外戚三門。

版式　半葉十一行，行二十三、四字。左右雙闌，版心細黑口，單魚尾，其闊者爲補刊之葉。書名題「通鑑總類幾」，葉號上題某某門。

刻工姓名　蘆昰及可、番、元、付、夫五單字。

宋諱　僅「匡」字闕筆。

輿地廣記殘本 一册

宋歐陽忞撰。晁《志》謂「並無其人，特假名以行其書」。陳氏《解題》則云「忞爲文忠族孫，行名皆連心字」。《宋史·藝文志》亦題忞名。《四庫總目》謂宜從振孫之説，自無可疑。此爲宋刊殘本，全書三十八卷，存者起卷十八第四葉，訖卷三十八第五葉。卷十八末葉有「嘉泰甲子郡守譙令憲重修、淳祐庚戌郡守朱申重修」二行。餘有五卷，僅記「朱申重修」一行。卷中「桓」字均不闕筆，蓋其初版必爲靖康以前所刊。所存二十一卷，凡二百三十一葉。其記明重刊者，庚戌一百六十九葉，己卯三葉，餘皆不記，然字亦有肥瘦完泐之别，蓋有甲子所修者雜於中矣。是本舊爲季滄葦所藏，蕘圃謂在彼時即已移易卷第，賴抄本訂正重裝。每卷首尾剜補之字皆蕘圃所爲，並非書估作僞原迹。卷中譌字補版較多，初版亦間有之，均經朱筆訂正，惟未知出於誰氏之手。

顧千里題　殘宋槧本歐陽忞《輿地廣記》，起十八卷四葉，盡三十八卷五葉，大較存廿一卷。季滄葦藏，有圖記。先從兄抱冲收得。維時周漪塘家先有是書鈔本，脱落譌錯，殆不可讀，曾借去就所存者校正，深以爲精。於後外間復有從周借傳者。其題目此殘宋槧則曰重修本，蓋緣第十九卷尾云「嘉泰甲子郡守譙令憲重修、淳祐庚戌郡守朱申重修」，第十八、廿三、廿九、卅一、卅五卷尾皆云「淳祐庚戌郡守朱申重修」故也。夫譙令憲、朱申皆自稱郡守而不署其郡，然則果何郡耶？以予論之，二人者皆廬陵郡守也。悳書之版，何以在廬陵？以悳其郡人也。是書撰於北宋政和中，由嘉泰四年甲子上數之，相距凡八十餘年。而開雕歲月未有明文也。下數淳祐十年庚戌，首尾四十七年耳。兩次重修皆郡守主其事，故前後二人並列焉。補葉雖漸多，初版終未全泯，固可寶也。此外又有朱竹垞藏本，曾在浙人韓姓家。所缺卷葉互爲不同，而俱缺者則尚有之也。不寧惟是，以此本相決，朱本乃另一翻版。何以言之？細勘廿一卷内無一葉之同，即版心記數、工匠姓名，無不皆然，故曰另一版也。字形相近之譌，往往沿襲重修本，而且加多焉，故曰翻也。翻者非他也，翻重修本而已矣。周漪塘家鈔本正出於彼。其印本甚模糊，宜鈔本之脱落譌錯矣。今年病暑，餘暇借先從兄遺書來讀一過，知其原委，因即題此於首，庶將來有得見之者據吾所言以覈其實焉。又竹垞藏本聞汪君閬源近已買得，擬他日借來再勘之。嘉慶庚辰六月望後一日，元和顧廣圻千里甫記於楓江僦舍。

黄蕘圃跋　此殘宋本歐陽悳《輿地廣記》，自第十八卷起至第三十八卷止，爲余亡友顧抱冲藏書也。初，抱冲得諸華陽橋顧聽玉家，余未及借讀，適爲周香嚴攜去。香嚴告余曰：「此本與家藏抄本行款同，故得以知其移易卷第之迹。而抄本似又從别本宋刻傳録，不及殘本之精。」余識其言不忘。既而抱冲作古，從其家借出，見其根題曰：「宋本《輿地廣記》廿一卷，以元、亨、利、貞爲次。于兩浙路上一册有『宋本』圖記一，有『季振宜臧書』圖記一，知《延令宋版書目》有《輿地廣記》廿一卷即此本也。」蓋是本移易卷第在滄葦收藏時已然，幸有抄本可證，得以復其舊觀。爰命工重爲改裝，自十八卷後悉排編無誤。十八卷缺前三葉，三十八卷缺後幾葉，皆向來如是，闕疑可也。册數分四爲五，皆以每路之可分者爲定。書根字迹未敢滅去，俾《延令目》中所云有可考焉爾。嘉慶庚申歲春二月，黄丕烈書於士禮居。

李木齋跋　宋槧《輿地廣記》海内有二本，一朱竹垞藏，抄補前二卷，跋載《曝書亭集》，後由乍浦韓氏售歸黄蕘圃。一季滄葦藏，缺前十七卷，見《延令書目》，後歸顧抱冲，即此本也。蕘圃既借校季本，又購得朱本，遂付景刊。乃因校勘札記大受澗薲攻擊，遂成此書一段公案。其後兩本皆歸汪閬源，以汪之富豪，此書並未重刻，而士禮居本流播人間，蕘圃之功固不可掩矣。兩本同爲宋刊，刻印必有先後，顧朱本無年月可考，而此本既有「嘉泰甲子」、「淳祐庚戌」重修年月，第二十四卷又有「乙卯補刊」之葉，已覺信而有徵。且書中「桓」字不缺筆，原刻必在靖康以前。又刊刻之地，澗蘋指爲廬陵，固亦近是。按李心傳《道命録》有淳祐十一年新安朱申序，結銜題「朝散大夫知江州軍兼管内勸農營田事」，此書「郡守」是其前官，以此證之，鋟版必不出江南列郡之内，可斷言也。書雖殘帙，淳祐距今七百年，宋刻已無第三本，矧其書爲北宋地志，考訂沿革極有條理，竹垞謂在《太平寰宇記》上，不尤可寶耶？丙辰上巳獲觀於雲合樓，主人屬題如右。盛鐸。

版式　半葉十三行，行二十四字。左右雙闌，版心白口，雙魚尾。上記字數及補刊年分，書名題「地幾」，下記刻工姓名。

刻工姓名　可辨者庚戌刊葉有謝賢、吴斌、劉宣三人及宗、吴、宩、益、楷、宣、奇、信、章各單字，餘爲翁定、天祚二人及趙、徐、方、清、禮、霖、况各單字，獨己卯補刊三葉無之。

宋諱　泫、朗、敬、擎、殷、洭、貞、湞、戍等字均闕筆。

藏印　「宋本」、「季振宜讀書」、「蕘圃」、「汪印士鐘」、「閬源真賞」、「丁日昌字静持號禹笙」、「莫友芝圖書記」

新編方輿勝覽七十卷　十六册

建安祝穆和父編。穆自序題嘉熙己亥，宋諱避理宗嫌名，是刊成於南宋季年。所收爲浙西、浙東、福建、江東、江西、湖南、湖北、京西、廣東、廣西、淮東、淮西、成都府、夔州、潼川府、利州東西，凡十七路，蓋僅半壁江山矣。每篇先列建置沿革，次爲事要。事要分類標於卷首目録前者，有郡名、風俗、形勝、土産、山川、學館、堂院、樓閣、亭榭、井泉、館驛、橋梁、佛寺、道觀、古蹟、名宦、人物、題詠等名。《四庫提要》譏其「名爲地志，實則類書」，吕午序則稱其「辭簡而暢，事備而核」。各州風物見於古今詩歌、記序之佳者，率全篇登入。其事實有可拈出者，則纂輯爲儷語，附於各州之末。信乎其爲勝覽也」云云。即祝氏本意，亦衹爲裨益四六之作而發，循名核實，固不誣也。錢牧齋《跋王右丞集·送梓州李使君詩》「山中一半雨，樹杪百重泉」不作「一夜雨」，稱爲至佳。是本卷六十二潼川府題詠引此詩，亦作「一半雨」，則錢氏之言又可得一左證。卷首原有吕午序、祝穆自序、咸淳二年福建轉運使司禁止麻沙書坊翻版榜文、分卷目録卷末穆子洙跋，惜均佚去。又間有闕葉爛版，不無疵纇。

版式　半葉十四行，行二十三字。首行題「新編方輿勝覽卷之幾」，次行題「建安祝穆和父編」，又次路名或府軍名，均大字跨行。又次建置沿革及事要，其標題及人地名亦均作跨行大字。左右雙闌，版心細黑口，雙魚尾。書名題「方幾」。葉號陰陽文雜出。左闌外有書耳，題府州軍名。

宋諱　朗、匡、筐、洭、頊、禎、貞、楨、湞、偵、赬、戌、桓、完、構、慎、惇、敦、鉤等字闕筆。

藏印　「明正統一祀瓶城子藏于惜陰齋云」、「顧氏元輔」、「逋石」、「莫友芝圖書印」

四明續志十卷　六册

宋梅應發、劉錫同編。編者序：「《續志》之作，所以志大使丞相履齋先生吴公三年治鄞民政邊防、士習軍食、興革補廢、大綱小紀」云云。《四庫》著録，《提要》譏其「因一人而別修一郡之志，名爲『輿圖』，實則家傳，於著作之體殊乖」，所論甚允。雖吴公治鄞頗有政績，然全書紀述專集於一人之身，謂其不出於諛頌，誰其信之？宋代地志存者寥寥，雖宋諱字均不避，然固可定爲宋槧宋印，因收存之，以備瀏覽。

版式　半葉十行，行十八字。小注雙行，字數同。左右雙闌，版心白口，單魚尾。書名題「續志幾」，上間記字數，下記刻工姓名。

刻工姓名　有王閏、任廷、洪莘、徐廣、任友、任慶、李暹、王聞、徐堅、王祐、王文、顧楷諸人，又有源、茂、又、坦、春、正、蔡各單字。

藏印　「舊學史氏後隱書印」、「壽松堂書畫記」、「抱經樓」

咸淳臨安志殘本　十一册

宋《臨安志》先後三修，始於乾道周淙撰，十五卷，今存三卷；繼之者淳祐施諤撰，原卷數不詳，存者僅六卷；最後爲咸淳潛説友撰，一百卷。昔朱竹垞從海鹽胡氏、常熟毛氏得宋刻八十卷、鈔本十三卷。其後又得刻本三卷，易去鈔本。展轉歸於士禮居黄氏。又鈔補六十五、六十六兩卷，由蘇州汪氏、上海郁氏而入於皕宋樓陸氏，今已流出海外。鮑以文從平湖高氏得宋刻二十二册，中間節次闕失而盡於八十一卷。其先爲崑山徐氏、泰興季氏所藏，鮑氏得之，復撤换誤鈔施《志》六卷，又補鈔若干卷，合宋刻二十卷、鈔本七十五卷。旋歸拜經樓吴氏，又入於八千卷樓丁氏，今藏江南盋山圖書館。此爲泰興季氏别一藏本，原存宋刻六十八卷、鈔本二十七卷。先歸百文敏家，繼入於海源閣楊氏。《楹書隅録》誌其原委甚詳。庚午秋，山東群盜蠭起，擾及聊城，楊氏弆藏盡被劫掠，捆載入市，流轉於青、齊、燕、趙之間。余訪求有年，近僅得此殘本，存宋刻卷二十一、卷二十三、卷二十九至三十二、卷六十、卷六十五至六十八、卷七十至七十四、卷八十至八十三，凡二十卷，鈔本卷六十一至六十三，凡三卷。聞傅沅叔所得卷數相埒，鈔、刻各半，尚有五十餘卷，今不知飄墮何所矣。清代最忌「胡」、「虜」諸字，卷中多被剜削。全書鐫印絶精，留此瘢垢，殊堪惋惜。

版式　半葉十行，行二十字。小注雙行，字數同。左右雙闌，版心白口，單魚尾。書名題「咸淳臨安志卷幾」，上記字數，下記刻工姓名。

刻工姓名　有尤明、吴文焕、陳松、潘必昌、陳日升、郭世昌、蔡光大、韓玉、王春、盛允中、陳茂、陳政、曹必貴、王垚、謝垚、張中、貢卿、德達諸人，又有馬、詹、毛、趙、范、孫、尤、吴、蔡、韓、梁、陳、謝、張、曹、久、沅、元、升、達、永、右、正、文、成、有、必、卿、昌各單字。

宋諱　「軒轅」二字注「暗諱」，「玄」字注「聖祖諱」，「筐」、「署」、「樹」、「旭」、「構」、「勾」諸字注「廟諱」，「啓」字注「御舊名」，「旋」、「璇」二字注「御名」。其爲字不成者，僅見一「完」字。

藏印　「季滄葦圖書印」、「珊瑚閣珍藏印」、「寶」、「宋存書室」

通典殘本　一册

存卷一百六至一百十，凡五卷。全書九門，此列第四，專述禮。

版式　每卷首行題「通典卷第幾」，空二格「禮幾」，又空一格小字注「纂類」、「序例」及「大唐開元禮」。次行低二格，本卷子目。三行低四格，篇目。半葉十五行，行二十六、七字。小注雙行，行三十四至四十字不等。左右雙闌，版心白口，單魚尾。上間記字數。無書名，此題「第二十二册」。葉排長號，然每卷又各有葉號。下記刻工姓名。

刻工姓名　原版可辨者王政、朱池、朱祥、朱言、朱桃、沈□並毛、陳兩單字。補版有凌宗、王璡、楊潤、楊榮、何澄、陳彬、李成、何澤、世榮、北陳、毛興祖、沈思恭諸人。

宋諱　玄、敬、警、殷、恒數字闕筆，仁宗以下皆不避。

藏印　「箕齋藏書」

西漢會要殘本　一册

宋徐天麟撰。《四庫總目》本書七十卷，「嘉定四年具表進之於朝」。是本卷首書名，次行題「從事郎前撫州州學教授臣徐天麟上進」，蓋爲成書後最初刊本。存卷十二至十九，吉禮二卷，嘉禮三卷，賓禮、軍禮合一卷，凶禮一卷。

版式　半葉十一行，行二十字。小注雙行，字數同。左右雙闌，版心白口，雙魚尾。上記大小字數，下記刻工姓名。書名題「西漢會要卷幾」、「西漢會要幾」、「西漢幾」。

刻工姓名　范云、余岩、吕奇、余孶、葉涣、范志、應祥、連于，又有葉、堅、圭、王、丙、吴、周、魯、仁、吕、傳各單字。

宋諱　「匡衡」作「康衡」，「齊桓」作「齊威」。

藏印　「晉府書畫之印」、「敬德堂圖書印」、「子子孫孫永寶用」

東漢會要殘本　一册

撰人同前卷。首作者自序，闕前半葉。次目録四十卷。次寶慶二年奏進表，結銜改題「奉議郎武學博士」。存卷一至卷三、帝系二卷、吉禮一卷。

版式　同前書。惟版心有細黑口，書名題「東漢會要卷幾」、「東漢會要幾」。

刻工姓名　余嵩、胡朋、吴元、吴圭、陳元、劉洪、葉文、莊奉、余武、陳至、翁正、丁和、劉右、劉永、劉生、共文、余秀，又有何、文、孫數單字。

宋諱　「桓」作「亘」，「玄」作「玄」。

藏印　「敬德堂圖書印」、「子子孫孫永寶用」

子部

纂圖互注荀子二十卷 十册

此爲建陽坊肆應時帖括之書。是書而外，群經有《周易》、《毛詩》、《禮記》、《春秋經傳集解》，諸子有《老子》、《莊子》、《揚子法言》，卷首有「圖説」，注中有「互注」及「重言重意」等標題，各書行款大抵相同。是本前有楊倞序，次劉向後序，次《欹器圖》、《天了大路圖》、《龍旗九斿圖》，次篇目。皕宋樓陸氏有是書，《儀顧堂續跋》歷舉其勝於宋監本者凡三十有一條。是本除《非相篇》注「形法」誤「刑法」、「二十四篇」「篇」誤「卷」外，餘均一一相合，是亦可爲宋本之乙矣。全書初版精印，什之二爲配葉補版。

版式　每卷首行題「纂圖互注荀子卷第幾」，獨卷一次行題「唐大理評事楊倞注」。半葉十一行，行二十一至二十三字。小注雙行，行二十五字。左右雙闌，版心細黑口，雙魚尾。書名題「荀幾」。左闌外有耳，記篇名，間記卷數、葉數。

宋諱　匡、洭、筐、恒、貞、徵、樹、搆、慎、敦等字闕筆。

音點大字荀子句解十卷　二册

無撰人名氏。卷首有景定改元石廬龔士㫚序。諸家書目均不載，獨明《文淵閣書目》卷七洪字號第一廚有「荀子龔士㫚解一部二册」，又「荀子句解一部三册」，均注「闕」字，蓋即是書。中多删節，有削去全節者，其棄取並無凖的，注亦敷衍成文，無甚精義。上欄兼注字音，疑係當時坊肆取便淺人誦覽之作。《閣目》尚有《老子龔士㫚句解》一部、《莊子句解》一部，均闕。是書龔序與《老》、《莊》二子及《揚子法言》、《文中子》並舉，殆皆爲龔氏所自撰。然《老》、《莊》及此書外，餘二子且不存其名，殆一時餖飣而成，不爲世重，故多至散佚也。

版式　半葉十行，行大小均二十字。左右雙闌，版心細黑口，雙魚尾。書名題「荀幾」。左闌外有耳，記篇名。

宋諱　縣、懸、貞、徵、樹、豎、桓、完、慎、敦、廓等字均以墨圍爲記，不闕筆。又避「崩」字，却甚罕見。

袁氏世範三卷附集事詩鑒不分卷 四册

陳氏《解題》、馬氏《通考》均三卷，題「樂清令三衢袁采君載撰」，列入雜家類。《宋史·藝文志》同。《四庫全書》改入儒家類，由《永樂大典》輯出。是本卷首有劉鎮序及作者題詞，卷末有跋，題「紹熙改元長至三衢梧坡袁采書于徽州婺源琴堂」，大意謂「師儒語録，議論精微，不易開悟。小説、詩話特賢於己，無裨名教。因取夫婦之所與知能行者語諸世俗，使田夫野老、幽閨婦女皆曉然於心目間，庶幾息争省刑，俗還醇厚」云云。其書初目爲「俗訓」，其友鄭景元擬稱「家範」，而「世範」之名則同官劉鎮强爲改定者也。《説郛》、《眉公秘笈》、《唐宋叢書》均經采刊，然多所删節。沈節甫《由醇録》所收者三卷，當爲全書，然甚罕見。此爲宋刻本，卷一睦親，凡六十四條；卷二處世，凡六十八條；卷三治家，凡七十四條。全書避宋諱極略，蓋專爲訓蒙通俗而作，故不拘拘於功令也。後附《集事詩鑒》，作者爲方昕景明，履貫不詳。前後序跋自稱「莆陽史隱」，所言皆家庭相處之道，略有旁及。凡三十條，每條前引一故事，後綴七言絶句一首。序首書名題「增廣世範詩

藏印 「季振宜藏書」

事」，與序中所稱不符，蓋附刻者所臆定。是書不見著録，惟盧文弨《宋史藝文志補》有之，亦僅見之本矣。舊爲吴中袁表、袁褧昆弟所藏，其後散出。洎清乾隆之世，復爲其後裔廷檮所得，鮑氏《知不足齋叢書》即據是本覆刻。不知何時又入於松江韓氏，余前歲得此，聞即韓氏子姓所沽者。取鮑本對勘，行款既改，亦間有訛字。卷三第一百八十八、一百八十九、一百九十、一百九十二、一百九十三諸條，皆言田産分析之事，中有「閞書」、「印閞」等字，殆即今之憑契。《爾雅·釋宫》「閞謂之槉」，其字義與此絶不相涉。余見宋刻各書，「關」字多有作「閞」者，然是本第一百九十五條「凡田産有交關達□條者」句，又不作「閞」。鮑本遇「閞」字均改刻「鬮」字，字書此字从「鬥」不从「門」，音讀如「鳩」，訓爲「鬭」，取義亦可通。然「關書」之名至今猶存，田産之分析，彼此授受均有關涉，似「關」字之義爲長。

版式　全書條數三卷統計，每隔十條於第一行首旁著圓圍，以黑地白字誌之，亦有隔數十條始一見者。每句加點，讀音圈發，闌上標列條目，緊要詞句旁施墨擲。半葉十一行，行二十字。《集事詩鑒》行數同，每行減一字。左右雙闌，版心白口，雙魚尾。書名《世範》題「世幾」，《集事》僅題一「詩」字。

宋諱　謝玄、房玄齡兩「玄」字均改作「元」，又「驚」字「文」旁闕末筆。

藏印　「袁表印」、「袁褧之印」、「袁衡之印」、「臣衡」、「宋京西提刑十七世孫袁惟聃字壽祺」、「惟聃之印」、「壽年」、「袁昶」、「勤和」、「袁家故當有人」、「休復堂印」、「春穀艸堂」、「春穀」、「訪雪齋印」、「子子孫孫永保之」

麗澤論説集録殘本　六册

宋呂祖謙撰。全書十卷，一、二《易説》，三《詩説拾遺》，四《周禮説》，五《禮記説》，六《論語説》，七《孟子説》，八《史説》，九、十《雜説》。或稱門人集録，或稱門人所記。目後有祖謙從子喬年題記，謂「伯父講説所及而門人記録之」，又謂「先君嘗所裒輯，今仍據舊録，頗附益比次之，不敢輒有删改」。是此書雜録者祖謙門人，蒐輯者其弟祖儉，補綴次第者其從子喬年也。此爲宋刻，間有後來補版，墨印不精，恐已在元、明之世。存前四卷，第五卷補寫，餘均佚。

版式　半葉十行，行二十字。左右雙闌，版心白口，雙魚尾，上記字數。書名題「集録幾」。其上下黑口者，皆補刊之葉。

刻工姓名　初刊者韋裕、丁亮、李信、吳志、羅裕、呂扶、楊先、羅榮、周文、姚彦、周份，後刊者韓公德、韓公輔、張仲辰、張彦忠、李思賢、李思義、丁明、李彬、周才。

宋諱　筐、恒、貞、讓、擴等字闕筆。

藏印　「光輪」、「南陽講習堂」、「郭東莊生」、「曾在蔣辛齋處」、「重光」、「辛齋」、「沈印廷芳」、「椒園」、「楊紹和讀過」、「東郡宋存書室珍藏」、「儲端華重」、「潘馨」

武經龜鑑殘本　一册

陳氏《解題》是書二十卷，爲「保平軍節度使王彦撰。隆興御製序。其書以《孫子》十三篇爲主，而用歷代事證之」。又《玉海》「兵法類」亦云：「王彦上。自『始計』至『用間』。隆興二年五月辛丑御製序。乾道三年二月十六日賜將帥。」其書至明猶存，見焦竑《國史經籍志》。又陳第《世善堂書目》有《武家龜鑑》，其撰人姓名、卷數均合，或書名偶誤耳。是爲宋刻殘本，起卷一第十四葉，訖卷二第一葉，不及全書什之一。是本孫子語首見者爲「主孰有道」，僅存事證一節，有十四行。次「將孰有能」四節，次「天地孰得」三節，次「法令孰行」九節，次「士卒孰練」五節，次「將聽吾計，用之必勝，留之」二節，次「將不聽吾計，用之必敗，去之」四節。卷二「始計」，首引孫子語曰「勢者，因利而制權也」，事證三節，最後一節僅存一行。《宋史》彦本傳稱其「喜讀韜略」，又稱其「累破堅敵，威振河朔。晚奪兵柄，使之治郡，用違其材」云云，是彦實爲南宋名將，故孝宗親序其書，復摹印以賜將帥。乃其書不傳，僅僅存此十餘葉，惜哉！

版式　卷二首行題書名卷第幾，次行低一格題篇名，爲「始計」二字，三行低二格爲所引《孫子》語，四行低三格爲歷代事證。半葉十二行，行二十二字。左右雙闌，版心白口，單魚尾。書名題「龜鑑幾」，下記刻工姓名。

刻工姓名　存者僅李詢、蔣暉、李文、李俊、李憲、李焕六人。

宋諱　敬、驚二字闕筆。

傷寒明理論三卷方論一卷　二册

是書《四庫》著録，附《傷寒論注》十卷後。《提要》稱金成無己所自撰，發明機説，又云「無己聊攝人，生於宋嘉祐、治平間。後聊攝地入於金，遂爲金人。至海陵王正隆丙子，年九十餘尚存」。又歷引嚴器之序、張孝忠跋，叙述顛末，語焉甚詳。阮文達乃認爲《四庫》未收，其《呈進提要》且定爲嚴器之所著，殊失檢矣。錢遵王藏四卷本，見《讀書敏求記》。但首尾斷爛，故開禧改元之張孝忠跋誤以爲序，且佚其名。是本前二卷刊本，卷首錦屏山嚴器之序，但署「壬戌八月」，無年號。後一卷及《方論》據景定辛酉建安慶有書堂刊本抄配，末有開禧改元五月歷陽張孝忠跋。然余以爲此二本者，一刊於北，一刊於南，實不相配。何以言之？余嘗見明嘉靖覆本成無已《注解傷寒論》，卷首洛陽嚴器之序，亦但署「甲子中秋」，無年號。前序稱「錦屏山」，此稱「洛陽山」，今屬河南省宜陽縣，在洛陽西南境。序稱「業醫五十餘年，《解》後成，公出其書以相眎」。又張孝忠跋「成公生於嘉祐、治平之間」。依此推算，其生後第一甲子爲元豐七年，才二十餘歲，著成是書必爲第二甲子，當紹興十四年。維時洛陽亦已淪陷，嚴爲成公序所著二書，均不署年號，蓋身爲遺民，猶有故國之思。按《愛日精廬藏書志》影寫金刊本《傷寒論注解》，大定壬辰王鼎後序中有「《明理論》一編，十五年前已爲邢臺好事者鏤版，流傳於世」云云。金大定壬辰前十五年爲正隆二年，即宋紹興二十七年之丁丑，上距嚴序本書之壬戌爲十五年，度必於是時刊成。且前二卷中遇宋諱無一避者，亦可爲邢臺所刊之一證。是當爲第一刊本。至開禧改元，其年爲乙丑，後邢臺鏤版四十八年。張孝忠跋謂其書自北而南，於襄陽訪得後四卷，刊於郴山，是當爲第二刊本。又後五十七年，爲景定辛酉，慶有書堂覆刻，是當爲第三刊本。且前二卷書法、鐫工與建安刊本絶不相類，余故謂兩不相配也。猶不止此，《四庫》稱無己所作《明理論》凡五十篇，阮文達進書提要亦云「取寒證分爲五十門」，然金刻嚴器之序「始於發熱，終於勞復，凡五十篇」，句中「勞復」二字及「五」字均剜改。又目録中第三卷一行及十四篇之目全係割裂補寫，余因疑邢臺初刊之本原分四卷，不止五十篇，後附《方論》不刊卷第，觀是本抄補《傷寒明理方論》首行下並無「第四」二字，是亦可證。意者景定覆刻之時，第三卷先已遺佚，遂以《方論》湊成四卷，以實孝忠後跋之言。四庫館臣及文達所見均爲闕佚已後之覆本，書估據是抄配，察與刊本原目不符，故割棄重寫，以泯其迹也。

版式　半葉十行，行二十字。左右雙闌，版心白口，雙魚尾。書名題「明理幾」，上記字數，下記刻工姓名。

刻工姓名　可辨者有王三、王五二人及石、政、諒數單字。

藏印　「怡府世寶」、「安樂堂藏書印」、「李氏瞿研圖書印記」、「宛陵李之郇藏書印」、「宣城石室」、「江山劉履芬彦清父收得」、「江城如畫樓」

傷寒要旨二卷 二册

《宋史·藝文志》「李檉《傷寒要旨》一卷」，《直齋書録解題》則稱二卷。是本宋刻宋印，《藥方》卷末有「右《傷寒要旨》一卷、《藥方》一卷，乾道辛卯歲刊于姑孰郡齋」題記二行，似當以二卷爲足本。然原書前後並未分卷，《宋志》或據版式爲言，不能謂其所見必不全也。題記以《要旨》列前，《藥方》列後，則似《藥方》必刊於《要旨》之次，而類證亦當居前，且刻書題記多刊於首尾，從無刊於卷中者。陳氏《解題》乃謂「列方於前而類證於後」，亦可異也。是本《要旨》缺第三葉陰面至第九葉陽面，又第十三葉及第四十一葉陰面。《藥方》缺第一、二、三葉及第四葉陽面。檢諸家書目，惟連江陳氏世善堂有之，他家無著録者，故黄氏誇爲奇物。蕘圃跋稱同時刊行者尚有《洪氏集驗方》，黄氏兼而有之，自詡罕秘。《集驗方》今藏鐵琴銅劍樓，是書則歸余插架。百餘年來，幾經浩劫，而此兩書均獲存於天壤間，不可謂非藝林幸事。《集驗方》由黄氏覆刻，已獲流通，而此則孤本僅存。不特原書，即沈子禄續補之編，亦不易得。黄氏有知，其能無默爲呵護乎？

黄蕘圃跋 此書偶從書友得之，初不過重其爲宋刻，而未知其爲何人所著。因見《直齋書録解題》有「《傷寒要旨》二卷，李檉撰。列方於前而類證於後，皆不外仲景」，知此是李檉所著也。外間無别本刊行，故人多不識。似此精妙宋刻，人皆目爲明版，惟余則確然信之，以白金三兩餘購得。卷中明明有「乾道辛卯歲刻于姑孰郡齋」字樣，後人以南宋孝宗朝乾道七年鐫版釋之，可云有識。不知何人妄説，以爲即非宋版，亦是明朝初年書，作疑信參半語，可云無識。目録後有跋云：「崇禎甲申元宵，蝶庵孫道兄見惠。向置亂卷中，庚戌端節後，雨如瀑布，檢出裝好」云云。但有圖章而無墨書姓名，圖章又糊塗莫辨，未知其爲誰何矣。今余檢出裝好，適在癸亥端節，竟日雨如瀑布，何情景恰相似耶？想見讀書人不事他事，日以破紙爲性命，作消遣光陰之計，古人與余亦同此寂寞爾。黄丕烈。

又跋　此書爲乾道辛卯刻于姑孰郡齋，其爲宋版固無疑義。而卷中惟避「丸」作「圓」，外此若「驚」、若「玄」，未有避者，宜外人之疑爲明刊也。頃五柳主人從都中寄余宋版《洪氏集驗方》，余開卷見其行款字樣與此相類，閲後「刻之姑孰」及「乾道庚寅」云云，知一時刊刻，故版式相同。迨出此相證，見每葉記刻工姓名，有黄憲、毛用等人，乃知二書同出二工之手，庚、辛兩年先後付雕也。然二書顯晦有同有不同者，此書載諸《直齋書録解題》而《洪氏集驗方》不載，《洪氏集驗方》載諸《延令季氏宋版書目》而此書不傳，豈非顯晦各異耶？兹何幸，余之並藏兩書耶！且是書失傳已久，雖殘編斷簡，猶得收而寶之，所見亦可謂罕秘矣，因再跋數語於卷末。甲子冬十一月望前三日，蕘翁。

又跋　此書不傳于世久矣，故各家書目罕載之。後從坊間插架見有《傷寒要旨》籤，急取視之。其標題曰「傷寒要旨方」，次行云「當塗李檉與幾編輯，吴會沈子禄承之校正續補」，知已非李書之舊矣。即所載諸方叙次略同，而分量法製、輕重多寡彼此互異，益徵此殘宋本之可貴也。《要旨》一卷，沈所未載，更爲絶無僅有之書，安得不視爲奇物耶？丁卯孟夏，復翁。

版式　半葉九行，行十六字。左右雙闌，版心白口，單魚尾。書名一册題「要旨」，一册增一「方」字。《藥方》、目録連正文葉號銜接，下記刻工姓名。

刻工姓名　存者僅黄憲、毛用、劉青、劉全四人。

宋諱　眩、弦、驚等字均不避，惟「丸」字易作「圓」。

藏印　「黄印丕烈」、「蕘翁」、「復翁」、「士禮居」、「讀未見書齋收藏」、「汪印士鐘」、「閬源真賞」、「吴下汪三」、「平陽叔子」、「振勳私印」、「某泉父」、「眉泉」、「紳之」、「韓應陛鑒藏宋元名鈔名校各善本于讀有用書齋印記」

本草衍義二十卷 五册

宋通直郎、差充收買藥材所辨驗藥材寇宗奭編。晁《志》作《本草廣義》，謂宗奭「以《本草》二部著撰之人，或執用己私，失於商榷，并考諸家之説，參之事實，覈其情理，證其脱誤，以成此書」。全書二十卷，陳氏《解題》作十卷，或有分合之異。卷首總目，前三卷序例，後十七卷均論藥品。余嘗於友人許見一宋刻，版式相同，卷末有「右《證類本草》」，計版一千六百二十有二。歲月寖更，版字漫漶者十之七八，觀者難之。鳩工刊補，今後成全書矣。時慶元乙卯秋八月癸丑識」四行，又有校刊銜名段杲等五人，與日本《經籍訪古志》所載楓山秘府藏本正同。是書僅一百六十二版，蓋與《證類本草》同刊而併計之也。《訪古志》稱卷首載政和六年十二月廿八日付寇宗奭劄子，又云「宣和元年□月本宅鏤版印造，姪宣教郎知解州解縣丞寇約校勘」。是本所存版式特長者，其字體猶有北宋風格，疑是原刊之葉。

版式　每卷目連正文。半葉十一行，行二十一字。左右雙闌，版心白口，雙魚尾。書名題「衍義幾」，上記字數，下記刻工姓名。

刻工姓名　原刊各葉有蔡建、鄧壽、鄧敬、蕭受、范明遠、高興世六人。餘爲補版，有李圭、劉光、□康、王季、宋俊、段尺、王貞、陳茂、張仁、宋瑞、蔡泰、鄧煒、翁年、蔡万、黄田、陳明、劉應、江漢、任興、張仲、彭雲、彭云、馮壽諸人。又有光、鄭、宋、玉、胡、仁、圭、甲、茂、肖、煒、林、允、万、江、壽、永、晉、國、蔡、劉、仲各單字。

宋諱　「玄」字注「犯聖祖諱，改元」，「胤」字注「犯廟諱，改嗣」，「藷」字正文「犯英廟諱，下一字曰蕷」。「構」、「愼」二字亦闕筆，獨「敦」字爲光宗嫌諱，未避，與弦、驚、丸、完諸字同。

景祐乾象新書殘本　六册

《書録解題》曰：「司天春官正楊惟德等撰。以歷代占書及春秋至五代諸史採摭撰集。元年七月書成，賜名，仍御製序。」其序見王應麟《玉海》。時司撰集者楊惟德外，尚有春官正王立，翰林天文李自立、何湛，又總工程者爲内侍任承亮、鄧保信、皇甫繼和、周惟德數人。書凡三十卷，第一曰天占，第二曰地占，第三、四曰太陽占，第五、六曰太陰占，第七曰周天星座去極入宿度，第八曰晷景晝夜刻中星七曜行數分野，第九至十三曰歲星占、曰熒惑占、曰填星占、曰太白占、曰辰星占，第十四、十五曰紫微垣占、曰太微垣占、曰天市垣占，第十六至二十二曰角亢氐房四宿占、曰心尾箕斗四宿占、曰牛女虛危四宿占、曰室壁奎婁四宿占、曰胃昴畢觜四宿占、曰參井鬼柳四宿占、曰星張翼軫四宿占，第二十三至二十六曰東雜座占、曰北雜座占、曰西雜座占、曰南雜座占，第二十七口五星總占，第二十八曰慧星孛星占，第二十九曰瑞星妖星客星占，第三十曰流星占。是書沉薶已久，前清中葉，虞山張蓉鏡得宋鈔本十二卷，此僅存卷五、六，卷十二、十三，卷十六、十七、十八、十九，卷二十七、二十八，皆張氏舊藏，有印記可證。據錢天樹跋，尚闕第三、四兩卷，然已有全書三分之一，誠希世之珍矣。册尾有印版銜名一葉，在卷五者第一行「元豐元年十二月□□日學生臣秦孝先書」，第二行「校定將仕郎守司天監主簿充翰林天文同測驗渾儀臣趙靖」，第三行「校定將仕郎守司天靈臺郎充翰林天文同測驗渾儀賜緋臣董惟正」，第四行「校定文林郎守司天監主簿同知算造臣周日新」，第五行「校定文林郎守司天監主簿同管勾測驗渾儀臣于太古」，第六行「校定文林郎守司天監主簿充翰林天文同測驗渾儀臣王應」，第七行「校定承務郎守司天監丞管勾書籍臣王太明」，第八行「校定儒林郎守司天監丞充曆算主簿兼同知算造臣楊得言」，第九行「校定朝奉郎檢校尚書庫部員外郎守殿中丞兼司天中官正權同管勾司天監公事兼同提點曆書護軍賜紫金魚袋臣周淙」，第十行「校定通直郎守司天中官正權判司天監兼提點曆書騎都尉賜紫金魚袋臣丁洵」，以下越二行爲「樞密直學士朝散大夫尚書右司郎中兼侍讀知通進銀臺司兼門下封駁事兼專切提舉進奏院判太常寺兼禮儀事知審官東院事提舉司天監公事詳定郊廟奉祠禮文護軍新安郡開國侯食邑一千一百户賜紫金魚袋臣陳襄」，分占二行。其第十二、第十六、第十七、第十九各卷，寫官爲「楷書臣蘇宗亮」，第二十七卷爲「書庫官臣徐欽鄰」，餘十人銜名皆同。書成於仁宗景祐元年，越四十四年爲神宗元豐元年，始付謄寫。其後恐未必刊行，故其書幾致湮没全部。書法遒勁，的爲宋人手筆。惟第十三卷爲後人補鈔，除此卷外每卷前後均有「類訖」二字朱印。「類」即「類」字，有比對之義，蓋當日校定諸人所鈐也。

錢夢廬跋　芙川先生所藏北宋内府抄殘本《景祐乾象新書》十二卷，客歲郵寄第三至第六四卷，又第十八卷及第廿七、廿八兩卷，已得寓目一過，綴以數語歸之。今年夏復承寄眎第十二、十三兩卷，幸得焚香展誦片刻。其第十三卷是明人抄補，後缺「辰星與他星相犯占」一條尾數字，又「流星犯辰星占」一條全缺。此兩卷中引用書籍，與前所見七卷内大同小異。尚有第十六、十七、十九三卷未得寓目，芙川倘能一併借觀，當再爲詳跋之。因是寶重之物，不敢隔宿借留，即日寄還，悤悤記此，以志眼福。道光十五年乙未六月佛誕日，錢天樹。

版式　卷首題「景祐乾象新書某某占卷第幾」，次本卷總目，目連正文，卷末書名同。半葉八行，行十九至二十三字。四周單闌，版心題「乾象幾」。

宋諱　玄、弦、敬、驚、竟、境、弘、殷、胤、恒、貞、徵、戍等字闕筆，皆神宗以前廟諱也。

藏印　「鄧印文原」、「虞山張蓉鏡印藏」、「蓉鏡珍藏」、「蓉鏡」、「味經」、「稽璜曾觀」、「陳鑾曾觀」

古三墳書三卷　一册

晁氏《讀書志》云：「皇朝張商英天覺得之於比陽民家。」又云：「按《七略》不載《三墳》，《隋志》亦無之，世皆以爲天覺僞撰。」其書七卷。陳氏《解題》云：「元豐中，毛漸正仲奉使京西，得之唐州民舍。其辭詭誕不經，蓋僞書也。」其書一卷。《四庫》著録，入《存目》，其書亦一卷，謂「周秦以來經傳子史從無一引其説者，蓋北宋人所爲」，又云「宋元以來自鄭樵外，無一人信之者」。是本獨分爲三卷，南宋初年刊於婺州，卷末有紹興十七年三衢沈斐刊書跋四行，錢遵王《讀書敏求記》所收之本與是正同。首有毛漸正仲序，卷排長號。《山墳》第一凡八葉，《氣墳》第二凡五葉，《形墳》第三凡五葉。末有後叙七行，無著人名氏。是書入明有數刊本，均併爲一卷，且佚後叙。僅萬曆賈三近刊本、程榮《漢魏叢書》本尚存三行有奇。其傳均易正文爲注，是又僞中之僞矣。卷二末有「甫里陸氏家傳珍玩陸惪悉學」篆書一行，卷三末又有「大德戊戌中秋後二日處梅陸元通置」一行，其下又有「至大庚戌人日子德懋觀□侍旁」小字二行。沈斐跋後又有跋文四行，曰：「《古三墳書》聞其名而未見其書，因得之於書肆中，後人觀覽宜珍惜哉。□□戊申二月旦日書於近學齋。」所記年號雖已漫滅，然亦非近人手筆。其下均各鈐有印記。書雖贋造，印本却佳，因留置之，以充秘玩。

版式　半葉十行，行十八字。左右雙闌，版心白口，單魚尾。書名題「墳」字或「古」字。次葉號，次字數，次刻工姓名。

刻工姓名　可辨者有張玘、林升、宋杲、沈原、陳林數人。

宋諱　桓、購、搆三字闕筆。

藏印　「元通」、「處梅」、「用和陸㥣忞」、「陸氏文房」、「㥣忞」、「葉氏進學齋藏書記」、「武陵世家」、「顧印汝修」、「九峰三泖之間」、「雲間僧善學海闍圖書」、「雁湖陶勝叔甫珍藏印」、「陶印日發」、「江左陶生」、「陶印祝胤」、「祝胤私印」、「長公」、「學齋居士」、「山陽朱氏珍賞圖書」、「朱氏珍藏」、「景錫氏」

嘯堂集古録二卷　四册

宋王俅撰。《四庫》著録，《提要》稱「是編録古尊、彝、敦、卣之屬，自商迄漢，凡數百種。摹其款識，各以今文釋之」。然頗譏其「真贋雜糅」，舉夏禹一印及滕公墓銘爲證。滕公墓銘十七字，純爲道家符籙之體，其爲僞造尤可一望而知，王氏録此，濫矣。卷首有李邴漢老序。書凡二卷，鐫印絶精，在宋槧中堪稱上乘。卷末有元人書宋人跋，又元人跋，各一通。書摹松雪，的係元人手蹟。北平、儀真在百餘年前已嘖嘖稱道不置，况留貽以至今日耶！

宋曾機跋　武王戒、書、鑑、矛等銘凡十有四，規警備至，成書具在，乃知古人一械一物必有款識，非特文字刻畫之爲諒也。吕、劉相嬗，日趍便簡，器用淪圮。更千百載，如嶧山火泐、石鼓泥蟠，何可勝紀？先正歐陽文忠先生始集名碑遺篆而録之，蓋精力斯盡，而所著無幾。元祐以後，地不愛寶，頹堤廢墓，堙鼎臧敦，所觸呈露，由是「考古」、「博古」之書生焉。蓋盈編鱗秩，而包羅莫究。王君子伒《嘯堂集古》最爲後出，然而奇文名蹟，自商迄秦，纍纍凡數百章，尤爲精夥。初不曉其前晦而今見，意者天地之氣運必有與立於此，否則中原故物將有不得揖讓其間之歎者，此尤君子之所深感也。余因得其鋟版，試摘所藏邵康節《秦權篆銘》校之，豪髮不舛，益信子伒裒類之不妄。敬書於後，且掇古人所爲觸物存戒之意以拜之，庶幾不徒字畫之泥而古意之未亡也。淳熙丙申六月既望，廬陵曾機伯虞謹跋。

右跋爲元人所書。

干文傳題　景春沈君居樂圃坊，與余同里閈，且嘗同游可村賀先生之門。一日過景春所居，出《嘯堂集古録》見示。嘗試觀之，由秦以前三代之器若敦、槃、尊、彝、鼎、鐘、甬、權之屬，無所不有。每列一器，必摹其款識，而以楷書辨之。刻畫甚精，殆不類刊本。讀之者文從字順，如游商周之庭而寓目焉，可謂奇矣。坐客皆啧啧稱歎。余謂景春平生寡嗜慾，唯酷好收書。有别業在閶門西，去城僅數里，景春昔嘗居之，人有挾書求售者至，必勞來之、飲食之，酬之善賈，於是奇書多歸沈氏，《集古録》其一也。昔人有以千金市馬者，得駿骨予五百金，逾年而千里馬至者三。今景春嗜書與昔之嗜馬者何以異哉？吴中多好古博雅君子，將見載酒殽、問奇字者踵門而來，景春不寂寞矣。客曰：「然，請書之。」元統改元十一月廿又六日，吴郡干文傳題。

翁覃谿題　嘉慶辛酉之春，得見王厚之《鐘鼎款識》，趙承旨題籤者。是冬，復得見此而題之，多幸多幸。

又題　猶記王厚之物，是其值百金。今又多元人一幅，何啻倍之。

又題　此淳熙曾伯虞序，亦元人所書，並後元統跋，皆古澤可愛，亦何減款識之珍耶！辛酉十二月，方綱識。

又題　王子弁《嘯堂集古録》，宋槧原本，後有元人手書，藝林至寶也。安邑宋芝山得之，寄求題識。辛酉冬十二月廿有四日，北平翁方綱。

又題　是日適檢篋中影宋寫本，以海寧陳仲魚手校諸條核對，信爲真宋槧無疑。又以兒子樹培手拓家藏鐘鼎文一册同展翫，正不謂今有愧於古也。今日適爲四兒樹崐娶婦，文字之祥照我几研，深幸深幸！方綱試寒碧研書。

阮元題　是册今亦歸余，且摹刻之。

右題寫於覃谿題詞「王厚之鐘鼎」云云之側。

又題　此二册乃宋刊本，二跋乃元人墨蹟，致可寶也。嘉慶八年，曲阜顔衡齋以此贈元，收入琅嬛仙館，與宋王復齋《鐘鼎款識》共藏之。阮元識。

版式　上列原器及本文，下爲釋文。左右雙闌，版心白口，單魚尾。書名僅題一「古」字，兩卷各五十葉，葉排長號，並不分卷。

宋諱　桓字闕筆，玄字釋作「元」。

藏印　「謙牧堂藏書記」、「兼牧堂書畫記」、「是本曾藏宋葆淳家」、「翁方綱」、「覃溪」、「覃谿審定」、「蘇齋」、「蘇齋墨緣」、「寶蘇室」、「阮元印」、「阮元私印」、「阮伯元藏鐘鼎文字」、「臣元奉勅審釋内府金石文字」、「揚州阮氏琅嬛僊館藏書印」、「琅嬛僊館」、「文選樓」、「積古齋印」、「東壁圖書」、「屏衛森畫戟燕寢凝清香」、「吳廷」、「吳廷之印」、「吳文桂私印」、「江邨」、「甘泉岑氏懼盈齋珍藏印」、「德翁」、「隴西癸巳人碩」

百川學海四種　一册

《百川學海》輯刊者宋左圭。圭字禹錫，自稱古鄮山人。有刻書自序，題其歲紀爲昭陽作噩，昔人定爲南宋度宗九年。書凡十集，集七八種至十餘種不等。舊以爲叢書之祖，其實前乎彼者尚有《儒學警悟》也。此爲宋刊殘本，存四種。

《國老談苑》二卷　陳氏《解題》及《宋史·藝文志》均題《國老閒談》，夷門君玉撰，不著姓。《四庫總目》亦云「王字爲後人所增」，仁和邵氏《簡明目録標注》亦云「明人妄改、妄增」。此爲宋刻，已著「王」字，其上兼有「隱叟」二字。

《王文正筆録》一卷　陳氏《解題》題「《王沂公筆録》」，丞相沂公青社王曾孝先撰。記開國以來雜事，凡三十六條」。《宋志》「傳記類」則稱《王曾筆録》。

《丁晉公談苑》　晁氏《讀書志》「雜史」、「小説」二類均題「《晉公談録》」，丁謂撰」，不知何人記其所談。此書「得之於洪州潘延之家。延之，晉公甥也，疑延之所爲」。《宋志》入「傳記類」，《四庫總目》入「小説家類」存目，均稱《談録》。

《欒城遺言》一卷　蘇轍之孫、蘇遲之子蘇籀撰。籀方年幼時，侍其祖於潁昌，録其所聞可追記者，以示子孫，故曰《遺言》。《説郛》所收僅節録若干，此爲完本。

版式　半葉十二行，行二十字。語涉帝室均空格。左右雙闌，版心細黑口，雙魚尾，上記字數。《丁晉公談苑》中，版心下有一「立」字者，疑是刻工之名。

宋諱　僅見一「敦」字闕筆。

藏印　「古吴王氏」、「江左」、「季印振宜」、「御史振宜之印」、「滄葦」、「顧千里經眼記」、「鞠情松操」

事類賦三十卷　十册

宋吴淑撰並注。卷首有淑《進注事類賦狀》，自稱「凡讖緯之書及謝承《後漢書》、張璠《漢記》、《續漢書》、《帝系譜》、徐整《長曆》、《玄中記》、《物理論》之類，皆今所遺逸，而著述之家相承爲用，不忍棄去，亦復存之。前所進二十卷，加以注解，卷秩差大，今廣爲三十卷」云云。卷十九、卷三十後各有「右迪功郎特差監潭州南嶽廟邊惇德校勘」一行。卷末又有紹興丙寅邊氏刊書序與校勘銜名，相隔一行。序後又有「左儒林郎紹興府觀察推官□□□主管文字陳綬校勘、左從政郎充浙東提舉茶鹽司幹辦公事沈山校勘、右從政郎充浙東提舉茶鹽司幹辦公事李端民校勘」三行。是書有元明刻本，行款不同，且邊序移置卷首，校勘銜名又佚去沈山一人，蓋已失邊本之舊。即《天禄琳琅續編》存一宋刻，雖未失沈山銜名，而後序移置卷端，疑亦非邊氏原刊矣。是本宋諱避至高宗嫌名，筆意鐫工猶存北宋遺意，的是紹興初年刊本。其中宋刻存者卷一至五、卷十一至十三、卷二十至末，凡十九卷，餘均補抄。其出自汲古閣毛氏者，卷六至十，卷十七至十九，凡八卷。出白士禮居黄氏者，卷十四至十六，凡三卷。蕘圃復據錢遵王藏傳録宋本，句梳字櫛，親加點勘。間有欠葉殘句，亦一一爲之補完，期於盡復宋本面目。蓋以是爲罕見之書，不肯苟焉從事也。先後爲常熟毛奏叔、泰興季滄葦所藏，繼歸士禮居，又入於藝芸精舍汪氏。卷第十一第一、二葉前後半葉誤爲黏合，卷二十九第六葉錯入卷二十六第七、八葉間，蕘圃均親筆記注。原未改裝，今尚如舊。歷百餘年，前賢手澤猶新。名家弆藏，堪稱珍秘。

黄蕘圃跋　余姻家袁氏五硯樓有舊鈔《事類賦》，爲錢遵王藏本，已詫爲秘本。去年有書友攜郡中故家書來，内有宋刻補鈔，仍有缺卷之《事類賦》。取對錢本，方知錢本實照宋本也。擬收之，惜索直昂，還之。今春偶一憶及，竊謂古書難得，且兩本相得益彰，非錢本無以補宋刻之闕，亦非宋本無以正錢本之誤，今幸而遇之，倘不幸而失之，非余之咎而誰咎耶？因復購之，喜而書此，並以告世之藏書者當爲古書作合計也。嘉慶癸酉花朝，復翁識。

右見卷末。

又跋　癸酉春三月初七日，校錢遵王舊藏鈔本。時冒雨泛舟，挈次孫美銘往亡兒墓，俾修祭掃，兼欲葺治頹垣，故冒雨行也。舟中無事，從葑溪至横塘適畢此卷。春帆細雨，新燕掠波，頗饒野趣。

右見卷第七末。

又跋　校未終卷，已抵西跨塘。乘雨豁登岸，使美銘祭墓畢，歸舟午飯，又畢此卷。時遠山糢糊，微雨蒙蘢，蓬窗筆硯都潤。

右見卷第八末。

又跋　薄暮抵家，晚飯後燒燭校畢此卷。是書七、八、九卷三卷已前尚有鈔補者，尚未先校也。復翁。

右見卷第九末。

又跋　補葉從錢遵王藏鈔本校。

右見卷第五末。

又跋　三月初八日，補校卷五末葉並此卷。此《江賦》中「温嶠燃犀」句，注中仍引《晉書》作「燬犀」，是也。近因校刊宋本《輿地廣記》引用「燬犀」，覆檢《晉書》並旁考他書舊本，無作「燃犀」者。附記。

右見卷第六末。

又跋　三月初八晚校畢。時簷溜涔涔，淫雨爲患，春花可危矣。

右見卷第十末。

又跋　此卷昨晚校起，神倦輟筆。今晨又以酬應出門，午後歸始校畢。三月九日，雨窗。

右見卷第十七末。

又跋　燒燭至定更，始畢此卷。

右見卷第十八末。

又跋　三月初十日，雨歇，天稍放晴。晨有客來清談，片刻客去，手校此卷，時纔日中也。

毛氏鈔補缺卷，未必全據宋刻。若錢藏鈔本，審其筆意，似爲有明嘉靖時抄，則較舊矣。且以宋刻存卷證諸錢藏鈔本，雖行款未必全合，而大段相同，可見其鈔之照宋傳録，特非影宋耳。兹鈔業有毛氏圖記，可見其鈔補之出于毛氏，未便竟輟而去之。且錢藏鈔本究降于宋刻一等，傳録不無脱誤，故但以錢本手校其異於毛鈔上，遇錢本之灼見其誤者不復録出。惟原闕十四、十五、十六，當據錢本足之，願俟異日。其餘散缺零葉，錢本有者亦當補入。三月初十日，校毛鈔補卷訖，因記。

右均見卷第十九末。

又跋　癸酉冬，從錢遵王藏鈔本手補破損處，文義易明者置之。

右見卷第五末。

又跋　是書所以必收之故，具詳得時跋語中。兹届歲闌，適鈔補十四、五、六卷成，因復繙閲一過，遇紙損字壞處，悉手爲填補。竊歎購書之難，難乎其好，尤難乎其力也。所缺三卷，恐俗手鈔補反損是書古色古香，故倩名手寫之。文則從錢本，行款、體則摹宋刻形像，可謂精緻矣。然書止四十葉，字二萬四千五百十六，價五千三百九十四，紙直、裝工不在其數，旁人視之，不且驚駭乎！余之敢爲此者，非有力也，好也。歲事日逼，而余猶勤勤於手爲填補者，恐倩工又費多錢耳。今而後讀此書者，苟非遇全宋刻，可云無遺憾矣。宋廛一翁。

右見卷首。

又跋　錢遵王藏舊鈔本，既不無訛謬，鈔胥又多筆誤，因用朱筆抹出，仍令墨筆補正之。復翁校訖記。

余家古書裝潢，皆出工人錢瑞正手，性甚迂緩，如取歸裝成，動輒半年，故戲以「錢半岩」呼之。余延至家裝書，由老屋以至遷居再遷居，幾二十餘年矣。近日聲價甚高，余亦力絀，未能如向日邀之之勤。且有子可繼其業，故鮮動手焉。因此浸淫摴蒱，夜以繼日，得疾卧床，來令其子索未了之工值。此書胚胎，一江工人爲之，而舊時墨戕，非老於裝古書者無有也，遂令錢工子足之。嘉慶甲戌二月花朝前三日，復翁裝成記。時去得此書時卻一年矣。

錢遵王藏舊鈔本，力不能兼蓄，物主又急需變賣，因慫恿一友人嗜古者得之，且可據宋刻以正鈔本之誤，則錢本不又成一宋本乎？又記。

友人者，張君訒庵也。不事舉業，專心購書。近與余熟，亦喜購古籍矣。得錢鈔本後，果借余宋刻校錢鈔本一過，是世間又多一宋本矣。復翁。

右均見卷第十六末。

又跋　錢遵王藏鈔本，後歸張訒庵。訒菴復借余宋刻校鈔本，因再核余所校錢鈔者，尚有脱校幾條，手爲籤出，謹粘于上方，以誌余過，以紀友善。四月十九，復翁。

右見卷第五末。

版式　每卷首行題「事類賦卷第幾」，次行「勃海吴淑撰奉勑注」，次本卷部目及子目。半葉八行，行大字十六至十八。小字雙行，行二十五至二十七不等。左右雙闌，版心白口，單魚尾。書名題「事幾」，下記刻工姓名。

刻工姓名　存卷中可辨者有梁濟、雇忠、洪茂、徐杲、包正、王珍、丁珪、毛諒、許明、陳錫、施藴、徐政、余竑、徐高、徐昇、明仲、朱琰、孫免、孫勉、阮于、婁僅諸人。

宋諱　玄、絃、弦、泫、衒、玆、蚿、舷、縣、懸、朗、朓、眺、敬、警、驚、竟、境、鏡、弘、泓、殷、慇、匡、筐、胤、恒、禎、貞、楨、徵、懲、讓、曙、署、樹、澍、竪、裋、頊、旭、勗、煦、桓、丸、紈、完、筦、構、搆、遘、觳、雊、姤等字闕筆，又「軒」、「轅」二字連用者亦避。

藏印　「毛表之印」、「東吴毛表」、「毛表」、「臣表」、「毛奏叔氏」、「毛奏叔」、「奏叔氏」、「奏叔」、「海虞毛表奏叔圖書記」、「虞山毛表奏叔家圖書」、「古虞毛氏奏叔圖書記」、「中吴毛奏叔收藏書畫印」、「季印振宜」、「滄葦」、「御史之章」、「蕘圃手校」、「求古居」、「汪士鐘藏」、「崔氏永春堂記」、「叔鄭後裔」、「蔣印元堉」、「萬歛」

册府元龜殘本 二册

此爲蜀中刊本。存卷二百八十六至二百九十五，凡十卷，均宗室部。其子目十有二，曰品第、曰忠諫、曰圖興復、曰立功、曰禮士、曰薦賢、曰儉約、曰抑損、曰好尚、曰退讓、曰專政、曰復爵。所見宋諱避至神宗嫌名，當爲北宋刊本。鐵琴銅劍樓瞿氏有殘本五卷，其《藏書志》定爲祥符書成最初刊本，却似未確。皕宋樓陸氏收藏宋刻四百七十一卷，今俱流出海外。國内存者才百餘卷，此十卷爲諸家所無，亦足珍已。

版式 首行題「册府元龜卷第幾」，次行低二格「宗室部第幾」，三行低四格子目第幾。半葉十四行，行二十四字。左右雙闌，版心白口，單魚尾。書名題「册府幾」、「册幾」、「府幾」。

宋諱 玄、炫、誸、弦、衒、朗、眺、敬、警、驚、儆、竟、弘、殷、恇、貞、楨、戍等字闕筆。

藏印　「國子監崇文閣官書」、「借讀者必須愛護損壞闕失典掌者不得收受」、「晉府書畫之印」、「敬惪堂圖書印」、「晉府圖書」、「子子孫孫永寶用」

太學分門增廣聖賢事實漢唐事實殘本　三册

無撰人名氏。《宋史·藝文志》「類事類」有《帝王事實》十卷、《聖賢事實》十卷、《漢唐事實》十五卷，注云並不知作者，疑即此書。惟此首冠「太學分門增廣」數字，未知原作如此，抑後人有所增益？是本前一種存二卷，卷一爲力牧、羲和、四岳、后稷、契、皋陶、垂、伯益、后夔龍、元凱，卷二爲傳法、仲虺、微子、箕子、伯夷、伊尹、周公。後一種亦存二卷，但均不全。卷五僅宣帝一人，卷七有明帝、章帝、和帝、元帝四人。人各一篇，採其生平行事及後人評騭見於經史諸子者，分類臚列，各以二字標題於上，其下並注所從出之書。有互見者，則云見某某。俗體簡書，觸目皆是，蓋坊賈射利之作，專以備場屋懷挾用者。巾箱小本，字細如髮，確存宋槧風致。書雖無用，亦可翫也。

版式　半葉十行，行十六、七字。横闊五公分半，縱長八公分半。四周雙闌，版心細黑口，雙魚尾，上間記字數。書名題「聖賢幾」、「漢唐幾」。左闌外有耳，記篇名。

宋諱　「胤征」作「嗣征」，「庶徵」作「庶證」，「不以伊周之道匡其國」作「康其國」，「克慎厥始」作「克謹厥始」，「讓于殳斨」作「遜于殳斨」，餘均不避。

藏印　「王鴻緒印」、「儼齋」、「平陽汪氏藏書印」

重雕改正湘山野録三卷續録一卷　四册

晁《志》：「皇朝熙寧中僧文瑩撰，記國朝故事。」《四庫》著録，謂其「作於荆州之金鑾寺，故以湘山爲名」。正録分上、中、下三卷，《續録》一卷。宋刊僅存前二卷，餘皆抄配，黄蕘圃定爲元人手筆，卷中末有「至正十九年六月十九日覽記」墨書一行可證也。書名冠以「重雕改正」四字，是以前必有刊本，惜今不傳。是本書法雕工猶存北宋風格，蓋必刊於紹興以前。舊爲士禮居黄氏所藏，《百宋一廛賦》中「文瑩《湘山》，元鈔未并」云云，即指是書。黄氏注云：「毛氏刊入《津逮》中。然《湘山野録》斧季重用前本手勘者，今亦在予家，錯誤無慮數十百處也。」喬鶴儕跋亦甚不滿於《津逮》刊本。今斧季所勘不可復見，余既幸獲是書，因取毛刊對校，乃知黄氏之言實信。宋刻亦有訛字，然總勝於後出之本。後二册補抄，容有筆誤，凡確知其爲譌奪者，即不過入。其異同處如左表：

卷	葉	行	宋本	津逮秘書本
上	一	後三	止以奇牋妙墨	「牋」誤「牒」
	二	前一	「聞前代興亡」至「不十年入西」凡十四行，計大字二百七十四，小字七，空格一。按「聞前代」云云，上亦有闕文。	均闕
	三	後一	公正色答曰	脱「答」字
		後九	漢江西畔史君家	「史」作「使」
	四	前三	知南京	「南京」作「杭州」
		前六	公後鎮西京	「西」作「南」
		前七	孤飛殊不礙鴛鸞	「礙」誤「擬」
	五	後八	希夷以詩遺之	「遺」作「遺」
	六	前一	後梁兩入蜀	「梁」作「果」
		後三	公以劍外鐵緡輜重	「輜」誤「緇」

七	前三	此其不便一也	脱「也」字
	前四	此不便二也	脱「也」字
八	前五	獨浄梵天香	「梵」作「焚」
	前六	諸大師且領聖意	「諸」誤「請」
	後八	醉飲於礬樓	「礬」作「樊」
九	前五	諫真皇長安之幸	「皇」作「宗」
	後二	詔下果不至	脱「下」字
	後五	具官种某	「官」誤「言」
	後六	彼視山林若桎梏	「彼視」作「視彼」
	後七	蓋强持隱節以沽譽	脱「持」字
十	前四	牢落汀祠晚聚鴉	「晚聚」作「聚晚」
	前七	一客膳於廊	「膳」誤「贍」
十二	前九	余嘗竊謂深於詩者	脱「竊」字
	後五	已兆於先矣	「先」誤「此」

十三	前一	浙憲馬卿等欲按之	無「等欲」二字，空二格
	前二	憲曰	「憲」下衍「目」字
	前八	乃傳法之沙門乎	「傳」誤「傅」
	前九	陳尤功藥名詩	「功」作「工」
	後八	且詠蒼苔	「且」作「惟」
十四	前九	乃寶瓶艮帶也	「艮」作「銀」
十六	前八	翦擢以至於華顯者	脱「以」字
		獨某不幸	「獨」下衍「以」字
	後四	既而非久移鎮青社	脱「非久」二字
十七	前三	知州仲士衡緣轍迹	「轍」字作墨丁
	後二	攜樽餚	「樽」作「酒」
十八	後九	公自壞屋	「屋」作「壁」
十	前六	留詩於寺曰	「曰」字作墨丁
	前七	煙嵐翠瑣門前路	「瑣」作「鎖」

後二 許立是也 「立」作「玄」

二十 前四 里閈交素建乞骸 「建」作「逮」

廿一 前四 乃知李白所撰 「撰」作「作」

前八 聞説閬山通閬苑 「山」誤「州」

前九 皆白之品流也 脱「流」字

廿三 前三 神御既往 「御」作「馭」

後二 交涉往還 「涉」作「結」

廿四 前一 國家均敷職土 「土」作「田」

廿五 前一 與西京武覃偕行 「京」誤「州」

後二 仍懷中出書一卷示公以富貴爵位默定之事 「仍」作「乃」、「位」誤「命」

後四 石延年字曼卿 脱「字」字

廿六 前三 猶有存者 「存」誤「在」

前六 過廬都失眼前人 「眼」字作墨丁

中　一　前二　升諸宫　「諸」作「儲」
　　　前六　未及繫辭　「繫」誤「係」
　　　　　　以元使虜遂止　「止」作「罷」
　　　　　　清躬漸不豫　「躬」作「軀」
　　　前八　手澤疑籤　「疑」作「凝」
　　二　前九　忽一狂醉道士叱之　「醉」字誤列「士」字下
　　　後一　我戒汝只在金魚廟　「我」作「吾」
　　　前二　集諸生誚之　「誚」作「謂」
　　三　前三　稍或黜落　「黜」誤「出」
　　　後九　管須見淚　「管」誤「定」
　　五　前四　惟大周廣順二年　「順」誤「運」
　　六　前六　於議不便　「議」作「義」、「不」作「非」
　　　前九　則驗天儀　「則」作「測」、「天」作「渾」
　　　後二　又變戴氣　「戴」作「紫」

七	後六	悰况牢落	「况」作「悦」
	前九	汝海之東	「海」作「顥」
	後二	因游仙㠀觀	「㠀」誤「島」
	後六	墓誌銘爾	「誌」作「志」、脱「銘」字
	後七	遂惑焉	「惑」上有「解」字
	後八	仁宗倚眷之	「倚眷」作「眷倚」
八	前一	中國曰	「國」作「公」
	前五	無以形其意	「意」誤「德」
	前二	「止」字側注	誤作正文
十	前五	謫向人間卅六	「卅」作「三十」
十一	前三	持古風以飾外	脱「以」字、「飾外」誤「外飾」
	前九	館閣遂爲雅戲	「遂」作「以」
		凡或談話清淡	誤作「淡話清談」
十二	後二	河北地振振未已	「振」作「震」，不疊「震」字

十三　前一　吴公中復　「吴」作「胡」

前三　不知其幾十百年　「十」誤「千」

後九　胡大監　「大」誤「文」

十四　前二　必妄訐時政　「訐」誤「計」

前五　胡必知廟術也甚憾之　「必知」作「知必」，「廟」下有「堂」字，脱「甚憾之」三字

前七　沂公問丈丈日近目疾增損若何　「丈丈日」誤「丈曰」、「若何」作「如何」

前　但言襄陽無書　「無」誤「元」

後一　乞賜一監　「監」誤「見」

此必可得　「必」下衍「不」字

後三　尹師魯爲渭帥　脱「渭」字

後五　置一甌於尹　「於」誤「投」

後七　磨去磨平　按，去、平二字誤作「磨去磨來」

係指讀音。

十六	後六	劉孝叔吏部公	脱「劉」字
十七	後九	水精宮裏家山好	「精」作「晶」
	後三	今方得之	「今方」誤作「方今」
十八	前四	世祖功臣卅六	「卅」作「三十」
	後八	旌鉞鼙吹	「鼙」作「鼓」
二十	後二	吾道不可行	「吾」誤「君」
廿一	後二	怨責頗深	脱「責」字
	後七	榛棘封蔀	「棘」誤「荆」
		妻妾亡已數月	「妾」作「亦」
廿二	前一	方葉蓴凋謝	「蓴」、「凋」二字誤倒
	前六	榜曰臨轘	「轘」誤「轅」
	前九	文就出之相較	「文」誤「夕」
	後七	格弱冗字爾	「冗字」作「字冗」

下

廿三　後四　大帥王資政　「大」誤「太」
一　後二　乃問甲第何許　「問」誤「周」
　　後四　容具家蔬　「蔬」作「蔌」
二　前三　「牛也」二字側注誤作正文
　　後一　無宅起樓臺　「宅」作「地」
　　後二　莫是無宅起樓臺相公否　「宅」作「地」
三　前三　已四鼓　「鼓」作「更」
　　後六　頗無記論　無「論」字，空一格
　　　　　俾滿引　「引」誤「飲」
四　前二　臣惟忠孝一生心也　「惟」下有「有」字，脱「也」字
　　前九　赤洪崖打赤洪崖　上「赤」字作「白」
　　後四　李承旨維　「維」作「淮」
　　後九　而事頗妥貼　「頗」誤「更」
五　前四　且襴鞹牘文候之　「且」作「具」、「牘」誤「與」

六　後九　王處訥　「訥」作「納」
前五　殆浣浴禨藉畢　「藉」誤「籍」
後九　秦邸舊有賽神之會　「秦」誤「奏」
七　前二　獄就盡黜　誤作「獄既就黜」
前七　竟不雪遂死　誤作「竟不遂而死」
前八　嗟哉　「嗟」作「哀」
後七　不決奉許　「決」作「敢」
後九　攜文訪之　「訪」誤「迓」
八　後一　錢子高明遠始中大科　「遠」作「逸」、「中」作「由」
後六　素捭闔於都下　「捭」誤「押」
九　前七　遂贈佳釀一擔　「釀」作「醞」
至末陽　「末」誤「來」
後七　聞鎖院臨出京　「鎖」誤「鎮」
十　前四　尚天姻　「尚」誤「向」

前七　鳴法鼙於宅之法堂　「鼙」作「鼓」
後一　敲擊牀机　「机」誤「機」
後七　問取布袋　「布」誤「皮」
就机問曰　「机」誤「機」
十一　前二　火葬訖不壞者五物　「火」誤「人」
十二　前一　一日選景於華林廣園以明粧列侍召齊丘共宴試小妓羯鼓齊丘即席獻羯鼓詩　脱「園以明粧」至「齊丘即」十九字
後六　凡三日復甦　「復」字作墨丁
十三　後六　景亦連「絓」　誤「繼」
後七　「木子也」三字側注　誤作正文
後八　「田也」二字側注　誤作正文

十四	前八	爲葬於龍山落帽臺碑以表其墓焉	脱「帽臺」至「墓焉」八字
	後一	盡爲漁樵傭估陸魯望	「估」字下有「嗟哉」二字
	後四	忽一山僕至寺	「僕」作「童」
十五	前二	不及攀送	脱「送」字
	前七	長游郡市	「郡」作「都」
	後七	專遣人馳歸	「遣」誤「譴」
十六	前四	顧持刃者	「刃」誤「刀」
十七	前一	投故人阮思道	無「思」字，空一格
	後三	白鳥成行忽驚起	誤作「白鳥幾行驚起」
	後五	自寫於玉堂畫壁	「畫」作「後」
	後七	尤惡盜賊	「尤」誤「猶」
	後八	有三盜庾者	「庾」誤「糠」
十八	前六	唐主欲相之	「主」作「室」

十九　前七　續慊之　「慊」作「嫌」

前八　及歌姝　「姝」作「姬」

二十　後四　因詰其形貌　「詰」誤「請」

廿一　前六　時或風燒飄擊　「燒」誤「撓」

後六　盡帶將仕郎　「仕」誤「伏」

後八　今則不聞　「聞」誤「問」

廿二　後一　結浄社之十僧　「社」作「土」

後二　廣傳道以興利　「以」作「而」

廿三　前二　並化本國　「並」作「兼」

後一　錢希白碑其異於塔　「錢」作「楊」、「異」誤「賢」

後七　又得天貺殿道士　「殿」作「觀」

廿四　前一　演以庚二兩置石於　無「庚」字，空一格，「石」
相藍南食殿礲訖　誤「食」、「礲」誤「𣩘」

前二　寫石之日　「石」誤「名」

後三 又非利乎 「又」作「豈」

續

二 前五 爲治世之大公也 「爲」下衍「今」字

四 後八 日召僧誦百部 「日」誤「自」

五 前八 今尠其比 「尠」誤「斟」

後四 朝士皆歎其博識 「識」下衍「也」字

後六 爲澶駐泊 「泊」誤「州」

六 後五 今果許仁寶 「果」誤「累」

七 前二 而協之子易簡生 「協」作「蘇」

前五 累上不捷 「上」誤「亦」

前八 「語斷」二字側注誤作正文

後四 復面責同列 「面」誤「回」

八 前一 今暫屈周公 「屈」誤「出」

前二 鄭工部文實 「實」作「寶」

前八 及建營田 「建」誤「違」

九	前二	吾篋中蓄雷朴一琴	「雷」誤「琴」
十	前八	雍熙丙戌命曹武 思彬伐燕不利	「戌」下有「歲」字，「命」 誤「會」、「思」作「惠」
	後九	作清徵之聲	「徵」誤「微」
十一	前五	生醉坐於岸木陰下	「木」誤「太」
	後二	上御太清閣以望氣	「以」誤「四」
十二之	前四	潘先卜居於彼	「先」下衍「世」字
十三	前九	請公獨宿	「請」誤「諸」
	後三	正據廳脊	脱「正」字
		月色晴霽	「晴」誤「倍」
十四	前九	明肅太后欲謁太室	「室」作「廟」
十五	前三	尚皆有誅	「誅」誤「諫」
	後四	鯨流海島	「鯨」誤「黜」
	後七	嗣宗止因寫二詩於驛壁	「止」誤「也」

十六	前七	不可剃也	「剃」誤「替」
	後二	主上尊賢下士	「尊」誤「賢」
	後八	自謂天下幸民	「天下」作「太平」
八	後三	閒者惑邊州郡	「閒」誤「聞」
	後四	陳五事與軍帥	「帥」誤「師」
	後五	後果不動	「不」作「無」
	後七	願往親之	「往」誤「欲」
十九	前一	不過此爾	無「爾」字，空一格
	後一	中夕是悼	「中夕」誤「申文」
二十	前八	貴逼身來	「逼」誤「極」
	前九	一劍霜寒十四州	「霜」作「光」
廿二	後四	閑暇若將紅袖拂	「若」誤「苦」
	後八	苟必徇所陳	「必」誤「或」
	後九	庸人撓之	「之」誤「正」

廿三　前三　而得一弊紙　「得一」誤「二詩」

前八　甚爲可惜　「惜」下衍「也」字

後七　畫船來去碧波中　「去」作「往」

後八　曉聲未斷嚴粧罷　「聲未」作「鍾聲」

廿四　前一　安排諸院按行廊　「按」誤「接」

前二　紅線毯　「線」誤「繡」

前九　每夜月明花榭底　「每夜」作「夜夜」、「榭」作「樹」

傍池長有踏歌聲　「踏」誤「按」

廿五　前二　小樂攜來候宴遊　「候」誤「侯」

前九　幾回抛鞚把鞍橋　「橋」誤「轎」

後二　樹影花光遠接連　「光遠」作「香杳」

後三　蘭棹把來高拍水　「棹把」作「槳棹」、「高」作「齊」

後五　罷畫船飛別浦中　「別」誤「到」

後七　每到岸頭長拍水　「長」作「齊」

竟擡纖手出船來　「擡」誤「提」

廿六　前二　含羞急過御床前　「急」誤「走」

前三　綵樓雙夾鬬鷄場　「場」作「坊」

前八　久竊鄉人之薦　脱「久」字

黄蕘圃跋　《湘山野録》曾刻入毛氏《津逮秘書》中，外此未見有善本也。近從華陽橋顧聽玉家得此宋刻元人補抄本，藏經紙面，裝潢古雅，洵爲未見之書。略取《津逮》本相校，知毛刻尚多訛脱，想當日付梓，未及見此耳。繼于混堂巷顧五癡家見有毛斧季手校本，即在《津逮》本上，實見過此本。取對至卷中「時晏元獻爲翰林學士」一行，前竟脱落「備者惟陳康肅公堯咨可焉陳方以詞職進用」十八字，初亦不解其故，反覆展玩，乃知此十八字抄時脱落，後復添寫于旁。斧季校時猶及見此，而後來裝潢穿綫過進，遂滅此一行。向非別見校本，何從指其脱落耶？爰重裝之，使倒折向内，覽之益爲醒目云。嘉慶丁巳冬十月初五，書于士禮居，蕘圃黄丕烈。

又跋　戊午年，五癡子南雅復以斧季校本歸余，今後可稱雙璧之合矣。蕘圃又記。

又跋　癸亥春，輯《百宋一廛書目》，重閱此，其去裝潢時已越六年矣。流光荏苒，著述粗疏，即一目録之學，涉手愈知其難，遑論其他哉！二月十日雨牕書于縣橋之新居，蕘翁記。

喬鶴儕跋　持此以校《津逮》刻本，是正極多。「胡且欲詣闕」一段内，「沂公問丈丈曰近目疾按，原文「日近目疾」云云，不作「曰近目疾」。「丈丈」爲稱謂之詞，稱謂之後不應再用「曰」字，竊疑此字亦爲毛氏誤改。增損如何」。又「但言襄陽無書，乞賜一監。諸相曰：『此必可得。』」此兩語爲《津逮》妄改，全失語氣，不見此本，不知所改之大謬。然字誤亦有數處，讀宋本書正如治漢學者，不可以微文害大義也。前人謂文瑩出入於鶴相之門，語多右之，細讀信然。文筆亦苦鈍滯，於彼法中未能得解脱自在三昧。塗水喬松年題記。

繆藝風跋　此北宋刊元人補抄本，蕘圃跋至爲推重。《百宋一廛賦》中物存於世間者亦少矣。首有黄子羽圖書，迺牧齋之老友，冠以「有明」二字，緣督稱其有故國之思者。閲之愴然。荃孫記。

版式　半葉九行，行二十字。左右雙闌，版心白口，單魚尾。書名題「山上」、「山中」、「山下」等字。

宋諱　僅「驚」、「貞」二字闕筆，其「完」、「丸」等字均不避。

藏印　「黄子羽」、「有明黄翼收藏」、「樊士寬印」、「古雝書生」、「三教外人」、「烮谿清興」、「雪舟」、「學稼軒」、「壺天小隱」、「虞山席鑑玉照氏收藏」、「席鑑之印」、「席氏玉照」、「書香千載」、「席紹潤印」、「繩祖」、「弦里里民」、「黄印丕烈」、「復翁」、「蕘翁」、「蕘圃卅年精力所聚」、「士禮居」、「百宋一廛」、「汪印士鐘」、「閬源真賞」、「湘文過眼」、「澹軒清玩」、「趙宋本」

揮麈録殘本　一册

王明清《揮麈録》分爲四部，《前録》四卷，《後録》十一卷，《第三録》三卷，《餘話》二卷。此爲宋刻，僅存《第三録》，猶是刊成初印之本。惜後半部多被損蝕，均寫補。毛氏《津逮秘書》刊有是録，取以對校，足以訂正毛刊訛脱者不少。顧毛本亦從宋本出，其間異同之字，未必盡由於舛誤，且所注宋本作某者與是本亦全不符。及取涵芬樓《四部叢刊》所印景鈔宋本互對，則無一不合，乃知毛氏所據爲宋時覆本，而此則爲其原版也。《百宋一廛賦注》：黄氏原有《後録》卷一、二及《三録》三卷，臨安府陳道人書籍鋪刊行。是本卷首有黄氏小像及藏印，惟並無「陳道人刊行」一行，殆已佚去。今以是録校正毛本，字句有由於誤刊者，亦有出於原誤者。列表於左，覽者或有取焉。

卷	葉	行	宋本	津逮秘書本
一	一	前四	秀州郡城外東塔寺	「東塔」作「真如」
		後四	范覺民爲參知政事	脱「范」字
		後十一	訪一觀舊	「觀」作「親」
	三	前九	或徑趨衢信	「徑」誤「從」
	四	前一	亭議趨四明	無「亭」字
	七	後二	乃知信州陳机探報也	「机」誤「杌」
	八	前六	令還四明已無及矣	「令」誤「今」
		前九	延世拒而不納	「拒」誤「拒」
		前十一	率兵應援明州	「援」誤「授」
	九	前六	輝與穎士者	「輝」誤「煇」
		前八	字茂實	脱此三字

	十	前九	字元實	脱此三字
		八	雖曰多才	「曰」誤「日」
	十二	後四	非敢求知也	「知」誤「之」
	十四	後十	師正薦於王禹玉	「玉」誤「王」
	十五	前六	澤干秦而騁辯	「干」誤「于」
	十八	前五	授經就編	「經」作「歸」
		前六	自爾識關鍵	「鍵」作「楗」
		後九	羲仲道原子也	「也」字下有側注「先人手記」四字
二	一	前八	其後位俱不顯	「顯」字下有小注「『約』宋刻作『納』」五字
		後六	遂逢故人	無「遂」字，作空匡
		後八	其醉西園	「其」作「共」
	二	前一	曰琢玉坊	「琢」誤「瑑」

後九　胡元功云　「云」下有小注「『蔽』宋刻作『敝』」五字

四　前二　既至彼館問勞甚至　脱「問」字

五　前一　德澤在民　「民」誤「外」

七　後四　檜不顧斧鉞之誅　「鉞」字下有小注「宋刻作『越』」四字

後七　檜已具狀申大元帥府　「申」字下有小注「宋刻作『中』」四字

八　後六　晁四丈以道讀之　「丈」字下有小注「宋刻多一『以』字」六字

九　前五　宵憂兼夷夏之心　「宵」誤「霄」

十　前七　誓資衛社之同盟　「同」誤「何」

後十一　奮忠仗義　「仗」誤「城」

十一　前五　爲朝廷立功　「爲」誤「惟」

	前七	爲朝廷禦敵	「爲」誤「惟」
十二	前八	及一城父老乎	「父」誤「阜」
十三	後九	錢愕妻德國夫人	「愕」作「義」
十四	前一	儕類六七輩	「七」誤「十」
十五	前一	與先人游	脱「人」字
十六	前八	陳確字叔能秀人也目覩	脱此二十一字
		□□□爲察官上疏論其事	

三

一	後九	適虜集于郊外	「集」誤「寨」
七	前一	今皆正郎	「今」誤「令」
	前二	滁洗冤誣	「滁」誤「滿」
八	前四	塗中居民	「塗」誤「虛」
	後九	遂致王孝忠之變	脱「王」字
十	後六	即之天章	脱「之」字
十二	後八	王之鄰居	「之鄰」二字誤倒

翁覃谿題　乾隆丁未秋七月展讀一過，重裝。

版式　每卷首行題書名卷之幾，次行低二格題「朝請大夫主管台州崇道觀汝陰王明清」，卷二、三無結銜。半葉十一行，行二十字。左右雙闌，版心細黑口，雙魚尾。書名題「三録幾」，下記刻工姓名。卷中語涉宋帝均空格。

刻工姓名　僅有尤伯全、尤全，疑係一人。

宋諱　僅偵、戌、完、愼四字闕筆。

藏印　「臣伊私印」、「西君」、「翁印方綱」、「黄印丕烈」、「蕘圃」、「復翁」、「求古屋」、「士禮居」、「蓉鏡」、「蓉鏡」〔一〕、「芙川」、「小琅嬛清閟張氏收藏」、「小琅嬛福地秘笈」、「小琅嬛福地」、「愛日精廬藏書」、「琴川張氏小琅嬛室主臧書」、「晚香堂」、「宋本奇書」、「赤衾黄石」

〔一〕蓉鏡　此印與上印同，疑爲一横印一竪印。

妙法蓮華經七卷　七册

卷首《妙法蓮華經》弘傳序，次行題「終南山釋道宣述」。每卷首行題「妙法蓮華經卷第幾」，次行題「姚秦三藏法師鳩摩羅什奉詔譯」。凡二十八品，分爲七卷。密行細字，書法宗率更體，鎸印俱精。

版式　半葉十行，行二十一字。梵夾式本，上下單闌。

宋諱　僅卷首「弘」字闕筆。

北山録殘本　二册

題「梓州慧義寺沙門神清撰，西蜀草玄亭沙門慧寶注」。卷首錢唐沈遼序稱：「神清在元和時，其道甚顯，爲當世公卿所尊禮。性喜述作，其出入諸經者或删或益，凡百餘卷。而斯録獨發其精藴，尤稱贍博。」《唐書·藝文志》有《神清參元語録》十卷。按《宋高僧傳·唐梓州慧義寺神清傳》：「清平昔好爲著述，前後撰成《法華玄箋》十卷、《釋氏年誌》三十卷、《新律疏要訣》十卷、《二衆初學儀》一卷、《有宗七十五法疏》一卷、《識心論澄觀論俱舍義鈔》數卷、《北山參玄語録》十卷，都計百餘軸，並行於代。就中《語録》博該三教，最爲南北鴻儒名僧高士之所披翫。寺居郪城之北長平山陰，故云『北山』。統三教玄旨，實而爲録，故云『參玄』。」此僅稱「北山録」者，蓋省文也。全書凡十六篇，天地始第一，聖人生第二，法籍興第三，真俗符第四，合霸王第五，至化第六，宗師議第七，釋賓問第八，喪服問第九，譏異説第十，綜名理第十一，報應驗第十二，論業理第十三，住持行第十四，異學第十五，外信第十六。徵引繁富，屬辭雋雅，洵可謂辨才無礙。是本存一至三、七至十，凡七卷。卷末有致仕殿中丞丘濬後序，又禀學賜紫□□贊述後序一首，其文已蝕損不全。焦竑《國史經籍志》有「《北山語録》十卷」，《季滄葦藏書目》有「《宋遼北山録》四册，宋版」。是明季清初，其書尚存。而釋藏未收者，殆當時已極罕秘。卷末有「明萬曆丙子仲秋望日重裝，墨林項元汴持誦」墨書二行，蓋先爲檇李項氏所藏，而後入於泰興季氏者也。

版式　半葉十二行，行大字二十四，小字三十。左右雙闌，版心白口，單魚尾。書名題「北山録幾」。

刻工姓名　可辨者僅徐志一人及姜、趙、姚、葉、包數單字。

宋諱　玄、眩、朗、敬、竟、境、鏡、殷、弘、匡、胤、恒、禎、貞、徵、曙、署、樹、戌等字。沈遼謂據蜀本覆刻。其序作於熙寧元年，蓋同時所刊，故「頊」字猶未及避。

藏印　「項元汴印」、「項墨林鑑賞章」、「墨林山人」、「項子京家珍藏」、「輝」、「了然」、「希聖」

北山録殘本附注解 三册

是本存一至六，行款與前一部同，惟版式較短，當係重刊，並非翻刻。附《注解》二卷，首行題「北山録注解隨函卷上下」，次行題「儀封縣平城村净住子比丘德珪撰」。上卷篇末書名並增「音釋」二字，下卷無之。成語單詞均注音義，有時兼引出典，注中時見諸本、絳本或絳京本如何云云，疑此書當時盛行，必不僅沈遼序所云一蜀本。前部所缺三卷，此俱完存，世間孤本，得爲豐城之合，至可幸也。舊爲華亭朱大韶藏書。

版式　半葉十二行，大字二十，小字三十六。左右雙闌，版心白口，單魚尾。書名上卷題「北山音」，下卷增一「下」字。

刻工姓名　僅見李、范二單字。

宋諱　玄、眩、弦、弘、匡、筐、恒、樹等字闕筆。

藏印　「華亭朱氏文石山房臧書印」

翻譯名義集七卷 十四册

卷一正文前有編者法雲紹興十三年自序，謂「思義思類，隨見隨録，前後添削，時將二紀。編成七卷六十四篇」。卷首荆谿周敦義序，謂「不惟有功於讀佛經者，亦可護謗法人意根」。每卷書名次行題「姑蘇景德寺普潤大師法雲編次」，接篇目，目連正文。宋諱避至高宗止，蓋刊於紹興之世，是書成後第一刊版也。元刊析爲十四卷，釋藏又改爲二十卷，均非原編次第。惟日本寬永覆本猶存七卷之舊，今極罕見。是爲天水原槧，更可寶矣。前三卷原佚，据宋刻景寫，極精。

版式　梵語大字，跨行釋義。半葉十行，行二十至二十三字。小注雙行，行二十三至二十七字。左右雙闌，間有四周均雙闌者，版心白口，單魚尾。無書名，但題「梵語第幾」、「梵語幾」，間署捐貲開版人姓名。

宋諱　玄、鉉、敬、警、驚、擎、竟、境、鏡、弘、殷、恒、懲、樹、戌、桓、洹、垣等字闕筆。

藏印　「汪印士鐘」、「平陽汪氏」、「三十五峯園主人」、「宋本」

集部

陸士龍文集十卷 五册

《隋志》：「晉清河太守《陸雲集》十二卷。」又注：「梁十卷，録一卷。」新舊《唐志》均十卷。《晉書》本傳稱「所著文章三百四十九篇」，不記其集之卷數。是爲宋刊本，凡十卷，卷一賦，卷二、三、四詩，卷五誄，卷六頌、讚、嘲，卷七騷，卷八書，卷九啓，卷十書集，綜計僅得三百六十四篇，其他蓋亡於隋唐之際。即見存卷數是否梁、唐舊第，亦不可考矣。是本前後雖無序跋，每卷先全目，次篇目，猶是宋本舊式。紙質薄細，墨光黝潤，鐫工亦極古茂，可爲宋刻上乘。余嘗見明正德陸元大覆宋慶元徐民瞻《二俊文集》，行款不同，而士龍集所有墨丁，則與是本彼此互異三字外，餘悉相合。且是本宋諱避至寧宗，疑即爲徐氏慶元刊本之一。猶有一證，則明覆本卷八錯簡三葉，其上下文不接之處即爲宋本前後分葉之處，是必宋本葉次偶有顛倒，刊者不察，誤相沿襲，致成此錯。然明覆本卷一末葉有慶元刊版年月及監刊校正人姓名五行，愛日精廬影抄宋本亦然，而是本無之，是又似同而實異也。卷四《答兄平原詩二首》，其第二首「别矣行路長」，馮惟訥《詩紀》乃以爲機贈雲之作，《四庫總目》許之，謂明本實誤。又「緑房含青質」四語、「逍遥近南畔」二語，標題曰「芙蓉」、曰「嘯斥」，爲明人不學者據《藝文類聚》所編，而不知宋本即已如是。館臣妄加指摘，枉矣。是書迭經名家弆藏，檢其印記，首爲蘇州玉蘭堂文氏，次嘉興天籟閣項氏，次泰興延令季氏，次崑山傳是樓徐氏，最後爲仁和結一廬朱氏。近始散出，歸余插架。卷中尚有趙子昂、唐伯虎二印，則僞造也。

項子京題記　宋版晉陸雲文集五册，墨林項元汴珍秘。明萬曆二年秋八月，重裝於天籟閣中。

版式　每卷首行題「陸士龍文集卷第幾」，次行題「晉清河内史陸雲士龍」。半葉十行，行二十字。左右雙闌，版心白口，單魚尾。書名題「士龍集」或「文集第幾」，上記字數，下記刻工姓名。

刻工姓名　有吕椿、高惠、高文、朱僖、高正、高聰諸人。

宋諱　玄、弦、朗、殷、匡、胤、恒、貞、徵、署、桓、構、搆、溝、慎、惇、敦、廓等字闕筆。

藏印 「玉蘭堂」、「梅谿精舍」、「辛夷館印」、「翠竹齋」、「五峯樵客」、「項印元汴」、「項元汴印」、「項子京」、「子京父印」、「子京」、「子京所藏」、「子京珍秘」、「項子京家珍藏」、「墨林項季子章」、「墨林山人」、「項墨林鑑賞章」、「項墨林父秘笈之印」、「墨林懶叟」、「檇李項氏世家寶玩」、「退密」、「寄傲」、「天籟閣」、「平生真賞」、「會心處」、「净因菴」、「净因菴主」、「鴛鴦湖長」、「西疇耕耦」、「沮溺之儔」、「子孫永保」、「季振宜字詵兮號滄葦」、「振宜之印」、「滄葦」、「徐健菴」、「乾學」、「朱印學勤」、「修伯過讀」、「結一廬藏書印」

黄氏補千家集注杜工部詩史三十六卷 十册

宋黄希、黄鶴撰。希嗜讀杜詩，以舊注舛疎，爲之補訂，未竟而殁。其子鶴繼成其志，積三十餘年之力，始克卒業。詩以年次，意隨篇釋，冠以譜辨，視舊加詳。其本末具見卷首吳文、董居誼二序。《郡齋讀書志》趙希弁《附志》是書凡三十六卷，尚有外集二卷，此已不存，《天禄琳琅》亦無之，則遺佚久矣。卷首序後爲傳序碑銘，次集注姓氏，次目録。按杜詩集注有《新刊校定集注》，郭知達編，三十六卷；有《門類增廣十注》撰人不詳，二十五卷；有《草堂詩箋》，蔡夢弼會箋，五十卷；有《集百家注杜陵詩史》，王十朋集注，三十二卷。皆宋時坊肆刊刻，惟郭本去取較嚴，所輯之注僅有九家，餘則不免貪多務博，假託名氏，以炫流俗。是本體例略同，所列姓氏多至一百五十有一人，其所徵引，《四庫總目》謂以王洙、趙次公、師尹、鮑彪、杜修可、魯訔諸家之説爲多，其他亦寥寥罕見。然如王彦輔、王深父、薛蒼舒、薛夢符、杜定功、張孝祥、李覯、鄭卬輩，亦時時及之。其上冠「補注」二字，别以「希曰」、「鶴曰」者，則黄氏父子之説也。卷首有鶴手訂《年譜辨疑》，此已佚去。《四庫總目》謂其鈎稽辨證，頗具苦心，惟「題與詩皆無明文，不可考其年月者，亦牽合其一字一句，强爲編排，殊傷穿鑿」，洵爲持平之論。宋諱避至光宗嫌名。按卷首二序均刊於寶慶二年，而寧宗嫌名「廓」、「擴」等字均不避，豈援居喪不諱之例耶？全書紙墨精綻，的是初印。前人並加批點，中有數卷評論甚詳，具有見地，惜不署名，不知爲何人手筆。

版式　每卷書名題「黄氏補千家集注杜工部詩史」，或於「注」字下增「紀年」二字，或以「諸儒」代「千家」二字，或省去「集」字。半葉十一行，行十九字。小注雙行，行二十五字。四周雙闌，但以僅見左右者爲多，版心細黑口，雙魚尾。書名題「杜詩幾」、「杜寺幾」、「土言幾」、「土寺幾」、「杜幾」、「寺幾」。

宋諱　玄、朗、匡、筐、恒、禎、楨、貞、真、徵、讓、樹、戍、桓、完、構、慎、敦等字闕筆。

藏印　「泉隱」、「虞山毛晉」、「東吳毛晉」、「字子晉」、「琴川毛氏珍藏」、「毛氏藏書子孫永寶」、「毛姓秘翫」、「榴」、「在在處處有神物護持」、「盱江曾氏珍藏」、「浦氏揚烈」、「浦祺之印」、「浦玉田藏書記」、「浦伯子」、「留與軒浦氏珍藏」、「袁氏又愷」、「廷檮之印」、「蘇州袁氏家藏」、「五硯樓袁氏收藏金石圖書印」、「五硯樓」、「任齋銘心絶品」、「吟芬館珍藏」

分門集注杜工部詩二十五卷　二十八册

此與前書不同，前以作詩之時代次，此以詩題之門類分。凡七十二門，曰月，曰星河，曰雨雪，曰雲雷，曰四時，曰節序，曰千秋節，曰晝夜，曰夢，曰山岳，曰江河，曰陂池，曰溪潭，曰都邑，曰樓閣，曰登眺，曰亭榭，曰宮殿，曰宮祠，曰省宇，曰陵廟，曰居室，曰鄰里，曰寄題，曰田圃，曰仙道，曰隱逸，曰釋老，曰寺觀，曰皇族，曰世冑，曰宗族，曰外族，曰婚姻，曰園林，曰果實，曰池沼，曰舟楫，曰梁橋，曰燕飲，曰紀行，曰述懷，曰疾病，曰懷古，曰古迹，曰時事，曰邊塞，曰將帥，曰軍旅，曰文章，曰書畫，曰音樂，曰器用，曰食物，曰投贈，曰簡寄，曰懷舊，曰尋訪，曰酬答，曰惠貺，曰送别，曰慶賀，曰傷悼，曰鳥，曰獸，曰蟲，曰魚，曰花，曰草，曰竹，曰木，曰雜賦。詩人吟詠，本以抒寫懷抱，其命題與主意未必甚相聯合，而必摘一二字以别其門類，俾各有所隸屬，且有複沓及甚瑣細者，此真坊肆無聊之作，視前書之强定年月者更下矣。注詩姓氏總一百四十有九人，視前書減其二。所采之注，以王洙、趙次公、蘇軾、鄭卬、杜修可、薛夢符數人爲多。卷首列諸家序跋、題詞、墓誌、銘傳，次年譜，撰者吕大防、蔡興宗、魯訔三家。目録次行結銜與前書全同。版印絶精，亦南宋建陽佳刻也。

版式　半葉十一行，行二十字。小注雙行，行二十五、六、七字不等。左右雙闌，版心白口，雙魚尾。書名題「杜詩幾」、「杜寺幾」、「杜幾」、「寺幾」，上間記字數。

宋諱　玄、弦、眩、朗、殷、匡、筐、恒、貞、禎、楨、徵、懲、讓、桓、完、構、慎、敦、燉、廓等字闕筆。

藏印　「謙牧堂藏書記」、「兼牧堂書畫記」、「留侯開國」、「西谷」

孟浩然詩集三卷 二册

卷首宜城王士源序，次韋滔序，次標目。王序謂「其詩二百一十八首，分爲士類」，「士」疑「七」之譌。分上、中、下卷。詩或缺未成，而思清美及佗人酬贈，咸次而不棄」。是本並未分類，即首數亦微有不符，上卷八十五首，中、下卷各六十四首，總二百一十三首。又附張子容二首、王維一首，視王序所云尚缺其二。《四庫提要》謂所收「無不完之篇，亦無唱和之作」，指爲並非原本。此雖有張、王酬唱三首，而未成者却未見，且未分七類，故亦不能認爲原本。黄氏後跋謂「撥雲覩青」云云，似嫌過譽。陳氏《解題》亦有分爲七類之説。楊守敬《日本訪書志》有元禄庚午刻本，分游覽、贈答、旅行、送别、宴樂、懷思、田園七類。明刊本又有以五古、七古、排律、五言律、七言律、五絶、七絶分類者，其數亦七。然余皆以爲後人附會王序，勉强配合，而原本亦恐不爾也。是爲宋刻蜀本，鐫印甚佳，惜被書估剜割描畫，殊可惋惜。

黄蕘圃跋　余于五月杪自都門歸，聞桐鄉金氏書有散在坊間者，即訪之，得諸西山堂。書凡五種，宋刻者爲《孟浩然詩集》、錢杲之《離騷集傳》、《雲莊四六餘話》，影宋鈔者爲岳版《孝經》、吕夏卿《唐書直筆新例》。索白鏹六十四金，急欲歸之，而議價再三，牢不可破。卒以京版《佩文韻府》相易，貼銀十四兩方得成此交易。此《孟浩然詩集》即五種中之最佳，而余亦斷不肯舍者也。先是，書友攜此書來，余取舊藏元刻劉須溪批點本手勘一過，知彼此善惡奚啻霄壤。非特强分門類，不復合三卷原次序，且脱所不當脱，如《歲晚歸南山作》，《新唐書》所云浩然自誦所爲詩也，元刻在所缺詩中。衍所不當衍，如《歲除夜有懷》，明知《衆妙集》爲崔塗詩也，元刻在所收詩中，去取果何據乎？今得宋刻正之，如撥雲覩青矣。至于此刻爲南宋初刻，類此版式唐人文集不下數十種，余所藏者有《劉隨州》、《劉賓客》，余所見者有《姚少監》、《韓昌黎》，皆有「翰林國史院官書」長方印，然皆殘闕過半，究不若此本之爲全璧也。得書之日，忻幸無似，爰書此以著緣起。近倩汪澣雲主政作《續得書圖》，題此曰「襄陽月夜」，蓋絶妙詩中畫景云。嘉慶辛酉冬孟九日，書于太白樓下。黄丕烈識。

版式　每卷先列分目，下連正文。半葉十二行，行二十一字。左右雙闌，版心白口，單魚尾。書名題「孟上」、「孟中」、「孟下」。

宋諱　僅「驚」、「恒」二字缺筆。

藏印「翰林國史院官書」、「文登于氏小謨觴館藏本」、「黄印丕烈」、「復翁」、「士禮居」、「百宋一廛」、「蕘圃卅年精力所聚」、「汪印士鐘」、「閬源真賞」、「楊以增字益之又字玉堂晚號冬樵行一」、「以增私印」、「楊氏伯子」、「關西節度系關西」、「東郡楊紹和字彦合藏書之印」、「東郡楊紹和印」、「楊紹和審定」、「楊紹和讀過」、「紹和筠嵒」、「紹和協卿」、「協卿真賞」、「協卿讀過」、「楊氏協卿平生真賞」、「彦合珍玩」、「東郡楊氏鑑藏金石書畫印」、「宋存書室」、「東郡楊氏宋存書室珍藏」、「東郡宋存書室珍藏」、「宋存書室」、「芩泉居士」、「世德雀環子孫潔白」

韋蘇州集十卷 三册

唐韋應物撰，書凡十卷。卷首太原王欽臣序，序後爲目録，卷末附拾遺，有目，記熙寧丙辰校本添四首，紹興壬子校本添二首，乾道辛卯校本添一首。全書鐫印俱精。卷六第一葉紙背有墨書「二十七日准升縣冀萬才所關爲前事」，硃書「當日行下象山縣並下台州寧海縣」各一行，蓋爲當時官紙，惜無年月可考。或定爲南宋書棚刊本，然棚本均有某地某鋪刊行一行，此却未見。按是書刊於寧宗時，距乾道辛卯不過二十餘年，則此或爲最後校添之第一刊本。卷九《石鼓歌》「喘逶迤相糺」，錯句。別本「喘」字下有墨丁。《白鸐鴿歌》「日夕夜仁全羽翼」句，別本「夜仁」作「依人」。疑有訛奪。其他亦尚有誤字。然後來刊刻均從此出，雖有小疵，固是珍本。

版式　每卷首行題書名，次行題「蘇州刺史韋應物」。半葉十行，行二十字。左右雙闌，版心白口，單魚尾。書名題「韋幾」，上記字數，但七卷以下不記。

刻工姓名　僅記「余同甫刁」及「同甫刁」等字，尚有余、何、應數單字。

宋諱　玄、絃、泫、朗、悢、殷、筐、恒、禎、貞、徵、樹、桓、完、構、搆、慎、敦、暾、廓等字闕筆。

藏印　「嘉興雙湖戴氏家藏書畫印記」、「鄞人周琬」、「周氏子重」、「濂溪後裔」、「清白傳家」、「青瑣仙郎」、「光溪草堂」、「庭艸交翠」、「張印用禮」、「天禄琳琅」、「乾隆御覽之寶」

唐陸宣公集二十二卷　十二册

《新唐書·藝文志》曰：「陸贄《議論表疏集》十二卷，又《翰苑集》十卷，韋處厚纂。」

《郡齋讀書志》曰：「《奏議》十二卷，《翰苑集》十卷。」又曰：「舊《翰苑集》外，有《牓子集》五卷、《議論集》三卷。元祐中，蘇子瞻乞校正進呈，改從今名。疑是時裒諸集所成云。」《附志》又曰：「希弁所藏《制誥集》十卷、《奏草》六卷、《奏議》六卷。」《直齋書録解題》曰：「權德輿爲序，稱《制誥集》十三卷、按，權序實云十卷。《奏草》七卷、《中書奏議》七卷，今所存者，《翰苑集》十卷、《牓子集》十二卷。」又有「《陸宣公奏議》二十卷，又名《牓子集》」。綜是觀之，《翰苑集》即《制誥集》，原爲十卷，可無疑義。其曰《議論表疏集》，曰《奏議》，曰《牓子集》，曰《議論集》者，即今之《奏草》六卷、《中書奏議》六卷，其有云三卷、或五卷、或七卷、或二十卷者，殆蘇子瞻輩未校正進呈前之本也。是本宋刻，卷首權序題「唐陸宣公翰苑集」，目録及正文則總題「唐陸宣公集」。卷耑某氏題詞，謂「『搆』字不缺，爲南渡以前刊本」，固屬妄言，即「慎」、「敦」二字不避，亦不能遽定爲光、寧二宗前之刊本也。竊有疑者，《唐書》本傳贊謂「觀贄論諫數十百篇，譏陳時事，皆本仁義」，今《奏草》存三十二篇，《奏議》存二十四篇，去百篇之數甚遠。是本元、明遞有覆刻，篇數均同，豈歐氏渾括言之歟？抑歐氏所指者爲未經蘇氏校正進呈之本歟？代遠文亡，莫可證已。卷第二十二鈔配，他卷補寫者亦間有數葉。舊爲福建梁章鉅藏書。

版式　半葉十行，行十七字。左右雙闌，版心白口，單魚尾。書名前十卷《制誥》題「苑幾」，次《奏草》六卷、《中書奏議》六卷題「奏幾」，上間記字數，下記刻工姓名。

刻工姓名　有張中、徐成、張允宗、何津、何源、黄可、徐文、元仁、子明、遇春諸人，又有徐、何、張、黄、趙、曹、高、元、允、源、成、文、子、津、仁、拱、珍、諒、承各單字。

宋諱　僅匡、筐、恒、桓、構、遘等字闕筆。

藏印　「茝林藏書」

增廣注釋音辯唐柳先生集四十三卷別集二卷外集二卷附録一卷　十二册

卷首陸之淵《柳文音義序》，次潘緯序，次注釋諸賢姓氏，次劉禹錫序，次柳先生年譜，次目録，曰雅詩歌曲、曰賦、曰論、曰議辯、曰碑銘、曰行狀、曰表銘碣誄、曰墓表墓誌、曰對、曰問答、曰説、曰傳、曰騷、曰弔贊箴戒、曰銘、曰序、曰記、曰書、曰啓、曰表、曰奏狀、曰祭文、曰古今詩，而殿以《非國語》。凡四十五卷，又《外集》二卷，《附録》二卷〔一〕。卷一首行題書名，以下三行題「南城先生童宗説注釋、新安先生張敦頤音辯、雲間先生潘緯音義」。《四庫總目》云:「之淵序但題《柳文音義》。序中所述,亦僅及仿祝充《韓文音義》撰《柳氏釋音》,不及宗説與敦頤。書中所注,各以『童云』、『張云』、『潘云』別之,亦不似緯自撰之體例。蓋宗説之《注釋》、敦頤之《音辯》本各自爲書,坊賈合緯之《音義》刊爲一編,故書首不以『柳文音義』標目,而别題『增廣注釋音辯唐柳先生集』」云云。是本正同。又附録胥山沈晦序云:「大字本四十五卷,所傳最遠。初出穆修家,云是劉夢得本」,又云「今以四十五卷本爲正,而以諸本所餘作外集」。《四庫》著録僅四十三卷,《非國語》、《外集》、《附録》均已佚去,故云「以宗元本集、外集合而爲一,分類排列,已非劉禹錫所編之舊第」。殊不知是本《外集》固在,並未與本集合併,館臣僅見殘本,乃有此致疑之語也。是本宋諱遇「廓」字皆不避,蓋刊於光宗之世。潘緯序作於乾道丁亥,書成僅二十餘年,坊賈即取而合刊之。余嘗見宋刊殘本《朱文公校昌黎先生集》,附考異、釋音,行款悉同,蓋二集同時合刻者,惜余僅得其一耳。元代覆刻是本,改爲半葉十三行,行二十三字。流傳頗多,世人多指爲宋刊,蓋緣未見是本,故致誤認。

陳振孫《書録解題》曰:「劉禹錫作序,稱編次其文爲三十二通,退之之誌若祭文附第一通之末。今世所行本皆四十五卷,又不附祭文,非當時本也。」《四庫總目》據此定四十五卷爲「非禹錫之舊第」，又疑「今本所載禹錫序，實作四十五通，不作三十二通，與振孫所説不符，爲後人追改，以合見行之卷數」云云。按沈晦序：「大字四十五卷，所傳甚遠。小字三十三卷，元符間京師開行。」振孫所見，殆即此小字本，其所云「三十二通」者，或即此「三十三」字之譌。當宋政和之世已有二本，禹錫序中卷數，殊難定其孰爲原文，孰爲後改。穆修後序嘗言：「夔州前序其首以卷别者，凡四十有五。書字甚樸，不類今跡。」蓋往昔之藏書，即振孫亦自言爲「沈元用所傳穆伯長本」。館臣遽指爲「非禹錫舊第」，似非確論。

版式　半葉十二行，行二十一字，小字同。左右雙闌，版心細黑口，雙魚尾，間記大小字數。書名題「柳文幾」、「卯文幾」、「木文幾」、「柳幾」、「文幾」、「卬文幾」、「夕幾」、「木幾」，《别集》加「另」字，《外集》加「外」字，《附録》稱「外附」或「外録」。

宋諱　玄、朗、弘、匡、筐、恇、眶、恒、貞、偵、楨、徵、讓、戍、勗、桓、完、構、搆、購、覯、遘、慎等字闕筆。

〔二〕附録二卷　題名著「附録一卷」，二者必有一訛，因未見原書，不能遽定。

河東先生集四十五卷外集二卷　十六册

宋廖瑩中刻韓、柳二集，周公謹《志雅堂雜鈔》、《癸辛雜識》屢稱其精好。明徐時泰東雅堂、郭雲鵬濟美堂刊本相傳即覆廖刊，爲世推重。覆本且然，况其祖本。韓集舊藏豐順丁氏持静齋，知已散出，頻年蹤跡，迄無確耗。至柳集則從未之前聞，意謂久已湮没矣。忽傳山陰舊家某氏有之，急倩書估往求，至則真廖氏原本也。各卷末有篆隸「世綵廖氏刻梓家塾」八字木記，作長方、橢圓、亞字形不等。全書字均端楷，純摹率更體。紙瑩墨潤，神采奕奕。公謹謂「廖氏諸書用撫州萆鈔清江紙、造油煙墨印刷，故能如是」。愛不忍釋，遂斥鉅資留之。按卷首有劉禹錫序，次叙説，次凡例，次目録。編次與前本同。惟卷一，卷三十一，卷三十七、八，卷四十，卷四十一、二與前本編次稍異。凡四十五卷，又《外集》二卷。惜卷三、四、五、十諸卷用覆本補配，精采差遜。又卷三、四，卷六、七、八、九、十各有一葉亦屬補配，神氣索然，蓋覆刻又在後矣。濟美堂本版式相同，於廖氏注語大有增減，世傳覆廖本者，實爲瞽言。陳景雲著《韓集點勘》，稱「東雅堂刊韓集用世綵堂本」，或因是而誤爲推測歟？韓集由丁氏持静齋歸於聊城楊氏海源閣，近遭兵燹，流入故都書肆，爲友人陳澄中所收。極欲得此，以爲兩美之合。世間瓌寶，余雅不願其離散，因舉以歸之。七百年僅存之秘籍分而復合，亦書林之佳話也。

版式　半葉九行，行十七字。四周雙闌，版心細黑口，雙魚尾。書名題「河東卷幾」，上間記字數。葉號下有「世綵堂」三字，下間記刻工姓名。

刻工姓名　有孫茂、李文、錢珙、蔡方、翁奕之、陳元清、同甫、從善諸人，又有何、孫、阮、方、馮、李、丁、范、陳、錢、元、介、文、才、奎、升、珙各單字。

宋諱　玄、朗、匡、筐、眶、胤、恒、貞、偵、楨、徵、讓、署、樹、竪、頊、朂、戌、煦、桓、完、莞、構、觳、雊、慎、敦、廓等字闕筆，亦有僅闕半筆者。又「圜」、「旋」二字亦闕末筆，此却罕見。

藏印　「項元汴印」、「項篤壽印」、「項子京家珍藏」、「墨林山人」、「項墨林鑑賞章」、「項墨林父祕笈之印」、「項氏萬卷堂圖籍印」、「天籟閣」、「退密」、「商丘宋犖收藏善本」、「牧翁鑑定」、「緯蕭艸堂藏書記」、「沈印錫祚」、「載猷」、「雲間」、「云間氏」、「紫玉玄居寶刻」

皇甫持正文集六卷 一册

唐皇甫湜撰。湜嘗受學於韓愈，《四庫總目》謂其文得愈之奇崛。《唐書》本傳稱湜爲裴度撰《福先寺碑》，裴贈以車馬繒綵甚厚，湜以碑字三千，一字三縑，爲遇之過薄。亦可見其聲價之高矣。晁《志》湜文六卷，共雜文三十八篇，與是書合，而《福先寺碑》已不存。諸家著録卷數均同，則存於世者僅有此本。是爲蜀中所刻，先藏於元之翰林國史院，繼入於劉公㦸家。相傳當時有唐人集三十種，今見於各家藏目者，尚有十餘種，而殘缺者多。今此尚爲完帙。卷首有總目，每卷有篇目，目連正文。版印絶精，殊爲可寶。惟前後無序跋，又剜改多至數十字，不知何因，殊爲疵纇。

版式 半葉十二行，行二十一字。左右雙闌，版心白口，單魚尾。書名題「正幾」。

宋諱 玄、眩、弦、炫、朗、弘、貞、恒、慎、敦等字闕筆。

藏印 「翰林國史院官書」、「劉印體仁」、「潁川鎦考功藏書印」、「公㦸」

唐女郎魚玄機詩不分卷　一册

按玄機字幼微，一字蕙蘭，長安人。喜讀書，有才思。咸通中爲補闕李億侍妾，大婦不能容，乃遣隸咸宜觀爲女道士，後以笞殺女婢抵死。遺詩一卷，見《直齋書録解題》。其爲人甚爲陳振孫所不喜。《全唐詩》録其全集，取以對勘，一無遺佚。此爲南宋書棚刊本，卷末有「臨安府棚北睦親坊南陳氏書籍鋪印行」一行。鐫印俱精。先後爲朱子儋、項墨林所藏。黄蕘圃得之，倍加珍重，繪圖題句，以識瓣香。同時名下〔二〕如陳文述、石韞玉、顧蒓、潘奕雋、徐渭仁、瞿中溶、袁廷檮，女士歸懋儀、曹貞秀等均有題詠。明嘉靖刻《唐百家詩》曾有覆本，今日已極罕見，况此爲南宋原槧耶？宜宋廛主人之珍如拱璧也。蕘圃原有長跋，記得書始末甚詳，今已佚去。

黄蕘圃跋　道光乙酉七月七日，再集同人于宋廛，分題魚集，一切情事並詳第二册中。予戲集集中句廿四首，皆七言集句，鳳兒補集二首，共得廿六首。持示同人，詫爲鈎心門角，無縫天衣。即予自詡，亦以爲巧奪天工也。詩具存第二册中。客有慫恿予者曰：「子心思萬竅玲瓏，能更集二首，以成二十八宿羅心胸，可謂元精耿耿貫當中矣！」予應之曰：「特患無題耳，不患無詩也。」展卷見秋室學士詩集寫照，妙墨猶存，仙蹤已杳。回憶吉祥弄中讀畫談詩，曾幾何時，不勝室邇人遠之感。因集賸句成詩，即録于秋室札子後空紙。「雪遠寒峰想玉姿，帶風楊柳認蛾眉。憶君心似西江水，鏡在鸞飛話向誰？」

近日吴中講究古籍，自香嚴、抱冲、壽階二十餘年來先後作古，藏書四友中唯予老蕘一人存矣。舊刻名鈔心乎愛之者絶無其人。予閉門養疴，時有遠近書友送古籍來破閒，亦遂不惜重價購之，以此爲良藥苦口利于病也。其書魔之故智復萌哉。近所得最得意者，元鈔陳基《夷白齋稿》、舊鈔舊刻王行《半軒集》諸種，一爲流寓吴中，一爲北郭十友又稱「十才子」。之一，皆眷眷予宋廛。而遠則揚州，近則吴郡，聚諸一時，豈不快哉！借集魚集賸句以紀其事，并遺興焉。「朱紘獨撫自清歌，空有青山號苧蘿。應爲價高人不問，道家書卷枕前多。」魚玄機爲女道士，故借稱爲「道家書卷」。中元後二日午後，坐學耕堂，蕘翁續集。

版式　半葉十行，行十八字。左右雙闌，版心白口，單魚尾。書名題「魚玄機」三字。

宋諱　「玄」、「絃」二字闕筆。

藏印　「子儋」、「項子京家珍藏」、「項墨林鑑賞章」、「項元汴印」、「子京之印」、「墨林祕玩」、「項墨林父祕笈之印」、「檇李項氏世家寶玩」、「項子真賞章」、「周遇吉印」、「海野堂圖書記」、「茶僊」、「審定珍玩」、「沈寀之印」、「木公珍玩」、「沈木公圖書」、「沈木公氏圖書」、「休文後人」、「洪灣沈氏」、「麟湖沈氏世家」、「北山艸堂」、「黄印丕烈」、「蕘圃」、「平江黄氏圖書」、「百宋一廛」、「愓夫經眼」、「樵李駱天游鑒賞章」、「勁寒松書畫記」

〔一〕同時名下　「下」疑爲「士」之訛，形近而刻誤。

鉅鹿東觀集十卷　三册

陳氏《解題》、《宋史·藝文志》「魏野《草堂集》二卷，又《鉅鹿東觀集》十卷」。《宋史》本傳稱有《草堂集》十卷者，蓋舉其後出者言。《四庫總目》引薛田序「其子閑以新舊詩三百篇混而編之，彙爲七卷」，因疑十卷者爲野舊本，七卷者爲閑所編之本，且疑序文誤「十」爲「七」。今觀此刻田序，明云共存十卷，並無七卷之説，其言固中。然序文實云詩四百篇，則《總目》所云三百篇之説誤也。孫氏平津館有影宋鈔本七卷，其《鑒藏記》謂十卷爲後人重改。彭氏知聖道齋收得七卷本，其《讀書跋》亦謂卷數與序合，非不全，蓋皆從此宋本出。實未完全，影寫者未録版心卷數，又改田序四百篇爲三百，意圖滅迹，故多誤認爲完本。是爲宋刻，存七卷，其卷四、五、六均鈔補。杭州汪氏獲見此二卷出於七卷之外，遂定爲補遺，而不知適受其欺。《四庫總目》謂卷四至六載詩一百十九首，今檢此本，實有一百二十二首。餘七卷《總目》謂有二百四十首，而此實有二百五十九首。田序稱「舊有《草堂集》，行在人間，傳諸海外」，又曰「新舊詩四百篇」，自必包括原有之《草堂集》於内。序舉成數，故曰四百。《四庫總目》能斷其卷數，改「十」爲「七」，而不能證其改篇數「四百」爲「三百」，蓋緣未見此本而又未嘗實核其所存之篇數也。卷末有黄蕘圃題跋，記藏弆源流甚詳。

黄蕘圃跋　此宋刻《鉅鹿東觀集》，余友顧抱冲得諸郡城華陽橋顧聽玉家，真希世珍也。偶檢陸其清《佳趣堂書目》，知其清藏有元刻《玉山雅集》。檇李曹秋岳侍郎聞之，擬購去，而其清未之許。秋岳遂折節訂交，以宋梓魏仲先《鉅鹿東觀集》、孫奕《示兒編》相贈。古人惓惓愛書之意，迄今猶可想見。余始疑抱冲所藏或是其清故物，今從抱冲假歸，開卷有「曹溶私印」、「檇李曹氏收藏圖書記」，方信此書即曹所贈陸者也。且《玉山雅集》見藏聽玉處，則此書之同出於陸氏無疑，特未識《示兒編》又散落何處耳。抱冲愛素好古，所藏《示兒編》有吴方山舊藏抄本，其去宋刻當不遠。魏仲先集已爲所得，何不并《玉山雅集》而歸之，以還平原舊觀乎？抱冲聞之，當亦以余言爲不謬也。乾隆乙卯冬季，借魏集校畢，還書之日，因記數語於卷尾餘紙云。棘人黄丕烈。

版式　半葉十行，行二十字。左右雙闌，版心白口，雙魚尾。中題全書名及卷次，上記字數，下記刻工姓名。

刻工姓名　有吕起、劉振、林充之、林立、章昌、厲俊、金振、王恭、翁晉、李□等十人。

宋諱　僅「徵」、「貞」、「敦」三字闕筆。獨「遊」避作「遊」，凡十四字，是必其子閑刻書時避其家諱。

藏印　「朱印子儋」、「古歙世家」、「朱氏義濟堂珍藏圖書」、「吴沈氏有竹莊圖書」、「曹溶私印」、「檇李曹氏收藏圖書記」、「汪印士鐘」、「汪士鐘字春霆號眼園書畫記」、「三十五峰園主人」、「平陽汪氏」、「駿昌」、「雅庭」、「快閣主人」、「孱城」、「保堂」

范文正公集二十卷別集四卷　十二册

卷首蘇軾序，此已佚。正集詩五卷、文十五卷，别集詩一卷、文三卷。卷首各有總目。

是爲宋乾道鄱陽郡齋刊本，别集末有邵武俞翊刊版後跋，次爲北海綦焕識語，謂「以舊京本《丹陽集》參校，又得詩文三十七篇，爲《遺集》附于後」。《四庫總日》謂《遺集》即今《别集》，然《别集》有詩二十五篇、文三十八篇，爲數迥殊。疑綦焕所稱《遺集》今已佚，《四庫》誤也。是本卷末有「嘉定壬申仲夏重修」一行、「朝奉郎通判饒州軍州兼管内勸農營田事宋鈞、朝請大夫知饒州軍州兼管内勸農營田事趙舊榼」二行，然察其字體，全仿松雪筆意。昔人謂《文正集》元天曆戊辰家塾歲寒堂刊本即從鄱陽郡齋本出，故行款悉同。但宋刻書體方整，覆本則轉而圓潤，此中界限，判若鴻溝。是本《别集》自卷四第十葉後即以元版補配，前此各卷亦間有之。卷末附遺文一卷，爲文正子純仁、純粹之作，本《忠宣文集》附録，亦爲天曆刊本，書估不察，誤綴於此。

版式　半葉十二行，行二十字。左右雙闌，版心白口，單魚尾。書名題「文正集卷幾」、「文正别集卷幾」。下間記刻工姓名。其版心細黑口、雙魚尾，上兼記字數者，爲元版補配之葉。

刻工姓名　張允、章益、周成、陳子仁、祐之、方才卿。又有周、陳、趙、張、方、才、益各單字。

宋諱　警、驚、恒、貞、戍、桓、搆、遘等字闕筆。

藏印　「畢澗飛鑒藏印」、「瀋墨淋漓」、「達人妙如水」

曾南豐先生文粹殘本　一册

此爲天禄琳琅舊藏。原書十卷，今存卷第五至第十。有記二十九首、詔三首、策問二首、劄子八首、狀五首、哀詞一首、墓誌銘十首，與《天禄琳琅書目》合，特《書目》稱「劄子七首」，或鐫版之誤也。全書鐫刻筆意瘦硬，印本亦精，宋諱「廓」字不避，當爲光宗時所刊。何椒邱謂是書爲永樂時李文毅爲庶吉士讀書祕閣，日録數篇而成，蓋未見是刻也。何義門有《南豐類稿校記》，是本頗有與相合者。雖不能盡無訛奪，然勝於明刊《類稿》諸本多矣。

版式　半葉十四行，行二十六字。四周雙闌，版心白口，雙魚尾。記字數上下無定。

刻工姓名　有王、震、同、甲、仝、吕、僊、宏、張、劉、弦、蔣各單字。

宋諱　桓、構、慎、敦等字闕筆。

藏印　「謙牧堂藏書記」、「兼牧堂書畫記」、「乾隆御覽之寶」、「天禄琳琅」、「天禄繼鑑」、「宗室盛昱收藏圖書印」

歐陽文忠公集殘本　一册

《直齋書録解題》：「歐集徧行海内，而無善本。周益公解相印歸，用諸本編校，定爲此本，且爲之《年譜》。自《居士集》、《外集》而下，至於《書簡》，凡十集，各刊之家塾。其子綸又以所得歐陽氏傳家本，乃公之子棐叔弼所編次者，屬益公舊客曾三異校正，益完善無遺恨矣。」此僅存《外集》卷二古詩二十七首、卷三三十首、卷四三十七首。每卷末均有考異。行中有注「一作某」或「疑」字者，蓋即曾三異校正，世所謂慶元本也。

版式　半葉十行，行十六字。左右雙闌，版心白口，雙魚尾。書名題「外集幾」，上記字數，下記刻工姓名。

刻工姓名　僅有才仲、吴仲、胡元三人。又定、臻、成、通、銑、振、俊、錫、懋、武、發、忠、文、寧各單字。

宋諱　絃、炫、讓、曙、樹、煦、姮、紈、構、雊、慎、廓等字闕筆。

歐陽文忠公内制集殘本 二册

文忠《内制集》凡八卷，此僅存四卷，且各卷内尚有殘佚。卷二附《考異》。是爲周益公校定之本，原槧初印。

版式　半葉十行，行十六字。左右雙闌，版心白口，雙魚尾。書名題「内制幾」，上記字數，下記刻工姓名。

刻工姓名　全者僅有胡元一人，餘爲顒、通、京、邦、楫、丙、宗、授、有、母、中、益各單字。

宋諱　玄、讓、署、樹、勗、煦、佶、構、勾、慎、敦等字闕筆。

樂全先生文集殘本 六册

宋張方平撰。《四庫》著録鈔本四十卷，此存卷十七論，卷十八對詔策，卷十九至二十七論事，卷二十八、九表狀，卷三十奏狀，卷三十一書，卷三十二牋啓，卷三十三記序，卷三十四雜著，編次與《四庫》合。惜前十六卷詩、頌、芻蕘論及論之前卷，後六卷祭文、碑誌均缺。蘇子瞻序其集，謂：「自慶曆以來訖元豐四十餘年，與人主論天下事見於章疏者多，或用或不用，而皆本於禮義，合於人情，是非有考於前，而成敗有驗於後。」可謂推挹至極。今讀是編，凡本傳所稱《平戎十策》及《治汴通漕十四策》，又《節財用》、《斥新法》、《通好西夏》、《阻征安南》諸疏，具載集中，剴切詳明，切中時弊，洵有用之文字也。是集流傳極少，諸家所藏僅有鈔本，而此則尚爲宋刻。按卷中宋諱避至「搆」字，《四庫總目》定爲孝宗時刊本。明《文淵閣書目》「日」字號有是書兩部。是本鈐有「文淵閣印」朱文大方印，必明時即從閣中散出。彼時均尚完全，而今則僅此殘帙，然亦海内孤本矣。

版式　半葉十二行，行二十二字。左右雙闌，版心白口，雙魚尾。有卷第，無書名，上記字數，下記刻工姓名。

刻工姓名　有周信、黄鼎、江翌、葉正、吴堅、吴宗、李偉、陳石、李章、丘仲、李四、李崇、李亮、沈洪、陳明、李世文諸人，及堅、周、洪、五、亮、崇、翌、信、吴、昌、端、辛、偉、江、宗各單字。

宋諱　「玄」字注「聖祖名」，「頊」字注「神宗廟諱」，「桓」字注「欽宗廟諱」，「搆」字注

「太上御名」，獨「慎」字則或注「今上御名」，或闕末筆。其他闕筆者尚有弦、眩、儆、警、徵、讓、署、樹、竪、完、構、購、搆、遘、覯、勾等字。

藏印「文淵閣印」、「楊印器棟」、「廣宇氏」、「古吴鹿城楊氏景陸軒珍藏圖書之印」、「此志不容少懈」、「汪士鐘字春霆號眼園書畫印」

東萊標注老泉先生文集十二卷 四册

此爲選節蘇老泉文，前後無序跋。目録首行題「老泉先生文集」，次題「東萊吕祖謙伯恭編注、若峰吴炎濟之校勘」二行。目後有紹熙癸丑吴炎咨啓，大意謂：「先生父子文體不同，世多混亂無别。書肆久亡善本，繁簡失宜，取舍不當。頃得吕東萊手抄凡五百餘篇，與同舍校勘訛謬，擬爲三集。逐篇指摘關鍵，標題以發明主意。其有事迹隱晦，又從而注釋之」云云。蓋南渡之後，文禁大開，蘇氏父子文字爲一時所矜尚，坊肆争相編刻，以謀錐刀之利。有所謂《三蘇文粹》者，最爲流行。其後又有重廣分門之輯，益趨蕪陋。此蓋不滿於其所爲而别樹一幟者也。東萊久負盛名，坊間刊本每相引重，以增聲價，其流傳於今者，尚有《東萊先生古文關鍵》、《東萊校注觀瀾文集》、《東萊先生分門詩律武庫》等書。以意推之，此亦必託名之作，而非真出呂氏之手。《天禄琳琅》有《東萊標注三蘇文集》，編各分體，加以點抹。題下「標注」本意，據吴炎洛啓測之，此亦必三蘇合刻，版心有署「泉幾」者，亦其一證。然天禄本洵文十一卷，此爲十二卷，又有不同。則即以「東萊」號召者，亦已層見疊出，是可想見其風行之盛矣。

版式　半葉十四行，行二十五字。小注雙行，字數同。左右雙闌，版心有若干葉細黑口，雙魚尾。書名署「泉機」，闌上有標題，關鍵處旁加黑擲。

宋諱　讓、桓、慎等字闕筆，「讓」字外加圓圈，「慎」字作黑地白文。

藏印　「楝亭曹氏藏書」

臨川先生文集一百卷　二十册

此爲臨川先生曾孫珏刊本，卷末有紹興辛未孟秋旦日右朝散大夫提舉兩浙西路常平茶鹽公事王珏題記，歷叙校刊顛末。是本宋諱避至高宗止，蓋爲是集最初刊本。惟印本漫漶，且多補刊之葉，然《臨川集》實以是爲最古矣。余聞淮安某氏有宋刊《王文公集》殘本，其文有出於百卷外者，日本帝室圖書寮亦有其書，編次與此不同，先文後詩，凡七十卷，且爲完璧。此不特余所未見，即臨川後人亦未之覩也。

版式　半葉十二行，行二十一、二字。左右雙闌，版心白口，單魚尾。上間記字數，下記刻工姓名。書名題「臨川集幾」。其有闊黑口者，皆補版，無刻工姓名。

刻工姓名　見於原刊各葉者有牛寔、李彦、惠道、雇謹、沈昇、章宇、戴安、蔣成、項中、徐明、王受、屈旻、陳叙、方通、徐益、史祥、方榮、惠立、昌旼、李祥、董暉、馬通、乙成、丘甸、徐安、王份、金彦、李松、沈善、趙宗、金昇、牛志、劉益、葉先、黄謌、沈祐、顧諲、章容、曹澄、黄延年諸人，又有周、顧、薛、英、陳、張、善、何、允、中、今各單字。

宋諱　「桓」字注「淵聖御名」，「構」字注「御名」。玄、絃、眩、鉉、弦、泫、眺、敬、儆、擎、驚、警、竟、鏡、境、弘、殷、匡、恒、徵、懲、讓、樹、署、戍、豎、勗、昫、垣、洹、姮、完、莀、覯、購、遘、篝、姤等字闕筆。

經進東坡文集事略殘本　十二册

宋郎曄撰。卷首《御制文忠蘇軾文集贊》並序，次蘇文忠公贈太師制，次東坡先生言行，次目録。張金吾《愛日精廬藏書志》稱：「是書鈎稽事實，參核歲月，元元本本，具有條理。」今讀其注，大都依據史傳取材，務與原文印合，而不以撏撦爲長，金吾之評，洵不虛也。荊山田氏得之日本島田翰氏，卷首並録翰父重禮氏跋，重禮固彼邦能讀書者。翰亦有詳跋，見所撰《古文舊書考》。翰又引《清波别志》：「郎曄晦之，杭人。嘗注三蘇文及宣公奏議。投進未報，以累舉得官，不霑一日禄而卒」云云，謂是書結銜題「迪功郎新紹興府嵊縣主簿臣郎曄上進」，與《陸宣公奏議注》進表同，知是書注成在得官以前，其得官即表進上呈，旋即下世。又以郎曄進《陸宣公奏議注》及《三蘇文注》並爲紹熙二年，指明陸集郎表署「紹興二年」「興」爲「熙」字之訛，殆皆確論。是本「敦」字不避，蓋成於孝宗之世。光宗嗣位之始，即以表進。又據版心所題書名「蘇文注坡」、「蘇文坡注」、「蘇坡」、「坡文」等字證之，島田翰定爲三蘇文注合刻之本，亦無疑也。全書六十卷，歸田氏時完善無缺，今佚去卷二十六至三十二、卷四十至四十五、卷四十七至六十。目録僅四十卷，係書估剜改，不足信。吴興適園張氏藏本與此同，惜亦缺後十九卷，恐世間更無完本矣。

版式　每卷首行題書名，次行題「迪功郎新紹興府嵊縣主簿臣郎曄上進」，三行記本卷篇目。半葉十二行，行二十一字。小注雙行，字數同。左右雙闌，版心上下細黑口，雙魚尾，間記字數，或上或下。書名題「東坡集」，或「東坡文」，或「蘇文」，或「蘇文注」，或

「蘇文坡注」，或「蘇文注坡」，或「蘇坡」，或「坡文」，或「皮文」。

宋諱　「桓」闕「木」旁，「戌」闕末筆。尚有易爲他字者，如「玄」作「元」，「弘」作「洪」，「殷」作「商」，「貞」作「正」，「徵」作「證」，「讓」作「遜」，「桓」作「威」，「慎」作「填」或「謹」。

藏印　「隴西李祁」、「邊□印」、「島田重禮」、「敬甫」、「篁村島田氏家藏圖書」、「雙桂書樓」、「島田重禮敬甫氏」、「島田禮讀書記」、「荊山田氏臧書之印」、「田偉後裔」、「景偉廔印」

東坡集殘本　三十册

此爲南宋孝宗時刊本。全書四十卷，以成化刊本互勘，惟卷八《除夜大雪》、《大雪青州道上》、《轍幼從子瞻兄讀書》、《子由將赴南都》詩四首先後稍有移易，其他編次悉同。是本存卷一至二十四，以下卷第被書估剜改，顛倒錯亂。然以成化本正之，存者實爲卷三十三、卷三十五至三十九。舊爲汪閬源所藏，考《藝芸書舍宋元書目》，當時即已殘佚，惟彼無卷二十四、卷三十五，而有卷三十二，與此不合。然此增出之二卷均有汪氏藏印，疑

《書目》傳寫誤也。端匋齋近覆成化本，繆藝風據錢求赤校宋本及嘉靖刊本爲之校訂，至爲詳慎，但參以是本，有足以正其訛奪者。摘舉如左：

卷	葉	行	宋本	成化本	繆校本
十二	六	後九	二竪肯逋播	二竪	「竪」作「豎」按，「竪」、「豎」實同。
	二十	後九	空庖煮寒菜	「空」作「寒」	亦作「寒」
十三	十二	後二	三年不易過坐睨倚天壁	「過坐」二字缺	亦缺
十六	廿四	前三	晻藹卿雲間	「卿雲」二字缺	「卿雲」作「鄉□」
二十	十九	後九	其一欲涉尻高首下	「尻」作「未」	「尻」作「水」
廿二	一	前二	策問十八首	十八	十七。按，實有十八首。
		前三	私試策問八首	八首	七首。按，實有八首。
	十二	前十	考古以詔今	詔今	「詔」作「證」
廿三	十五	前八	相與摹公之詩	「摹」作「墓」	「摹」作「募」

廿四	十九	前三	亂周孔之實	之實	「實」作「真」
卅六	廿七	前二	常誦孟子之言	「誦」作「讁」	「誦」作「摘」
卅七	三	前六	物故太半	太半	「太」作「大」
	十	前一	遣中使二人	「二」字缺	亦缺
		前三	各上當世之務十餘條	「十」字缺	亦缺
廿八	一	前七	以忠言摩上	「上」作「土」	「上」作「士」
	九	後五	長日屼	「屼」作「屼」	「屼」作「屼」
	七	後八	二公既約更相爲傳	「更」作「吏」	「更」作「史」

版式　半葉十行，行十八字。左右雙闌，版心白口，單魚尾。書名題「東坡集卷第幾」，下記刻工姓名。

刻工姓名　可辨者陳琮、吴從、劉章、黄歸、吴政、余祐、余右、丘成、吴志、黄文、高顯、范從、吴山、丘才、余牛、阮正、葉永、范謙、劉清、吴智、蔡万、周文、張宗、阮才、游先、陳石、劉宜、鄧仁、魏全、裴榮、余惠諸人。

宋諱　玄、泫、絃、弦、炫、眩、驚、殷、慇、匡、筐、徵、讓、樹、桓、完、構、搆、購、媾、轂、𣪍、慎等字闕筆。

藏印　「汪士鐘讀書」

東坡先生後集殘本　一册

卷十起第二十六至四十二，存十七葉，卷十一起第十八至二十二，又第二十五，存六葉。繆藝風藏殘本，是刻行款相同，尺度亦合，惟彼爲單邊，此則左右雙邊，微有差異，或版刻前後偶歧耳。版心記「庚子重刊」者十一葉，記「乙卯刊」者六葉，陰陽文不一。按南宋有三乙卯，一爲高宗紹興五年，一爲寧宗慶元二年，一爲理宗寶祐三年。有二庚子，一爲孝宗淳熙七年，一爲理宗嘉熙四年。此已避光宗諱，則刊期必在紹興、淳熙以後，而在寧、理二宗之時。至刊版之地，則卷十第二十八、九葉魚尾上有「黄州」二字，可無疑已。

版式　半葉十行，行十六字。左右雙闌，版心白口，雙魚尾。書名題「東坡後集幾」，上記字數，下記刻工姓名。

刻工姓名　存者有王九、阮圭、吉父三人，餘爲京、李、明、仁、清、志、森、生、冗、熊各單字。

宋諱　桓、慎、敦三字闕筆。

增刊校正王狀元集注分類東坡先生詩二十五卷　二十册

卷首二序，一題「狀元王公十朋龜齡譔」，一題「西蜀趙公夔堯卿譔」。次注家姓氏，首豫章黄氏庭堅，殿以永嘉王氏十朋、壽朋、百朋，凡九十六人。次《東坡紀年録》，僊谿傅藻所編纂也。次目録。凡二十五卷，分類七十有八，曰紀行，曰述懷，曰詠史，曰懷古，曰古跡，曰時事，曰宫殿，曰省宇，曰陵廟，曰墳塋，曰居室，曰堂宇，曰城郭，曰壁塢，曰田圃，曰宗族，曰婦女，曰仙道，曰釋老，曰寺觀，曰塔，曰節序，曰夢，曰月，星河附曰雨雪，曰風雷，曰山岳，曰江河，曰湖，曰泉石，曰溪潭，曰池沼，曰舟楫，曰橋梁，曰樓閣，曰亭榭，曰園林，曰果實，曰燕飲，曰試選，曰書畫，曰筆墨，曰硯，曰音樂，曰器用，曰燈燭，曰食物，曰酒，曰茶，曰禽，曰獸，曰蟲，曰魚，曰竹，曰木，曰花，曰菜，曰菌蕈，曰投贈，曰戲贈，曰簡寄，曰懷舊，曰尋訪，曰酬答，曰惠貺，曰送别，曰留别，曰慶賀，曰游賞，曰射獵，曰題詠，曰醫藥，曰卜相，曰傷悼，曰絶句，曰歌，曰行，曰雜賦。卷首注家姓氏後有篆書「建安虞平齋務本書堂刊」十字木記。「惇」、「廓」二字雖全不避，然察其筆姿、鐫法，實已届南宋季年矣。《天禄琳琅》、《楹書隅録》均有是書，版本正同，惟楊《録》稱爲元刻。余嘗見一黄善夫刊本，注家姓氏、分類編次，一一均同，惟是本注中有「新增」二字墨蓋者，爲黄本所無。又間有糾正舊注之語，故書名冠以「增刊校正」四字也。《庚溪詩話》謂宋孝宗愛好蘇文，嘗命内侍取趙夔所注蘇詩入内。至乾道末，更御製序、贊冠其文集，命與詩集同刊，一時揣摹風氣者争相傳誦，有紙貴洛陽之勢。坊賈嗜利，盛行剞劂，於趙夔之外，更托梅溪之名，搜輯舊注，號稱百家，區别門類，冀投時好。趙序原稱五十類，其後增爲七十六類。此更駕而上之，誇多鬭靡，競炫己長，而實則纖屑鄙陋，不啻自暴其短。余嘗謂詩集分體已非上乘，至降而分類，且分其所不當分而入於細瑣之途，實爲愈趨愈下。惟體裁固有可議，而徵引繁博，可爲衆本之冠。即詆諆不已如邵長蘅者，且有「展卷瞭如，尚及其半」之評。故《四庫》亦予録存，以備讀者之參證。舊藏黄子壽家，卷首有題詞，竟與宋槧《施注》相提並論，竊疑溢美。

黄彭年題　宋槧《施注蘇詩》存漢陽葉氏，昔在京師從曾滌生侍郎、邵位西員外過虎坊橋潤臣侍讀齋中，展觀竟日，古香襲人，不獨宋槧精好，牧仲、覃谿兩家圖記，熙、正、乾、嘉諸老題詠，亦琳琅滿目。覃谿考證尤密，蠅頭細書，幾千百事。疑「字」之譌。位西賦詩紀事。今得此書，回憶舊日，猶欣欣也，書以識之。咸豐八年七月辛巳，題於陽曲西校尉營。

又題《四庫全書簡明目録》云：「《東坡詩集注》三十二卷，舊本題王十朋撰，蓋依托也。」其分類編次頗多舛誤，注亦不免漏略，頗爲邵長蘅所詆。然長蘅補《施注蘇詩》十二卷闕，亦未嘗不據此書爲藍本也。

又題　此本二十五卷、七十八類，與三十二卷之本未知同異。卷中序目題款，類當時坊賈所爲，謂非十朋注則過矣。青門極詆此書，作《正譌》一卷。注誠不免譌漏，青門亦强作解事耳。

版式　每卷首行題書名，第一卷次行題「宋禮部尚書端明殿學士兼侍讀學士贈太師謚文忠公蘇軾」。半葉十一行，行大字十九至二十四，小字二十五至三十四不等。左右雙闌，版心細黑口，雙魚尾，分記大小字數。書名題「坡寺」，或「皮寺」，或一「皮」字，或一「寺」字。語涉宋帝多空格。

宋諱　朗、匡、筐、恒、貞、禎、樹、戍、桓、構、慎等字闕筆。

藏印　「戴經堂藏書」、「函雅堂藏書印」、「彭年之印」、「彭年」、「子壽」、「黄十二」

增刊校正王狀元集注分類東坡先生詩殘本 四册

刊本同前。存者卷三之宫殿、省宇、陵廟、墳塋、居室、堂宇，卷七之雨雪、風雷、山岳，卷八之江河、湖泉、石溪、潭，卷九之池沼、舟楫、橋梁、樓閣、亭榭，卷十之園林、果實、燕飲上，卷十一之燕飲下、試選、書畫上，卷十二之書畫下、筆墨、硯、音樂。此猶是初印之本。

晦庵先生朱文公文集殘本 二册

《晦庵先生集》，《宋史·藝文志》：「《前集》四十卷，《後集》九十一卷，《續集》十卷，《别集》二十四卷。」是本久不傳。晁氏《讀書志》「一百卷，《續集》、十卷」，《書録解題》《通考》均一百卷，明刊本黄仲昭跋「先生文集一百卷」。閩、浙均有刻本，同時又增刻《續集》、《别集》各若干卷。要之先生正集今皆以一百卷爲定本，余嘗見浙刻宋淳祐本、閩刻明成化本、嘉靖本均同。是本亦天水舊槧，然非浙刻，疑出建陽。僅存卷第三、卷第三十，間有元補。其編次與余所見浙宋刊、閩明刻無異，則亦百卷本也。

版式　半葉十行，行十八字。視宋浙刻減一字。左右雙闌，版心白口。間有黑闊口者，係補版。雙魚尾。書名署「朱文公集卷第幾」，上記大小字數，下記刻工姓名。

刻工姓名　有伯俊、德六、女丁、君和四人，餘爲生、人、天、仕、女、夫、茂、永、德、文、李、君、静、如、范、正、汝、吕、中、德、右、子、秀、青、弓、周、天、壽各單字。

宋諱　卷中僅「筐」、「貞」二字闕筆，餘如玄、絃、朗、敬、弘、讓等字均不避。

東萊吕太史别集十六卷　八册

宋吕祖謙撰。祖謙字伯恭，世稱東萊先生。其《遺集》分《文集》十五卷、《别集》十六卷、《外集》五卷、《附録》三卷、《拾遺》一卷，皆祖謙歿後其弟祖儉及從子喬年先後輯刊者。此僅存《别集》十六卷，卷一至六家範，子目分宗法、昏禮、葬儀、祭禮、學規、官箴，卷七至十一尺牘，卷十二至十五讀書雜記，卷十六師友問答。喬年刊書跋題嘉泰四年，是本宋諱避至寧宗嫌名，當猶是最初刊本，惜有補刊及抄配之葉。舊藏建安楊氏及晉安徐氏、蔣氏。《皕宋樓藏書志》有《外集》四卷，藏印俱同，蓋必同時散出者。至其餘半部，則不知飄墮何處矣。

版式　半葉十行，行二十字。左右雙闌，版心白口，雙魚尾。書名「家範」題子目某某幾，餘題類目幾。上記字數，下記刻工姓名。

刻工姓名　李信、吴志、楊先、李思賢、周文、吕拱、張文、韓公輔、羅裕、陳靖、宋琚、姚彦、丁亮、周才、瞿裕、羅榮、史永、劉昭、周份、張仲辰、趙中、吴春、李巖、丁明、張彦忠。

宋諱　玄、弘、殷、匡、貞、徵、讓、桓、完、慎、惇、敦、廓等字闕筆。

藏印　「建安楊氏傳家圖書」、「晉安徐興公家藏書」、「晉安蔣絢臣家藏書」、「鄭杰之印」、「名人杰字昌英」、「鄭氏注韓居珍藏印」

重校鶴山先生大全文集　三十二册

卷首淳祐己酉吴淵序，卷末淵弟潛辛亥後序，均稱「先生二子近思、充愚，蒐輯遺帙，有正集、外集、奏議，凡一百卷」。其書先後刊於姑蘇、温陽，今皆不傳，傳者惟此僅存之本。卷末有開慶改元重刊後跋，作者官成都府路提點刑獄，惜其下已佚，其名亦不存，略言「姑蘇、温陽兩本字畫舛誤，擬與刊正。後得先生《雅言》、《周禮折衷》，大魁之作，至如墓誌、書劄等文，類成一編，與僚友日夕校正，孱工鋟梓」云云。書凡一百有十卷，闕一十八卷，此外尚有闕葉，詳見黄蕘圃後跋。明錫山安氏以活字排印，中缺第一百八卷，又各卷缺葉，並失重刊後跋，作者姓名均與是同，蓋即從是本出也。活字印本訛奪既多，復加删削，殊失真相。嘉靖辛亥邛州知州吴鳳等又據安本重刻，即《四庫》著録之本。《提要》斥其「校訂草率，與目多不相應」，「疑有所竄改，已非其舊」，其説甚允。惟指新增各卷爲書坊刊版所續入，則以邛州刊本失去佚名後跋，未知其重刊始末，故致誤也。是本刊於川中，書法遒勁，的是蜀本風格。惟鐫印精良者僅若干卷，黄蕘圃疑前序、後跋非一例，爲後人補刊。余竊以爲非是。重刊跋尾有曰：「四郊多壘，工則取之於驚徙，力則取之於撙節，紙墨則取之於散亡，姑以是紀斯文之不墜。若曰字精工巧，墨妙紙良，將有望於方來。」是可證已。

錢大昕跋 「自成都僉判往眉州主文，鶴山年二十四。」案文靖生於淳熙戊戌，嘉定元年登第，年卅一。次年除僉判，其主文當是三十四歲，非廿四也。大昕校。

右見第一百九、十卷末。

又跋 據此跋知舊有姑蘇、温溪兩本，皆止百卷，至是始以《周禮折衷》、《師友雅言》并它文增入，爲百有十卷，故有「重校」、「大全文集」之稱。其中有合兩卷連爲一卷者，亦不無魯魚亥豕之譌，然世間止此一本，可寶也。大昕記。

右見開慶改元跋後。

又跋　庚申四月十九日，錢大昕假讀。閏月廿日讀畢，時年七十有三。

黄丕烈跋　余向從書肆中買得《魏鶴山集》，係明邛州刊本，而又雜入錫山安國刊本。影寫者訛舛殘闕，不可卒讀，即還之矣。後聞郡故藏書家有宋本，急欲一見，而索直數百金，不能借出，心殊怏怏焉。嘉慶紀元之冬，友人顧開之攜此書來，議直再三，竟以白金六十兩購得。雖書中殘闕幾及二十卷，而目録完好，猶可得其大略。因憶明本目録全無，則此本猶可據目尋訪。首卷缺一葉并二葉四行，已遭俗手改易面目；所缺之卷，亦爲妄人補寫成帙，按題核之，全無是處。爰命工重裝，於首卷存其舊觀，於補抄盡行撤去。倘日後更遇宋刻完好者，尚可一一録入，不則毋寧缺之，不致以僞亂真耳。前序、後跋，其楮墨字畫均非本書一例，或後人補刊，亦未可知，當與識者辨之。嘉慶二年歲在丁巳季春上旬二日，蕘圃黄丕烈。

又跋　庚申春季，昭文同年張子和來郡，談及有舊本殘零之《魏鶴山集》，余屬其攜來。越日書至，則錫山安國重刊本也。自九十八以至一百九、十，與宋刻存卷並同，則可知明時所存已不全矣。向疑一百二卷内末有缺，今觀安刻，亦復如是，當非殘缺。一百九、十卷，安刻有首葉，及後葉四字俱存，因影摹存覽。後跋「提點刑獄公」已下無文，安刻正同。惟吳潛後序完善，宋刻俱失，然尾葉餘紙爲後人補綴。於前半葉下者尚留「端平」云云字迹，可知宋刻本有而失之矣。今悉影摹，附諸卷末云。

右均見卷末。

又跋　原裝卷十五第二葉與卷十六第三葉誤倒，今憑五柳主人攜示，照宋鈔本正之。書遇一部，必展讀一過，必有益處，此其是也。嘉慶丙寅夏六月望後一日，蕘翁記。

右見卷十六後。

又跋《魏鶴山集》缺卷：卷之十八、卷之十九、卷之三十五、卷之三十六、卷之三十七、卷之三十八、卷之四十三、卷之四十四、卷之四十五、卷之四十六、卷之五十、卷之五十一、卷之五十二、卷之五十三、卷之七十五、卷之七十六、卷之七十七、卷之一百八。

又缺葉：卷之一第一葉、第二葉四行，卷之十一第十一葉，卷之十七第七葉，卷之三十四第十五葉，卷之四十第十葉，卷之四十七第十七葉，卷之八十二第六葉、第七葉、第二十四葉，卷之八十七第二十二葉至末，卷之九十第二葉，卷之一百二第十一葉至末，卷之一百九第一葉。

嘉慶丁卯冬十月，復收得錫山安氏館刻，繙閲一過，宋本所失者十八至七十七卷都有，惟一百八卷仍闕如也。至缺葉十不得一，以宋刻核之，似明刻即從此本出，而闕卷何以多有？或明代刻時未失耶？抑別本據補耶？余初得此宋刻時，似亦有鈔補者，因照目録不符且有以他卷之文攙入者，故輟之也。今以明刻所有之卷對宋刻目録悉符，非僞爲者比。惟明刻目録與本書不符，不知當日刻時何以錯誤若此。初，書友攜此書來，不甚視爲貴重，擬置之而仍易之，易之而仍欲去之。後因宋刻缺卷都有，可留此以備卒讀，他日不知可能別遇宋刻，互相參證，俾魏集完好無缺，不更幸歟！復翁記。

又跋　凡書以祖本爲貴，即如此集，卷一失一葉，有二行題爲「寄題雅州胥園」，而目録仍存其舊，明刻并目録削之，是可歎也。且明刻不但此卷不遵宋刻，餘卷亦任意分并，有有書而目録反無者，是又可歎也。就此集而論，目録二卷已屬至寶，矧通體耶？復翁又記。

右均見卷首。

版式　半葉十一行，行二十二至二十四字不等。左右雙闌，版心白口，單魚尾。書名題「大全集幾」或「某類幾」，上間記字數，下記刻工姓名。

刻工姓名　僅有簡師、何每、袁滋、梁□之、石□等數人，餘爲記、田、祖、善、梁、宋、李、每、佑、天、保、南、程、全、喜、行、勝、再、仁、召、真、祥、衍、春、單、材、林、章各單字。

宋諱　玄、弦、絃、朗、弘、筐、恒、貞、徵、戌、燉等字闕筆。

藏印　「乾學之印」、「健菴」、「汪士鐘藏」

友林乙稿不分卷　一册

宋史彌寧撰。按彌寧字安卿，爲明州鄞縣史文惠浩弟源之子，官至武功大夫、忠州團練使兼淮安提舉。《郡齋讀書志》趙希弁《附志》稱：「安卿，嘉定中以國子舍生之望涖春坊事，帶閤門宣贊舍人，知邵陽」，蓋作是詩時之職也。希弁《附志》「《友林詩稿》二卷」，必爲甲、乙二稿，甲佚而乙存。作僞者欲以殘帙而充完本，故截去原跋，後幅移作序言，又毁去目録首尾兩半葉別爲影補，以泯其迹，致刊版年月無考。跋文僅題一「域」字，姓氏不全，殊可惋惜。《附志》尚有黄景説、曾丰序，是則載諸簡耑，隨《甲稿》而散佚，固未必由於毁滅也。是稿詩凡一百八十一首，域跋作百七十首，字係補寫，蓋衹能就原文所占之地，故其數不符，此又作僞之一證。《四庫》著録，稱爲宋時舊刊，余嘗見明代覆本，摹印極精，不易辨爲贋鼎，館臣所見，殆亦明本。然《總目》載作者官秩，必曾見希弁《附志》者，而書名既殊，卷數又絀，何以絶不研尋，且亦踵稱其詩爲一百七十首，得不謂爲率略耶？卷中《荷恩堂》、《六亭》、《郡圃梅坡》、《劭農城南》、《和張茂才青蓮花韻》、《同友人山行》諸詩，皆在邵陽時所作，《劭農》五首且紀年月爲「丁丑歲中秋日」。丁丑爲宋寧宗嘉定十年，是與希弁《附志》所言亦合。是爲黄氏士禮居舊藏，《百宋一廛賦》所云「躋友林之逸品，儷聲價於吉光」，即指是書。蕘圃注「真本流麗娟秀，兼饒古雅之趣，在宋槧中别有風神，故目爲逸品」云云。展卷把玩，良不虚也。

版式　半葉八行，行十六字。左右雙闌，版心白口，雙魚尾。書名題「友乙」二字，上記字數，下記刻工姓名。

刻工姓名　有李春、之先二人，餘爲發、楫、晟、成、春、先、之各單字。

宋諱　玄、弦、絃、泫、禎、勗等字闕筆。首葉題作者姓名「寧」字亦闕末筆，疑係史氏後裔家刻，避其先人之諱。

藏印　「弎男」、「天錫收藏」、「履仲子」、「中素」、「學古」、「開卷一樂」、「汪士鐘讀書」、「士鐘」、「閬源父」、「三十五峯園主人」、「汪印文琛」

後村居士詩集二十卷 十册

世存《後村居士集》凡五十卷，詩十六卷、奏議三卷、講議一卷、外制二卷、中省狀一卷、記三卷、序二卷、題跋四卷、祭文哀詞三卷、祝文一卷、墓誌二卷、書牘八卷、詩話二卷、詩餘二卷。是刻全去其文，僅録其詩十六卷，附詩話、詩餘四卷，故稱「詩集」。前有淳祐九年己酉竹溪林希逸叙，卷末有「門人迪功郎新差昭州司法參軍林秀發編次」一行，卷中遇先帝、太皇、高帝、孝皇、孝宗、昭陵、端慶等語均空格，蓋爲宋季刊本。維時北寇勢燄張甚，心懷敵愾者每多詆斥之詞，是本詞句凡涉此者，均經剜削，由一二字乃至五字，蓋印刷時已入元世矣。然如詩話中論茶山詩有「紹興初，虜初歸我河南」句，論誠齋詩有「其得人心且爲虜所畏」句，論游士題陳邦光先隴詩有「以金陵降虜」句，此皆劖除未盡者，竟能漏網流傳至今，殆胡元入主中國，法禁尚寬，未甚擾及文字歟？

版式 半葉十行，行二十一字。左右雙闌，版心細黑口，雙魚尾。書名題「劉寺幾」、「寺幾」，後四卷則曰「劉幾」。

宋諱　匡、貞、徵、讓、樹、桓、完、敦等字闕筆。

藏印　「澄江周氏家藏」、「謙牧堂藏書記」、「兼牧堂書畫記」、「孫印承澤」、「黄冠故鄉」、「孫氏萬卷樓印」

六臣注文選殘本　一册

此爲宋贛州刊本，存第二十四卷。卷末有「州學齋諭吴撝校勘、州學司書蕭鵬校對、左從政郎充贛州州學教授張之綱覆校」三行。日本島田翰《古文舊書考》有《六臣注文選》四部，其第一部行款、校勘姓名與是本同，島田氏定爲版成於汴時，修版至南渡後。其所見宋諱避至「構」字，此則兼及「慎」字，又雕手姓名有出於其所見外者，蓋修版又在其後矣。

版式　首行題書名卷第，次行「梁昭明太子撰」，三行「唐李善注」，四、五行「唐五臣吕延濟、劉良、張銑、吕向、李周翰注」，下爲篇目，目連正文。半葉九行，行十五字。小注雙行，行二十字。左右雙闌，版心白口，雙魚尾。獨補版三葉上記字數，餘僅下方記刻工姓名。

刻工姓名　本卷爲劉川、王禧、曾游、熊海、劉廷章、方琮、龔友、余應、陳信、陳充、翁俊、藍俊、吴立、湯榮、陳景昌、鄧聰、蔡榮、余圭、鄧信、葉松、陳叟、余彦、胡元、蔡才、陳伯蘭、葉正、劉沇、劉宗、蕭中、劉中、劉成、鄧感、應世昌、蔡昇、阮明、蔡昌、管至、陳補、陳達諸人。中有一葉記「上官刁」，「刁」即「雕」之省文，非人名。又補版三葉所記爲姚、林、金三姓，遇「恒」字不闕筆，疑刻於易代之後矣。

宋諱　玄、絃、弦、鉉、懸、朗、敬、驚、境、弘、殷、匡、貞、楨、徵、樹、勗、桓、構、慎等字闕筆，又「軒」、「轅」二字連用者亦避。

藏印　「汪印士鐘」、「閬源真賞」

六臣注文選殘本　一册

此爲宋紹興明州刊本，原爲天禄琳琅所藏，見《續志》卷七。書末識云：「右《文選》，版歲久漫滅殆甚。紹興二十八年冬十月，直閣趙公來鎮此邦。下車之初，以儒雅飾吏事，首加修正，字畫爲之一新，俾學者開卷免魯魚三豕之譌，且欲垂斯文於無窮云。右迪功郎明州司法參軍兼監盧欽謹書。」是雖殘帙，然以天禄琳琅及楊、文、毛、季諸家藏印證之，可無疑也。存卷二十二至二十五，凡四卷。日本島田翰《古文舊書考》謂是書爲紹興二十八年撮版，以下間有葺刻，至慶元而止。是本「敦」、「廓」二字均不避，蓋未有孝宗以後補版，故刻工姓名與其所舉亦略有不同。

版式　每卷首行題書名、卷第，次行「梁昭明太子撰」，三行「五臣并李善注」，下爲篇目，目連正文。半葉十行，行二十至二十二字。小注雙行，行二十九至三十二字。左右雙闌，版心白口，單魚尾。書名題「文選幾」，下記刻工姓名。

刻工姓名　原刊各葉有宋道、江政、吴正、王伸、張謹、葉達、劉仲、王乙、王受、方成、駱晟、王因、王雄、張由、施瑞、葉明、陳忠、胡正、朱因諸人，補修各葉有王諒、毛章、陳元、蔣椿、施藴、陳達、楊昌、張舉、施章、李涓、方祐、蔡忠、王進、雇宥、劉文、王臻、施俊、陳真、洪昌、陳文、朱宥、王時、李顯、王椿、方祥、徐宥、秦忠、蔡政、蔣春、周彦、徐彦、毛昌、王舉、吴浩、朱文貴諸人。尚有單記一字者，即以上諸人之姓或名，不複録。

宋諱　玄、泫、鉉、紘、弦、朗、敬、警、驚、竟、鏡、弘、殷、匡、胤、恒、貞、楨、讓、樹、勗、桓、完、構、搆、覯、遘、彀、慎等字闕筆。

藏印　「慈谿楊氏」、「玉蘭堂」、「竹塢」、「戊戌毛晉」、「毛表之印」、「毛表印信」、「毛表奏朩」、「字奏朩」、「毛氏藏書子孫永寶」、「毛姓祕翫」、「季振宜讀書」、「御史振宜之印」、「天禄琳琅」、「天禄繼鑑」、「太上皇帝之寶」、「乾隆御覽之寶」、「五福五代堂古稀天子寶」、「八徵耄念之寶」、「林下閑人」、「宋本」、「古粤世家」、「小山壄叁」、「文述」

河岳英靈集二卷　二册

唐殷璠集。分上下卷，卷上十人，詩一百十一首；卷下十四人，詩一百十九首。卷首璠自叙云有詩二百三十四首，實闕其四。今行世者有汲古閣刊本，析爲上、中、下三卷，其孟浩然詩視此減三首，以其二移置崔國輔名下，尚闕一首。此非毛氏作俑，明嘉靖本即已如是。特此有《集論》一篇，明本尚存，而毛本則已佚去矣。璠序見《文苑英華》，序首有「序曰：梁昭明太子撰《文選》後，相效著述者十餘家，咸自稱盡善，高聽之士或未全許。且大同至於天寶，把筆者近千人，除勢要及賄賂者，中間灼然可尚者五分無二，豈得逢詩輒贊，往往盈帙。蓋身後立節，當無詭隨，其應詮揀不精，玉石相混，致令衆口銷鑠，爲知音所痛」一百有三字，明刻、毛本俱脱，是本亦然。然以文義論之，似有此爲勝也。《四庫》著録亦三卷，《提要》指《文獻通考》作二卷爲字誤，蓋僅見汲古刊本，然《唐志》及陳氏《解題》俱作二卷，何館臣竟未一考，加以武斷。且謂隱寓鍾嶸三品之意，何怪黄蕘圃之斥爲癡人説夢耶！是本宋刻宋印，舊藏獨山莫友芝家，卷末有「丙寅初冬邵亭校讀一過」一行。全書以汲古閣本對校，其異同悉記於書眉，彼此互觀，彌覺舊本之可貴。

版式　半葉十行，行十八字。左右雙闌，版心白口，單魚尾。書名題「河岳集」，上下兼記字數。

宋諱　絃、朗、筐、恒、貞、楨、署、樹、昚、墩、廓等字闕筆。

藏印　「莫友芝臧書印」

竇氏聯珠集不分卷　一册

唐褚藏言輯竇氏兄弟常、牟、群、庠、鞏五人之詩，卷首有小引曰：「連珠之義，蓋取一家之言，以偕列郎署，法五星如聯珠。」星，星郎也。詩凡一百首，人各一卷。卷首有傳，末有潛夫題語及詩，又和峴跋，和嶧題字。潛夫者，張昭字。峴、嶧者，和凝二子。卷尾又有王崧淳熙五年跋。繆藝風《藏書續志》謂：「詩作楷體，跋作行草，筆蹟相似，極見古雅，疑即王崧所寫以刻者。」此爲《百宋一廛賦》中故物，黄氏自注云：「昔見何義門校汲古閣刻，其跋云：康熙辛卯春日，購得葉九來所藏宋本，乃顧大有舊物，因改正五十餘字。中《行杏山館聽子規》一篇，諸本皆脱去。尤可笑者，和峴、王崧二跋中，『大天』字皆訛爲『大夫』，人不通今古，其陋乃至此耶云云。今覆案之，誠然。」《聽子規詩》乃竇常之末篇。今是本無蕘圃一字，然印記具存，一一皆合，是可寶也。《四庫》著録，《提要》言「褚藏言序稱牟、群、庠、鞏之集並未遑編録」，今未見此序，蓋遺佚矣。

版式　半葉十行，行十七字。四周單闌，版心白口，雙魚尾。上記字數，下記刻工姓名。

刻工姓名　僅有祥、舉、廣三單字。

宋諱　玄、朗、眺、弘、泓、殷、匡、貞、徵、曙、署、樹、佶、構、遘等字闕筆。

藏印　「顧印大有」、「黄印丕烈」、「復翁」、「百宋一廛」、「士禮居」、「蕘圃卅年精力所聚」、「汪印士鐘」、「閬源真賞」、「趙印宗建」、「趙次公印」、「趙氏秘笈」、「顔仲逸印」、「平原世家」、「陸楨仲操□□」、「紫陽叔子荀印」、「二泉」、「唐氏」、「培德堂臧書記」、「下學齋書畫記」、「遠志齋圖書記」、「青琅玕軒」、「子子孫孫永寶之」

聖宋文選殘本 二册

編輯人不詳。全書三十二卷，所輯皆北宋人文字。是爲宋刻殘本，卷首有全集標目，第一、二卷歐陽永叔文，第三、四、五卷司馬君實文，第六卷范希文文，第七卷王禹偁文，第八、九卷孫明復文，第十、十一卷王介甫文，第十二卷余元度文，第十三、十四卷曾子固文，第十五至十七卷石守道文，第十八至二十二卷李邦直文，第二十三卷唐子西文，第二十四至三十卷張文潛文，第三十一卷黄魯直文，第三十二卷陳瑩中文。《四庫總目》謂：「宋人選宋文者，北宋唯此集存。用意嚴慎，當爲能文之士所編，未可與南宋建陽坊本出於書賈雜鈔者例視。」是本除標目外，存原刻第一、二卷，鈔配第七、八、九卷。筆法峻整，鐫工亦精。近刻《蕘圃藏書題識》有宋刻二部，一得之常州趙味辛所，一得之常熟舊家，中有舊時鈔補，仍缺卷七至十一，當即此本，特此殘缺更多耳。卷端有汪士鐘藏印，而無黄氏印記，然可決爲士禮居舊物。蕘圃題跋謂「墨敝紙渝，頗饒古趣」，是本正如此，證一；又言「得趙氏宋刻全本，缺卷有五，命工影寫足之」，是本鈔配第七、八、九卷，紙墨均甚新潔，證二。宋刻書在今日，即零葉亦足寶貴，況此尚存全目及兩足卷，鈔補精絶，不下真迹，且爲名人藏弆乎？蕘圃有言：「物既殘毁，時尚弗屬，或以不材終其天年。」孫淵如亦言：「此固不利時眼，可以保守勿失。」余既爲是書喜，余更以自喜也。

版式　半葉十六行，行二十八字。左右雙闌，版心白口，雙魚尾。書名署「文選幾」，記字數上下無定，最下記刻工姓名。

刻工姓名　可辨者僅李珍、李昌、楊昌三人及彦、冲二單字。

宋諱　刻本二卷貞、讓、樹、朂、桓、完、慎等字闕筆。

藏印　「汪厚齋藏書」、「汪印士鐘」、「民部尚書郎」、「宋本」、「自娱而已」

迂齋標注諸家文集殘本　六册

撰人題「鄞人樓昉暘叔」。全書不分卷，所采先秦文十三篇、兩漢文十六篇、三國文二篇，葉號起第一至九十四，當爲第一卷。唐文昌黎二十二篇，附李漢序，河東十四篇，葉號第一至一百有一，當爲第二卷。宋文王黄州一篇，范文正三篇，六一十六篇，僅三十八葉，篇幅獨少，然末葉已有餘白，當爲第三卷。陳振孫《書録解題》：「《迂齋古文標注》五卷，宗正寺簿四明樓昉暘叔撰。大略如吕氏《關鍵》，而所取自《史》《漢》而下至於本朝，篇目增多，發明尤精當，學者便之」云云。是本標名微異，然音訓字義及行文之法均刊列行間，凡關鍵所在，則加以標抹圈點。前見明刻吕氏《古文關鍵》亦大致如此，與振孫所言相合，是必同爲一書。按《古文關鍵》，《解題》稱「所取有韓、柳、歐、蘇，會諸家文」，此書則稱其本朝篇目較多。是本僅存三卷，故宋文祇見王、范、歐三氏。迂齋有《標注崇古文訣》三十五卷，寶慶丁亥姚瑤刊。取校是本，適當《文訣》之前十九卷，除減少篇數兩漢二，六朝一，昌黎三，李習之、王黄州、宋景文各一，温公五外，餘盡相同。則此下二卷必爲宋諸大家之作，亦必與《文訣》所録大略相同。季滄葦《延令書目》有宋版宋人樓昉《標注諸家文集選》十本，是本卷首有季氏藏印四方，以册數計之，見存六册，所缺宋文約當四册之數，是必即季氏舊藏，且即爲振孫所稱五卷本也。四庫館臣未見兹本，遽疑《解題》所稱五卷爲誤脱「三十」二字，未免武斷。

版式　半葉九行，行十九字。左右雙闌，版心白口，秦、漢、三國文雙魚尾，餘單魚尾。書名題「古文」二字，上記字數，下記刻工姓名。

刻工姓名　存者黄云、李林、岳元、吴瑞、李珍、王信、王昭、林挑、朱浩九人，餘爲行、文、拱、印、仁、云、士、共、李、吴、林、永、王、用、信、珍、金、浩各單字。

宋諱玄、朗、殷、匡、筐、恒、貞、徵、勗、桓、完、搆、慎、惇、敦、廓等字闕筆。

藏印「項□之印」、「檇李項藥師藏」、「萬卷堂藏書記」、「寶墨齋記」、「季印振宜」、「滄葦」、「御史之章」

迂齋先生標注崇古文訣殘本 三册

始余得《迂齋標注諸家文集》，以與姚珤刻《崇古文訣》相校，頗疑黄蕘圃所稱二十卷本者即姚刻之不全本。今得是刻，再以兩本互校，乃知其不然。是本所存各卷比《諸家文集》所存各卷，減者有韓昌黎《贈張童子序》、《南海神廟碑》二文。然余以爲亡佚，而非原缺。何以言之？此二文當在卷六之末，每卷末葉均有「迂齋先生標注崇古文訣卷之幾」一行，是卷無之。前篇《原毁》，適盡於卷六第九葉之末行，則自第十葉至卷末必爲此二文，可無疑也。又所增者有范文正《謹習疏》，文正文後增司馬温公文二篇，此爲與《諸家文集》不同之處。又以所存各卷與姚刻校，則姚刻於劉向《封事》後增楊子幼、王公仲、江文通、孔德璋文各一篇，又昌黎文增三篇，王黄州文增一篇，温公文增二篇，温公後增宋景文文一篇，又張宛丘文增二篇，宛丘後增黄山谷文二篇，秦淮海文一篇，李盱江後增鄧潤甫文二篇，王三槐後增劉敞文一篇，唐子西文增一篇，胡致堂文增三篇，致堂後增胡澹菴文一篇，胡五峯後增趙霈文一篇，此又與姚刻三十五卷本不同之處。據是言之，是《諸家》先出，文最少，姚刻晚出，文最多，此二十卷本實爲銜接前後之作。雖二書均未見宋本，又《諸家》多揚子雲《解嘲》，是本多柳子厚《答許京兆書》各一篇，不無違異，然以見存各卷推之，要不致有大差謬。陳振孫序《諸家文集》時爲寶慶丙戌，姚氏刊書序僅後一年。蕘圃云是書有序，此爲殘本，不可得見，不知付梓之期是否在此丙、丁之交，安得重覩黄本一證之乎？黄氏所得殘本爲周九松舊藏，此僅存卷四至十一、卷十九、卷二十，亦鈐有九松印記，則是書之離散蓋已久矣。

版式　半葉十二行，行二十三字。左右雙闌，版心細黑口，雙魚尾。書名題「古文幾」、「文訣幾」、「文夬幾」、「文幾」。第十九卷僅記卷次。

宋諱　見於存卷内者朗、恇、恒、貞、徵、讓、桓、完、構、搆、慎、惇、敦等字闕筆。

藏印　「毘陵周氏九松迂叟藏書記」、「周印良金」、「新安程氏信古堂文房之記」、「信古堂藏書」、「金華」、「廷佐」

新刊國朝二百家名賢文粹殘本　三册

是書見海源閣楊氏《楹書隅録》，不著編輯者姓名。首有慶元丙辰朝散大夫直秘閣知邛州軍州兼管内勸農事眉山王稱季平父序，末有慶元丁巳咸陽書隱齋跋，書凡一百九十七卷。是本行款相同，僅存九卷，第六十八至七十二爲歷代名臣論，第一百六十五至六十七爲上皇帝書，第一百六十八爲上宰相書。所輯之文均不記作者姓名，或稱謚號，或署官職，或題某某先生，書中多省筆、俗書。讀《隅録》摘引後跋數語，似爲書肆牟利之作。惟鐫印俱精，實出蜀中高手，是爲初印原本無疑。按《文淵閣書目》、《菉竹堂書目》均有《二百家文粹》，《國史經籍志》又有《二百家名賢文粹》，記載過略，是否相同，未能遽斷。獨《郡齋讀書志·附志》著録《國朝二百家名臣文粹》三百卷，所輯爲論著二十二門、策四門、書十門、碑記十二門、序六門、雜文八門，與《隅録》所列門類相合。晁氏《附志》全録二百家姓名，然實衹一百九十九人。《隅録》亦以此爲言，是可認爲一書。其曰「名臣」不曰「名賢」者，或《附志》題寫之誤。然是本九卷所收有東萊先生吕祖謙、東溪先生高登、觀物先生張行成、定菴居士衛博之文，《附志》均無其名，且彼此卷數相差至百有三卷，又似有所區别。海源秘藏，今不知飄墮何所，不覩全書，無從決此疑案矣。

版式　半葉十四行，行二十四字。左右雙闌，版心白口，單魚尾。書名題「粹幾」、「文幾」。

宋諱　玄、弦、儆、桓、慎、敦等字闕筆。

應氏類編西漢文章十八卷　八册

是書不見著録，前後無序跋，應氏名字、時代、里居均不詳。卷首有目，卷一賦、騷、辭，卷二頌、論、辯，卷三詔書，卷四璽書、策書、檄、誥，卷五策，卷六、七、八書，卷九、十疏，卷十一封事，卷十二對，卷十三奏，卷十四議、狀，卷十五、六志，卷十七序，卷十八贊。策、書分見於卷四、五，以彼此性質不同，故仍各自爲類。全書鐫刻極精，紙墨明潤，審其筆意、雕工，當是南宋中葉建陽最佳坊刻。舊爲朱笥河所藏，其子少河有跋，謂「取今本《漢書》校之，必有可資證者」。余嘗取校數篇，如卷一賈誼《服鳥賦》「乘流則逝，得坎則止」，殿本「得」作「遇」。司馬相如《子虚賦》「然猶未能偏覩也，又烏足以言外澤乎」，殿本「言」下有「其」字。又《上林賦》「消揺乎襄羊，降集乎北紘」，殿本「揺」作「擔」。揚雄《長楊賦》「是以車不安軔，日未靡旃」，殿本「軔」作「軌」。卷二東方朔《非有先生論》「圖畫安危，揆度得失」，殿本「畫」作「盡」。卷九賈誼《陳政事疏》「彼自丞尉以上，偏置私人」，殿本「偏」作「徧」。又「夷狄徵令，是主上之操也」，殿本「令」作「今」。卷十五劉歆《曆譜》「四分月法爲周至是乘月法，以其一乘章月，是爲中法」，殿本脱「爲周至是乘月法」七字。《禮樂志》「舞入無樂者將至至尊之前，不敢以樂也」，殿本「入」作「人」。卷十六《藝文志》「是時始造隸書矣」，殿本「造」作「建」。卷十七《諸侯王表序》「詐謀既成，遂據南面之尊」，殿本「詐」作「作」。卷十八《匈奴贊》「辟居北垂寒露之野」，殿本「寒」作「塞」。其中數字，今本實爲訛誤，即可兩通者，亦以舊本涵義爲勝。古書可貴，觀此益信而有徵。

朱錫庚題　右宋槧本《應氏類編西漢文章》十八卷，卷分賦、騷、辭、頌、論、辯、詔書、璽書、策書、檄、誥、策、書、疏、封事、對、奏、議、狀、志、序、贊，爲二十三類。篇首無序，應氏不知爲誰，著録家俱未之見。按宋陶叔獻《西漢文類》四十卷，近時昭文張金吾家尚存宋紹興十年所刊殘本五卷，頗自矜重。又宋陳鑑《西漢文鑑》二十一卷，《東漢文鑑》十九卷，見《天禄琳琅書目》中，而《四庫總目》未見著録，是書亦其類也。其版本窄小，字畫精細，紙俱羅紋箋，洵宋槧中之最古者也。文内並載顔師古注，其文字之異同與注文之增損，暇日當取今本《漢書》校之，必有可資證也。道光三年癸未夏四月六日，少河山人識。

版式　半葉十三行，行二十四字，大小同。左右雙闌，版心細黑口，雙魚尾，間記字數。書名題「西漢文」，或「西文」，或「漢文」等字。每類總名低二格，題低三格，題之次行略撮本文大意，又低一格。遇有要義則標記上闌，更於字句之旁加墨擲或點頓。凡異讀及難識之字均附釋音，或隨音圈發。

宋諱　玄、敬、弘、殷、匡、筐、禎、楨、貞、徵、讓、戌、朂、桓、構、遘、慎、敦等字闕筆。

藏印　「華亭朱氏珍藏」、「宗伯」、「虞山錢曾遵王藏書」、「菭篌」、「菭溪艸堂」、「菭谿後樂園得閒堂印」、「竹虛齋藏書印」、「朱筠」、「笥河府君遺藏書畫」、「朱印錫庚」、「少河」、「茮花吟舫」、「孔繼涵印」

詳注周美成詞片玉集十卷　三册

《直齋書録解題》「《清真詞》二卷，《後集》一卷，周邦彦美成撰」，無「片玉」之名。毛晉嘗得宋刻《片玉集》，亦二卷，無《後集》，有淳熙庚子晉陽强焕叙。晉覆刻之跋稱「其書評注龐雜，一一削去，釐其訛謬」，故其刊本所存之注無幾。是本題「廬陵陳元龍少章集注、建安蔡慶之宗甫校正」，書名亦稱「片玉」，然與晉所得者不同。全書十卷，以春夏秋冬四景及單題雜賦分類。卷耑有廬陵劉肅序，作於嘉定辛未，後於强焕者三十餘年。劉序謂「陳氏病舊注之簡略，遂詳而疏之」者，必即指强本之注。取毛氏刊本對校，其注略有同者，是可證也。然陳注亦殊膚淺，篇中曲調僅就字面注釋，全不述其源流。又如《側犯》一闋「見説胡姬，酒爐寂静」句，注引《左傳》「胡姬乃齊景公妾也」；《訴衷情》一闋「不言不語，一段傷春，都在眉間」句，注引《論語·鄉黨》「食不語，寢不言」，均欠貼切。阮文達以《四庫》未收，影寫進呈，其提要於引原序外未贊一辭，亦可於言外見之矣。是本黄蕘圃、顧千里均定爲宋刻，蕘圃後跋謂「無藏書家圖記」，然卷三末葉有「周遇吉印」朱文方印，《明史》列傳有此姓名，其人以禦流賊戰死於寧武關者，如爲其人，更可寶已。

黄丕烈題詩　《秋日雜興詩》之一：秋來差喜得書奇，李賀歌詩片玉詞。金刻四編多趙序，宋箋十卷補陳題。馮鈔別貯添餘閏，陸校先儲出兩歧。集部新收雙秘本，囊空一任笑余癡。趙序何義門校本失之此却有。陳題陳直齋《書録解題》但載《清真詞》二卷、《後集》一卷，未及此本。馮鈔上鄗馮氏鈔本四卷，後多集外詩。每卷鈐有「宋本」二字，與金刻異。陸校《片玉詞》二卷爲嘉靖乙未七檜山房鈔本，後題云「陸兆登校過」。復翁黄丕烈記。

又跋　己巳秋七月，余友王小梧以此《詳注周美成詞片玉集》三册示余，謂是伊戚顧姓物。顧住吴趨坊周五郎巷，向與白齋陸紹曾隣。此乃白齋故物，顧偶得之，託小梧指名售余者。小梧初不識爲何代刻本，質諸顧千里，始定爲宋刻，且云「精妙絶倫」。小梧始持示余，述物主意，索每册白金一鎰，後減至番錢卅圓，執意不能再損。余愛之甚而又無資，措諸他所，適得足紋二十兩，遂成交易，重其爲未見書也。是書歷來書目不載，汲古鈔本雖有十卷却無注。此本裝潢甚舊，補綴亦雅，從無藏書家圖記，實不知其授受源流。余收得後，命工加以絹面，爲之線釘，恐原裝易散也。初見時，檢宋諱字不得，疑是元刻精本。細核之，惟避「慎」字，「慎」爲孝宗諱，此刊于嘉定時，蓋寧宗朝避其祖諱已上諱，或從略耳。至詞名《片玉集》，據劉肅序，似出伊命名。然余舊藏鈔本祇二卷，前有晉陽强焕序，亦稱《片玉詞》，是在淳熙時，又爲之先矣。若《書録解題》美成詞名《清真詞》，未知與《片玉詞》有異同否。又有《注清真詞》，不知即劉序所云「病舊注之簡略」者耶？古書日就湮没，幸賴此種秘籍流傳什一于千百，余故不惜多金購之。惟是一二同志老者老，没者没，如余之年及艾而身尚存者，又日就貧乏，無力以收之，奈何奈何！書此誌感，復翁。

版式　半葉十行，行十七字。小注雙行，字數同。版心細黑口，左右或四周雙闌不一律，雙魚尾。書名題「片玉幾」或「玉幾」。

宋諱 僅一「慎」字闕筆。

藏印 「周遇吉印」、「滿足清浄」、「丕烈」、「蕘夫」、「士禮居」、「汪印士鐘」、「閬源真賞」

詳注周美成詞片玉集十卷 二册

余續得此刻，與前本較，不能定其先後。以眎彊邨先生，先生取前本參校，舉其譌脱，謂此刻爲勝，且定爲少章手自斠改覆刻之本。自來剞劂之事，每以初版爲佳，凡後出者大都据以覆刻，故譌文奪句時有所見，不知者就表面觀之，必以此爲原本而彼爲覆本。然覆刻之譌祇有疑似而無增減，且是本辭句之不同者，審其文義，實有青勝於藍之概，尤以卷五前四葉爲甚。其卷四《訴衷情》「不言不語」之注亦并無存。彊邨一代詞宗，其定爲斠改覆刻者，所言固自可信，特不解初刊是書者何以如是草草耳。版印不及前本，蓋有初印、晚印之別。若竟以此退而居乙，則誠未免皮相矣。彊邨校語，至爲詳密，附録於後。

朱彊邨跋 美成詞刻於宋世者，一爲《清真詩餘》，見《景定嚴州續志》；一《圈發美成詞》，見《詞源》；一《清真詞》，見《直齋書録解題》。又有溧水、三英諸本，皆無注。其曹杓《注清真詞》亦見《書録解題》，書亦久佚。茲集劉必欽序謂「病舊注之簡略，遂詳而疏之」，疑即据曹注本，故編次與《清真詞》悉合。黄蕘圃藏本與是略同，而劉序稱「嘉定辛未」，其爲宋刻無疑。此雖删去「嘉定辛未」十許字，然覈其注語，較黄本爲詳明。卷五注中尤相徑庭，其爲少章手自斠改覆刻亦無疑，且當時印布較廣，故視黄本之初稿爲稍漫漶。半塘老人謂爲元刻者，蓋未覩黄本固標明「嘉定」且有異同也。己未春莫，明訓兄得之，出以見示。漫識數語，且述是帙之遠勝黄本，固不必以印工而軒輊之也。上彊邨民孝臧記。

卷	葉	行	毛氏藏本	黄氏藏本
序	三	前四	「片玉集云」下	有「少章名元龍時嘉定辛未杪臘」十二字
一	二	前九 注	玉勾隔瑣窻	「勾」誤「匆」
		後九 注	賦旗亭	「賦」誤「付」
	三	前九	繡閣鳳幃深幾許	「深」下衍「處」字
		後五 注	賈充女	「充」誤「夜」

四　前九　注　百過落烏絲　「落」誤「范」

後十　注　韓翃詩　「韓翃」二字倒

五　前十　看兩兩相依燕新乳　「依」誤「倚」

後九　燈偏簾捲　作「簾捲燈偏」

六　前八　注　山谷紅紫争春觸處開曹子建　作「林逋暗香浮動月黄昏隋煬帝」

七　前五　想一葉暗題　脱「想」字

前六　注　韓氏一聯　「氏」下有「詩曰」二字

後三　注　于武陵月落滿城鍾　無此注

二

一　後四　注　故人各在天一角　作「一天角」

後四　謾記得當日音書　脱「謾」字

二　前六　休問舊色舊香　「舊色」作「蒨色」

前五　蝶粉蜂黄都褪了　「都褪」作「渾涴」

三　後二　注　翠被夜徒薰　脱「薰」字

後二　無人撲　「人」作「心」

四　前十　征途迢遞　「迢遞」作「區區」，誤

五　前三　注　女郎剪下鴛鴦錦　「郎」誤「歸」

前十　注「麗情集灼灼錦　作「麗情集灼灼與裴質書以」

城官妓與裴質善」

以下三字殘蝕

後六　羅帶光銷紋衾疊　「銷」作「消」

六　前一　注　念來憶舊遊　「憶」作「思」

前五　窗影燭光搖　「光」作「花」

四

二　後一　注　各親樂器　「親」作「執」宜從「執」

後二　注　牆西祿詩　「祿」作「樹」宜從「樹」

三　前六　巷陌馬聲初斷　脱「初斷」二字

前七　注　摘花露金井　「露金井」作「金井邊」

後七　注　奉倩亦卒　「卒」誤「辛」

四　前二　注　洛神賦　「賦」誤「付」

前八　注　辛延年　「辛」誤「卒」

後六　夢此字蝕。遠　「夢」下有「念」字

五　前一　注　蜀紙虛留水字紅　「水」作「小」，是

五

三　後一　秋意濃閑竚立處　「處」誤「庭」

五　前六　似故人相看　「似」作「但」，誤

後五　見皓月牽離限　「牽」作「驚」

七　前九　此恨自古銷磨不盡　脫「此」字

後五　注　今老母　脫「老」字

六

一　後三　霜空又曉　「又」作「自」

四　前十　注　南雨　「雨」作「宮」

五　後四　注　謝惠連雪賦　「賦」誤「付」

抽子祕思爲賦之　「賦」誤「付」

後十　纔喜門堆巷積　「門堆」誤作「堆門」

七 一 前十 注 劉遵詩腕動飄香麝　無此注

後三 注 易齋云舊本作　無此廿餘字
千門如畫者誤也
雖有妙手安能畫
其朋疑「門」之訛。耶

五 前三 脆丸薦酒　「丸」作「圓」

後十 注 閒折兩枝持　作「手撚梨花寒食
在手花閒詞偏　心又云梨花
能勾引淚闌干　一枝春帶雨」

八 三 後十 東望淮水　「望」作「畔」

四 後六 背地伊變惡會稱亭事　「地」作「他」，脱「事」字

後七 好采無可怨　「采」作「來」

七 前七 注 自十六日
一莢落至月盡矣　「盡矣」上作「則」

九　四　前四　轆轤牽金井　「轆轤」作「轣轆」，是

　　　　後九　誰送郎邊尺素　「尺素」二字脱

十　六　後一　注　愁趁欲赴傷心地　作「欲我趁赴傷心地」

　　一　後七　注　灼灼歌舞停　無此注

　　　　　　　歌罷來中坐

　　四　後五　注　宮中生荊棘　無「涼」字

　　　　　　　涼露沾衣

　　　　後五　會探風前津鼓　「會」下衍「處」字

　　五　前八　注　丁偓妻詩　「丁偓妻」作「韓偓」

　　六　前七　注　脞説拭翠斂雙蛾　無此七字

　　七　後五　注　杜牧驚起鴛　無此注

　　　　　　　鴦豈無恨一雙飛

　　　　　　　去却回頭

版式　半葉十行，行十七至十九字。小注雙行，字數同。左右雙闌，版心細黑口，雙

魚尾。書名題「片玉幾」、「玉幾」，葉號下記字數。

宋諱　僅「匡」、「慎」二字闕筆。

藏印　「毛晉」、「子晉」、「毛氏子晉」、「雪苑宋氏蘭揮藏書記」、「臣筠」、「三晉提刑」、「孫楫」、「駕航」、「張氏南伯」、「張南伯書畫印」、「朱履素書畫印」、「劉嶽之印」、「雲查」、「髯」、「玉山珠海□家」、「華韻書堂」、「遺子孫」、「子孫保之」

元本附

戰國策殘本　四册

鮑彪校注，吴師道重校。卷首劉向序，次曾鞏序，次鮑彪序，次師道自序二首，次目録，次凡例五條。師道合高誘注、姚宏續注與彪注參校，辨正其謬誤及未明而改定者，以「正曰」著之；補其闕遺及他有發明者，以「補曰」著之，自來稱注「國策」之善本。是爲元末所刊，原有至正十五年刊書序，又有江南浙西道肅政廉訪司下平江路總管府刊書牒，此均已佚。全書僅存前五卷，卷三、四、五末均有「至正乙巳前藍山書院山長劉鏞校勘」一行。乙巳爲至正之二十三年，去元亡僅三年矣。刊印俱精，惜非完璧。

版式　半葉十一行，行二十字。左右雙闌，版心細黑口，單魚尾。書名題「戰國策」或「國策卷幾」，上間記大小字數，下記刻工姓名。

刻工姓名　存卷中僅何原、朱祥二人，餘爲朱、周、王、潘、趙、何、魏、彦、付、番、夫、蘆各單字。

幽蘭居士東京夢華録十卷 一册

宋孟元老撰，作者自署「幽蘭居士」。卷首有其自序，大致謂久居輦下，目覩太平，靖康兵火，避地江左。暗想當年節物風流、人情和美，省記編次，等於夢游。序作於紹興丁卯，南渡已二十年，蓋不勝故宫禾黍之感。黄蕘圃嘗得一元刻，迭有題記，謂「版大而字細，人皆以爲宋刻，余獨謂不然。書中惟『祖宗』二字空格，餘字不避宋諱，當是元刻中之上駟」。又謂「毛刻猶未盡善，不但失去淳熙丁未浚儀趙師俠介之後序」云云，是可知元本固有後序。所指各節，驗之是本，一一脗合。先是，得是書者乃援《汲古閣珍藏秘本書目》「宋版一部」之語，又以是本有毛氏印記數方，謂「毛氏鑒别至精，『宋本』小印，決不輕鈐」，據此數端，定爲宋刻，是真可謂皮相矣。蕘圃嘗得吴枚菴校江氏宋刊本，記明行款，八行十六字，與此不同。且是本書法全是元人風格，可爲鐵證。至「宋本」一印，安知非後人所爲？世有識者，當不以余言爲謬也。鈔配四全葉，二半葉。

版式　半葉十四行，行二十二、三字。左右雙闌，版心細黑口，間有闊者，雙魚尾。書名題「夢華卷之幾」，下間記刻工姓名。

刻工姓名　僅吴明、姚宏二人，餘爲良、明、元、婁、魏各單字。

藏印　「毛晉」、「汲古主人」、「毛扆之印」、「斧季」、「東吴毛氏圖書」、「宋本」

南海志殘本　二册

撰人不詳。前五卷佚，存六至十。卷十末綴一「終」字，餘四卷否，似全書已盡於此。卷六紀户口、土貢、税賦，卷七紀物産，卷八紀社稷、壇壝、城濠，卷九紀學校，卷十紀兵防、水、馬站、河渡、局務、倉庫、廨宇、郡圃。凡所舉廢，由宋及元，最後爲致和元年。是爲明宗即位之歲，蓋刊於有元中葉以後。按元世祖攻克廣州，立廣州路總管府，設録事司，元領八縣，其後以懷集一縣割屬賀州，餘七縣：一南海、二番禺、三東莞、四增城、五香山、六新會、七清遠。本書紀載先録事司，次及七縣，是雖名《南海志》，而實則廣州一路之志也。

版式　半葉十一行，行二十一字。四周單闌，版心細黑口，雙魚尾。書名題「南志卷幾」，無字數、刻工姓名。

文正公尺牘三卷　一册

此爲《范文正公全集》之一種，陳振孫《書録解題》謂「《文正尺牘》五卷，其家所傳，在正集之外」。《宋史·藝文志》又云「《尺牘》二卷」。陸氏《皕宋樓藏書志》有宋乾道饒州刊《文正全集》，其中《尺牘》亦二卷，是在宋時《文正尺牘》已有兩本。此獨三卷，又出於前兩本外。卷上家書，凡三十六帖；卷中與韓魏公，凡三十一帖；卷下與交游晏尚書輩二十九人，凡五十二帖。總一百十九帖。卷末有張栻跋，稱得之胡文定家，刻于桂林郡齋。是與五卷本固不同，特不知視乾道本何如耳。《天禄琳琅》「宋版集部」淳熙丙午綦焕補刊《范文正公集》有《尺牘》三卷，其稱帖數一百十四，分合或有不同，必即此書無疑。是本卷末原有至元再元丁丑八世孫文英識語，謂「先文正公尺牘舊刊于郡庠，歲久漫漶，今重命工鋟梓，刊置家塾之歲寒堂，期與子孫世傳之」云云，據此，則是本必從宋本出也。書估欲以冒充宋刻，故被毁去。卷端略有殘佚，異日尚當鈔補，俾成完璧。

版式　半葉十二行，行二十二字。左右雙闌，版心白口，雙魚尾。無書名，僅題卷次。

知常先生雲山集殘本 三册

知常先生姓姬，名翼，澤州高平人。元世祖時出家爲棲雲王真人弟子，易名志真。後隨其師居汴之朝元宫，棲雲殁，嗣主教事。至順宗時，朝廷特加褒崇，賜以「知常真人」之號。明白雲霽《道藏目録》「太平部兄字號」計八卷，又云「《雲山集》卷一之十，姬志真撰。集中詩賦歌論、碑記雜文大率以演暢宗風、蠲滌塵累爲主」。錢大昕《補元史藝文志》亦云十卷。是本乃作五卷，前二卷佚。取明《道藏》本互勘，此之一卷適當《藏》本二卷。《藏》本現存者八卷，卷一賦、七言古、五言古、七言律，卷二七言律，卷三五言律、長短句、七言絶句，卷四七言絶句、五言絶句、跋。以上四卷必即是本之卷一、二，然已闕去，無可取證。卷五、六詞，當是本之卷三。卷七碑，卷八碑、記，當是本之卷四。惟卷四最後有記三首，爲《藏》本所無。又是本卷五有論七、修行法門五、銘七、説七、評七，正當《藏》本之卷九、十，均已亡佚，是否相符，末由考見。然以卷四之異同證之，似當時已有二本，且《藏目》明言「兄字號」計八卷，則彼時所收之別本亦係殘帙。猶幸一首一尾分見兩編，取而合之，尚可稍窺全豹也。卷末有延祐己未朱象先後序暨真人事實，又有孫履道等六人銜名，皆棲雲門下朝元宫道職，必爲知常法胤身任校刊是書者。書尾襯葉又有「一部五本，洪武三十五年正月十九日朝天宫道士姚孤雲進到」墨書一行。按楊吴時建紫極宫，宋改天慶觀，明洪武稱朝天宫，至清爲江寧府學，今其址猶存。又明成祖即位，詔革除建文年號，仍稱洪武。其云三十五年者，實爲建文四年，是此必爲元刻無疑。

版式　半葉九行，行二十字。左右雙闌，版心白口，單魚尾。書名題「雲山幾」，下間記刻工姓名。

刻工姓名　有張德甫、陳仁甫、元表三人，又趙、范、陳、胡、仲、古、月各單字。

精選古今名賢叢話詩林廣記殘本　四册

《四庫總目》本書《前集》十卷，《後集》十卷，宋蔡正孫撰。《提要》稱「前有自序，題『歲在屠維赤奮若』，蓋己丑年作」，「爲元太祖至正二十六年」，在宋亡後之十年，是爲元代刊本。書名或曰「精選」，或曰「妙選」，或曰「古今名賢」，或曰「名賢古今」，蓋刊於坊肆之手，未及精校也。每卷書名次行題「蒙齋野逸蔡正孫粹然」，與《四庫提要》所稱同。是本《前集》存卷一之三、卷七之十，序目均佚。《後集》存卷一之八，又存目録至卷八郭功甫止。原書不全，作僞者黏合目録第二、三前後兩半葉，冒爲完璧。實則《後集》起歐陽修迄劉攽，凡二十八人，郭功甫下尚有十五人，其姓名均被割棄矣。

版式　目録半葉七行，正文八行，行十六字。諸家評論低三格，每行亦十六字。標題均黑地白文。左右雙闌，版心闊黑口，雙魚尾。書名題「寺幾」，亦有僅題卷數者。後集題「寺后幾」或「后幾」。

書名索引

（按音序排列）